Leon Näsemann und Kimberly Klebolte

DIE ERFOLGREICHE BACHELOR- UND MASTERARBEIT

Mit System und Struktur zur Bestnote

PDW

Leon Näsemann und Kimberly Klebolte:
Die erfolgreiche Bachelor- und Masterarbeit
(Mit System und Struktur zur Bestnote)

1. Auflage 2020

ISBN: 978-3-9822464-0-6
(Dieses Buch ist ebenfalls als digitale Version erhältlich; ISBN 978-3-9822464-1-3)

Bibliographische Information der Deutschen Bibliothek: Die Deutsche Bibliothek verzeichnet diese Publikation in der Deutschen Nationalbibliographie; detaillierte Daten sind im Internet unter: http://dnb.ddb.de abrufbar.

Für weitere Informationen:
www.die-bachelorarbeit.de
www.die-masterarbeit.de

Projektbetreuung: Per.Form Marketing GbR, Geseke
Gestaltung und Layout: Marvin Vogt

Printed in Germany.
Gedruckt auf säurefreiem Papier.

PARTNER DER
WISSENSCHAFT

INHALTSVERZEICHNIS

TABELLENVERZEICHNIS

ABBILDUNGSVERZEICHNIS

KAPITEL 1
EINLEITUNG

In diesem Kapitel lernst Du u.a.:

- was dieses Buch kann und wann es Dir hilft
- an welchen Kernideen sich dieses Buch orientiert
- wie dieses Buch aufgebaut ist und wie diese Struktur funktioniert
- wer die Autoren sind

1.1 WIE DIR DIESES BUCH HILFT

Hallo und herzlich willkommen zu Deinem persönlichen Ratgeber für eine erfolgreiche Abschlussarbeit. In diesem Buch zeigen wir Dir, wie Du mit einer guten Planung und Struktur das Beste aus Deiner Bachelor- oder Masterarbeit rausholen kannst. Warum? 65% der Studierenden in Deutschland geben an, während Ihrer Abschlussarbeit große Probleme gehabt zu haben – und das muss in unseren Augen nicht sein. Dieses Buch bildet ganz bewusst ein breites Spektrum an Studiengängen bzw. Fachrichtungen ab, damit möglichst viele Menschen von diesem Buch profitieren können.

Du fragst Dich jetzt möglicherweise, was genau Dir dieses Buch dann bringen soll, denn Deine Bachelorarbeit zum Thema Unternehmensbesteuerung in der BWL kann man doch schlecht mit der Abschlussarbeit zu osteuropäischen Konflikten von Deinem Freund aus den Politikwissenschaften vergleichen. Damit liegst Du auch richtig, denn inhaltlich könnten diese beiden Themen wohl unterschiedlicher kaum sein. Daher wird Dir dieses Buch auch keine neue Literatur genau zu Deinem Thema bieten oder eine Liste von Studierenden, die vor Dir an Deinem Thema gearbeitet haben. Was dieses Buch aber kann, ist viel wichtiger: Wir zeigen Dir Schritt für Schritt, wie Du überhaupt zu einer passenden Forschungsfrage kommst, wie eine gute Literaturrecherche funktioniert, wie Du wissenschaftlich arbeitest und wie ein vernünftiger und realistischer Zeitplan für eine Abschlussarbeit aussehen kann. Damit ist dieses Buch gleichermaßen geeignet für Abschlussarbeiten an Fachhochschulen und Universitäten – denn in beiden Fällen helfen eine solide und fundierte Vorbereitung, sowie ein Verständnis wissenschaftlichen Arbeitens, um erfolgreich aus dem Studium zu gehen. Genau deshalb decken wir außerdem eine große Bandbreite an Studienfächern ab. Unsere Praxisbeispiele und Exkurse sind dabei vor allem aus den folgenden vier Themenbereichen:

- Wirtschaftswissenschaften (v.a. BWL, VWL, Personal, Marketing, Finanzen/Accounting)
- Naturwissenschaften (v.a. Chemie, Physik, Biologie)
- Ingenieurwissenschaften (v.a. Maschinenbau, Elektrotechnik)
- Weitere Studiengänge (u.a. Informatik, Psychologie, Politikwissenschaften).

Wir haben uns bewusst so breit aufgestellt, da diese Studiengänge nicht nur die zu den beliebtesten in Deutschland zählen, sondern auch, damit wir Dir als Leser verdeutlichen können, dass wissenschaftliches Arbeiten das Handwerkszeug von jedem Akademiker sein sollte – ganz unabhängig von seinem fachlichen Hintergrund. Kurzum: Dieses Buch nimmt Dich mit von dem ersten Satz in einem leeren Word-Dokument bis hin zur Feier mit Freunden und Familie, wenn Du Deine Bachelor- oder Masterarbeit erfolgreich im Kolloquium verteidigt hast – und sie sogar vielleicht schon auf dem Weg in Eure Unibibliothek ist.

Dieses Buch wird Dir zeigen:

- was die ersten wichtigen Schritte sind auf dem Weg zur Abschlussarbeit
- wie Du von einer ersten Idee zu einer ernsten Forschungsfrage kommst
- welche Arten der Abschlussarbeit es eigentlich gibt und welche davon für Dich die richtige sein kann
- wie man mit Unternehmen kooperiert oder im Ausland seine Arbeit schreibt
- wie man korrekt wissenschaftlich arbeitet und zitiert
- welche Tipps und Tricks Dir für ein optimales Zeitmanagement helfen

- was die jeweiligen Kapitel ausmacht und wie Dein Professor die Arbeit bewertet
- welche typischen Fehler gemacht werden, wenn jemand durch seine Arbeit fällt, und wie Du diese vermeidest.

Wir möchten das Beste aus Dir und Deiner Abschlussarbeit herausholen, denn wir sind fest davon überzeugt, dass Du auch in vielen Jahren Deinen Enkeln noch erzählen sollst, dass „damals alles besser war" als alles reibungslos und unkompliziert lief – und nicht, dass Du noch zwei weitere Semester gebraucht hast und Dir am Ende trotzdem nicht klar war, welche Forschungsfrage Du eigentlich beantworten wolltest.

Dieses Buch kann Dir nicht helfen:

- wenn Du Deine Abschlussarbeit in einer Woche abgeben musst und noch gar keinen Plan hast
- wenn Du ganz spezifische Inhalte aus Deinem Fachbereich suchst.

Gerne erklären wir Dir auch kurz, warum Du genau mit diesen Punkten hier nicht unbedingt weiterkommst. Zuerst einmal gilt: „Gut Ding will Weile haben" – Dieses Sprichwort trifft sehr genau auf den Prozess einer Abschlussarbeit zu. Selbstverständlich brauchst Du Dir nicht gleich ein ganzes Jahr freizunehmen, um eine ordentliche Bachelor- oder Masterarbeit zu schreiben, aber der Rahmen von ca. drei bis sechs Monaten, den Dir Deine Uni mit einem Semester vorgibt, ist schon realistisch. Du wirst nicht in sieben Nächten eine wissenschaftlich fundierte und gut strukturierte Abschlussarbeit schreiben können – auch wenn viele Studentenratgeber gerne das Gegenteil behaupten. Eine gute Arbeit braucht seine Zeit und genau deswegen widmen wir uns dem Thema Zeitmanagement mit einem ganzen Kapitel, denn wer gut plant hat nur halb so viel Arbeit.

Wir sind keine Fachexperten für genau Dein Thema – und das wollen wir auch gar nicht sein, denn wir sind fest davon überzeugt, dass Du das schon selbst bist. Eine gute oder sogar herausragende Abschlussarbeit hängt nicht nur von inhaltlicher Kompetenz ab, sondern viel häufiger davon, wie effizient und sicher man sich selbst durch die Zeit der Vorbereitung navigieren kann. Wenn Du also ein Rezept suchst für eine gute und sorgenfreie Zeit, in der Du nicht nur produktiv und effektiv, sondern auch mit Spaß an Deiner Abschlussarbeit schreibst, dann bist Du hier genau richtig.

1.2 DREI KERNIDEEN

Wir haben den Anspruch, Dich mit diesem Buch vom Anfang bis zum Ende durch Deine gesamte Abschlussarbeit zu führen. Dabei gibt es drei Kernelemente, die uns besonders wichtig sind:

1. Verständlichkeit
2. Praxisbezug
3. Prozessbegleitung.

VERSTÄNDLICHKEIT

Ein erster Kerngedanke dieses Buches ist das Thema Verständlichkeit. Hierbei ist es uns vor allem wichtig, dass Du dieses Buch immer wieder im Arbeitsprozess nehmen kannst, das passende Kapitel aufschlägst und einfache verständliche Hinweise, Tipps und Methoden mit an die Hand gegeben bekommst, die Dir bei Deiner Arbeit einen tatsächlichen Mehrwert bieten. Wir wollen bewusst nah an Deiner Lebensrealität als Student schreiben, denn wir selbst kennen die Fragen und Herausforderungen kurz vor dem Abschluss sehr gut und können daher Deine Situation nachvollziehen. Wir bringen das Wissen aus den teilweise sehr kompliziert und verschachtelt geschriebenen Fachbüchern zusammen mit dem Wissen um die größten Herausforderungen von Studenten beim Schreiben von Bachelor- und Masterarbeiten. Damit möchten wir bewusst all die Lücken adressieren, die so noch nicht oder nicht ausreichend und verständlich genug in den Standardwerken des wissenschaftlichen Arbeitens aufgegriffen wurden.

PRAXISBEZUG

Unser zweiter Kerngedanke ist ein hoher Praxisbezug. Gerade wenn Du Dich zum ersten Mal ernsthaft mit Deiner Abschlussarbeit beschäftigst und Du Dich vage an Kurse zum wissenschaftlichen Arbeiten, Theoriemodule und Formatvorgaben Deiner Hochschule erinnerst, kann es Dir so vorkommen, als wäre die Abschlussarbeit ganz weit weg von Deiner eigentlichen Lebensrealität. Wir möchten Dir zeigen, dass das auf keinen Fall so sein muss und Du sogar an vielen Stellen clevere und spannende Verbindungen zur Welt außerhalb der Hochschule herstellen kannst. Wissenschaft und Praxis bilden nämlich kein Gegensatzpaar, sondern können sich ideal ergänzen. Dabei geht es nicht nur um ganz direkte Praxisbezüge wie das Schreiben einer Abschlussarbeit im Unternehmen (mehr dazu in Kapitel 3.4), sondern auch um den Gedanken, dass Du mit Deiner Abschlussarbeit die Weichen für Deine Karriere nach dem Abschluss stellen kannst. Schon mit der Wahl der Forschungsfrage und der Methodik, aber auch durch Auswählen von Betreuern und Fachliteratur kannst Du Signale an potenzielle Arbeitgeber, an Vorgesetzte Deiner Werkstudentenstelle oder aber an andere Hochschulen senden, bei denen Du Dich für Masterstudiengänge oder eine Promotion interessierst. Beim Thema Praxisbezug geht es in diesem Buch daher vor allem darum, Dir zu zeigen, dass Du Deine Abschlussarbeit nicht nur als notwendiges Übel zum Erreichen eines akademischen Grades sehen solltest, sondern sie aktiv als Chance annimmst, Dich auf Deine Zukunft vorzubereiten. Es halten sich sogar Gerüchte, dass es Personen gibt, die Spaß an ihrer Abschlussarbeit hatten – eben weil sie sich so gut in die eigene Lebenswelt einbetten ließ.

Dieser Praxisbezug ist übrigens einer der zentralen Punkte, womit sich unser Buch von den Standardwerken in der Literatur unterscheidet. Denn es gibt zwar durchaus viel Literatur zum Thema „Wissenschaftliches Arbeiten“ oder zum Verfassen von Abschlussarbeiten, diese Werke verfolgen in der Regel aber alle einen eher (bzw. sehr) theoretischen Ansatz. Wir möchten Dir darüber hinaus noch etwas mehr bieten und begleiten Dich daher nicht nur durch die gängigen Kapitel einer Abschlussarbeit und erklären Zitierregeln und Quellenarbeit, sondern beginnen ganz praktisch dort, wo Du beginnst, nämlich bei der großen ersten Frage „Wie und womit fange ich jetzt eigentlich an?“

PROZESSBEGLEITUNG

Hinter dem letzten Punkt der Prozessbegleitung verbirgt sich daher die Tatsache, dass Deine Abschlussarbeit und die Arbeit damit schon viel früher anfängt, als mit dem ersten Satz Deiner Einleitung. Viele Ratgeber aus der Standardliteratur beschäftigen sich im Kern mit den einzelnen Kapiteln und Unterkapiteln von Abschlussarbeiten, mit wissenschaftlicher Recherche und akademisch korrektem Zitieren. Keine Frage, die Theorie von guter wissenschaftlicher Praxis ist unerlässlich und wir sind uns sicher, dass Du hierzu in der Hochschule auch schon einige Vorlesungen oder Kurse hattest. Viele Studierende stehen dennoch häufig in ihren letzten Semestern vor der großen Frage: „Wie mache ich das jetzt ganz konkret?“ Und genau, um diese Frage zu beantworten, haben wir dieses Buch geschrieben. Die Idee hinter diesem Buch ist nicht nur die Vermittlung von fachlichem Wissen und dem Handwerkszeug des wissenschaftlichen Arbeitens, sondern die ganzheitliche Vorbereitung und Begleitung beim „Projekt Abschlussarbeit". Für dieses Projekt erhältst Du auf über 300 Seiten konkrete Tipps und Tricks, übersichtliche Checklisten, viele Beispiele aus verschiedenen Fachbereichen und eine praktische Schritt-für-Schritt-Begleitung. Du findest alle wichtigen Informationen ansprechend verpackt und verständlich geschrieben. Solltest Du dennoch gerne ab und an in die theoretische Literatur zu diesem Thema schauen wollen, empfehlen wir Dir, einen Blick auf die Literaturliste im Anhang zu werfen, die wir auch als Grundlage und Inspiration für dieses Buch verwendet haben.

Aufbauend auf diversen Standardwerken möchten wir mit diesem Buch nun bewusst noch einen Schritt weiter gehen und nicht nur aufzeigen, welche Bestandteile in einer guten Abschlussarbeit zu finden sind, sondern auch, wie eine erfolgreiche Vorbereitung und Organisation aussehen kann. Denn bevor die ersten Zeilen zu Papier gebracht werden, gibt es noch viele offene Fragen:

- Wie komme ich von einem spannenden Thema zu einer passenden Forschungsfrage?
- Was macht hochwertige Literatur aus?
- Welcher Betreuer ist geeignet für mich?
- Wie schreibt man eigentlich eine Abschlussarbeit im Unternehmen oder im Ausland?"

Wir möchten Dich mit diesem Buch daher nicht nur inhaltlich beim eigentlichen Schreiben der Abschlussarbeit begleiten, sondern vor allem auch bei all den Fragen und der Organisation, die wichtig ist, noch bevor Du Deine Abschlussarbeit überhaupt angemeldet hast und mit dem Schreiben beginnst. Wir blicken daher vor allem auch auf strukturelle Aspekte wie eine adäquate

Zeitplanung, Vorbereitungen für Treffen mit dem Betreuer oder bekannte Bewertungskriterien und Erfolgsfaktoren von Abschlussarbeiten. Wie genau das aussieht und welche Struktur sich daraus ergibt, erfährst Du im nächsten Abschnitt.

1.3 STRUKTUR

Im Großen und Ganzen ist dieses Buch in zwei Bereiche unterteilt: „Die Planung“ und „Die Abschlussarbeit“. Der erste Teil des Buches – „Die Planung” – befasst sich mit all den Grundlagen, die wichtig für den Erfolg sind, bevor es darum geht, das erste Mal etwas für die Abschlussarbeit zu verschriftlichen. Hier werden wir unter anderem einen Blick auf verschiedene Arten von Abschlussarbeiten, Erfolgsfaktoren für eine gelungene Betreuung, sowie wichtiges Grundlagenwissen zur Quellenarbeit und zum wissenschaftlichen Zitieren werfen. Den Schwerpunkt des ersten Teils bildet das Kapitel rund um die Themenfindung und die Forschungsfrage (Kapitel 5). Hier bekommst Du ganz konkrete Beispiele und eine Schritt-für-Schritt-Anleitung, mit der Du aus der Vielzahl an potenziell spannenden und relevanten Themen eine für Dich passende Forschungsfrage entwickelst. Außerdem geben wir Dir Tipps und Tricks zum Thema Zeitmanagement mit an die Hand.

Ganz im Sinne des Kerngedankens der Praxisnähe bringen wir im Laufe des ersten Teils immer wieder sogenannte Exkurse mit in die Kapitel. Hier geht es darum, noch einmal besondere Themen oder Projektideen herauszugreifen und als Anregung und Inspiration kurz vorzustellen, wie beispielsweise das Schreiben einer Abschlussarbeit im Unternehmen, auf einer Fremdsprache oder im Ausland. Diese Unterkapitel sind für das erfolgreiche Bestehen einer Abschlussarbeit nicht zwingend relevant – solltest Du also unter Zeitdruck oder schon mitten im Arbeitsprozess stehen, dann überspring diese Teile gerne.

Ein weiteres Element, was Dir im Laufe des Buches häufiger begegnen wird, sind unsere Expertentipps. Hier stellen wir Dir kurz und bündig konkrete Tipps und Tricks zu den jeweiligen Themengebieten vor, die Du in der Regel direkt umsetzen kannst. Das kann zum Beispiel so aussehen:

EXPERTENTIPP:
HOCHSCHUL-INFOS VOR ALLGEMEINEN INFOS

Neben all den Fachbüchern zum wissenschaftlichen Arbeiten, die es auf dem Markt gibt, sei Dir hier schon einmal der Tipp mitgegeben, dass die besten Informationen immer noch aus Deiner Hochschule und von Deinem Lehrstuhl selbst kommen. Solltest Du in den ersten Semestern mal einen Kurs zum Thema Wissenschaftliches Arbeiten gehabt haben, dann schau doch nochmal, ob Du noch eine Literaturliste aus diesem Kurs findest oder frag nett bei den Experten in Deiner Bibliothek nach. Solltest Du schon einen Betreuer oder eine Betreuerin haben, dann kannst Du Dich natürlich auch dort erkundigen, ob sie Dir spezielle Werke mit an die Hand geben möchten.

Der zweite Teil – „Die Abschlussarbeit“ – dieses Buches ist anhand der klassischen Kapitel einer Abschlussarbeit aufgebaut. Den Beginn bilden Hinweise zum Aufbau und zur Gliederung, im Anschluss begleitet Dich das Buch durch Einleitung, Theorie, Methodik, den Ergebnisteil und durch Diskussion und Fazit. So kannst Du – je nachdem wo Du gerade schon stehst – immer genau zum passenden Kapitel springen und Dir dort wertvolle Inhalte und Tipps mitnehmen. Da Du hier zum einen schon Vorwissen und Vorgaben aus der Hochschule mitbringst, ist der Schwerpunkt in diesem Kapitel eine Übersicht gängiger qualitativer und quantitativer Methoden. Wir stellen vor, welche Methoden es gibt, bringen konkrete Beispiele aus erfolgreichen Abschlussarbeiten und Journals mit und geben Dir Anregungen, warum Du Dich für oder gegen eine jeweilige Methode entscheiden könntest. In diesem Teil wirst Du vor allem nützliche Checklisten und Übersichten finden, die es Dir im Schreibprozess erleichtern sollen, nichts aus den Augen zu verlieren und immer zu sehen, wo genau Du gerade mit Deiner Abschlussarbeit stehst.

Zum Ende bildet das Zusatzkapitel „Alles nach der Abschlussarbeit“ den Abschluss dieses Buches. Hier behandeln wir kurz und übersichtlich noch all die Punkte, die interessant für Dich sein können, nachdem Du Deine Abschlussarbeit eingereicht hast, wie beispielsweise ein mündliches Kolloquium, die Vor- und Nachteile von Veröffentlichungen sowie Preise und Auszeichnungen für Abschlussarbeiten. Außerdem werfen wir einen Blick auf gängige Herausforderungen und klassische Fehler, die zu einem Durchfallen führen können. Wir möchten Dich selbstverständlich vor einem Durchfallen bewahren – und bestenfalls sogar dabei helfen, dass Deine Abschlussarbeit ein voller Erfolg wird. Wer „wir” eigentlich sind möchten wir Dir daher zum Abschluss dieser Einleitung gerne noch einmal kurz vorstellen.

1.4 AUTORENVORSTELLUNG

Bevor wir nun inhaltlich starten, möchten wir noch einmal die Chance nutzen, uns als Autoren dieses Buches vorzustellen. Wir, das sind Leon Näsemann und Kimberly Klebolte, haben beide vielfältige Studienerfahrung und Erfahrung mit wissenschaftlichen Projekten und Abschlussarbeiten und haben deshalb dieses Buch geschrieben, das sachlich, verständlich und vor allem praxisnah die Aufbereitung von Abschlussarbeiten behandelt. Zum einen haben wir selber erfolgreich Bachelor- und Masterarbeiten geschrieben und kennen daher alle Phasen eines solchen Projektes sehr gut aus eigener Erfahrung. Wir wissen, wie es ist, wenn man voller Tatendrang startet und sich endlich selber ein Thema aussuchen darf, was spannend ist. Wir kennen den Moment, in dem man nach Tagen in der Bib und vor dem Laptop immer noch keine passende Forschungsfrage hat und wir wissen auch, wie sehr man diese ganze Arbeit verfluchen kann – um dann doch am Ende stolz zu sein, wenn alles gedruckt, gebunden und abgegeben ist.

LEON NÄSEMANN

Leon hat seinen Bachelor of Science in International Relations and International Business an der University of Memphis studiert, eine staatliche Hochschule im US-Bundesstaat Tennessee. Anschließend zog es ihn für seinen Master of Science an die Copenhagen Business School nach Dänemark, wo er International Business and Social Politics studierte. Zudem ist er Gründer und Geschäftsführer von „Partner der Wissenschaft“ (PDW). Mit den beiden Plattformen www.die-masterarbeit.de und www.die-bachelorarbeit.de hilft PDW über 350.000 Studierenden jährlich bei der Suche nach einem Thema für ihre Abschlussarbeit. Von diesem großem Netzwerk profitieren nicht nur Studierende, sondern auch Partnerunternehmen, indem sie über passenden Themen, Projekte und Praktika Kontakte zu den Studenten knüpfen können.

KIMBERLY KLEBOLTE

Kim hat zunächst einen Bachelor of Science in Wirtschaftspsychologie an der Hochschule Osnabrück abgelegt, wobei sie vielfältige Auslandserfahrungen u.a. in Kanada, Südafrika und China sammeln konnte. Außerdem standen bei ihr eine Forschungsreise und ein Unternehmensbesuch bei Volkswagen in Mexiko auf dem Plan. Ihre Bachelorarbeit schrieb sie über die Glaubwürdigkeit von Quellen. Im Anschluss studierte sie Comparative Social Policy als Master of Science an der University of Oxford. In ihrer Masterarbeit beschäftigte sie sich mit Arbeitsmarktregulierungen in OECD-Ländern. Beide Abschlussarbeiten haben erfolgreich ein Peer-Review-Verfahren zur Veröffentlichung durchlaufen. Daneben war sie als Tutorin für wissenschaftliches Arbeiten (v.a. für Erstakademiker) aktiv. 2020 wurde sie zudem zu einem der fünf weltweiten Top-Talente unter 25 im Bereich Bildung gewählt.

KAPITEL 2
DIE PLANUNG

In diesem Kapitel lernst Du u.a.:

- wie Du ein realistisches Erwartungsmanagement aufbaust
- welche Vorgaben es zu einer Abschlussarbeit gibt und wie Du diese am besten einbaust
- wie sich die Bewertung einer Abschlussarbeit zusammensetzt
- was den Umfang und das Abgabedatum Deiner Abschlussarbeit beeinflussen kann
- welche Etappen es auf dem Weg zu einer erfolgreichen Arbeit gibt
- wie Dir ein Zeitplan bei Deinen Ziele helfen kann
- welche Tipps und Tricks es mit Blick auf ein professionelles Zeitmanagement gibt

2.1 ERWARTUNGSMANAGEMENT

Herzlich Willkommen zum inhaltlichen Teil Deines Buches. Nachdem wir Dir erklärt haben, was uns so besonders macht, wie Du mit diesem Buch arbeitest und was Dich in dem folgenden Kapitel erwartet, wollen wir hier direkt loslegen.

Sicherlich kennst Du das Sprichwort „Aller Anfang ist schwer" und es ist gut möglich, dass Du Dir jetzt mit Blick auf Deine Abschlussarbeit genau das denkst. Aus eigener Erfahrung können wir dieses Gefühl sehr gut nachvollziehen, schließlich kann es einschüchternd wirken, dass in den nächsten Monaten aus einem leeren Blatt Papier – bzw. einem leeren Word Dokument – eine wissenschaftlich fundierte Bachelor- oder Masterarbeit entstehen soll. Genau weil es aktuell für Dich nach einem sehr großen Projekt aussehen mag, kann es hilfreich sein, sich noch vor der ersten Recherche einmal ernsthaft mit dem Thema Erwartungsmanagement auseinanderzusetzen. Dabei geht es gar nicht darum, dass Du jetzt sagst, Du möchtest am liebsten eine 1,3 oder eine 2,7, sondern darum, dass Du Dir vorab ein wenig Zeit nimmst, um zu überlegen, mit welcher Motivation und Zielsetzung Du das „Projekt Abschlussarbeit" angehst.

Folgende Fragen können Dir bei einem ersten Brainstorming helfen, ein Gefühl für die wichtigsten Aspekte zu bekommen:

- Wie viel Zeit möchte ich/kann ich in meine Abschlussarbeit investieren?
  - Welche Priorität hat die Bearbeitung im Vergleich zu anderen Dingen, die mich beschäftigen und anstehen?
  - Ist es mir wichtig, in Regelstudienzeit zu studieren?
- Welche Priorität hat die Note meiner Abschlussarbeit für mich?
  - Ist sie für meinen finalen Notendurchschnitt relevant?

    - Ist sie für Praktika, den Berufseinstieg oder ein Masterstudium relevant?
- Was möchte ich mit dieser Abschlussarbeit lernen bzw. verbessern?
    - Inhaltliche Tiefe in bestimmten Themenbereichen? Methodische Kompetenzen?
- Wie kann mich die Abschlussarbeit mit Blick auf zukünftige Ziele unterstützen?
    - Kann sie den Grundstein für eine weiterführende Masterarbeit legen?
    - Soll sie mich auf eine geplante wissenschaftliche Karriere vorbereiten?
    - Möchte ich sie möglicherweise publizieren?
    - Möchte ich möglichst praxisnah in einer Unternehmenskooperation schreiben (z.B. für bessere Aussichten auf dem Arbeitsmarkt)?

In der Theorie soll jede Abschlussarbeit einen Mehrwert liefern, der den aktuellen Forschungsstand erweitert. Dabei geht es laut der Autoren Karmasin und Ribing (2014) darum, „anerkannte Theorien und Meinungen zu zitieren" und „das Wissen anderer Autoren in seine eigene Arbeit einzubringen, entweder als Beleg oder passend für den Zusammenhang oder eben auch im Widerspruch" (S. 35).

Seitens Deiner Hochschule bzw. der Wissenschaft gibt es also bereits eine relativ klar definierte Anforderung an Deine Abschlussarbeit. Natürlich ist eine Abschlussarbeit Teil Deines Studiums: Du bekommst ECTS dafür und später bestenfalls Deinen Abschluss verliehen, aber diese Arbeit kann noch so viel mehr sein als reines Mittel zum Zweck. Mit einer guten Abschlussarbeit kannst Du Dich sowohl thematisch auf ein Masterstudium vorbereiten und Vorarbeit leisten als auch mit einer Veröffentlichung einen ersten Schritt in Richtung wissenschaftlicher Karriere gehen. Und wenn Du nach der Bachelorarbeit nur noch raus aus der Hochschule willst, kann eine Abschlussarbeit in Kooperation mit einem Unternehmen Dir die ersten Türen für weitere Praktika oder Jobs bieten, die Du sonst vielleicht nicht sehen würdest. Selbst wenn Die Abschlussarbeit also nicht Dein absolutes Lieblingsprojekt im gesamten Studium sein wird, dann kannst Du sie trotzdem nutzen, um Dich strategisch für Deine Zukunft aufzustellen. Neben all den inhaltlichen Aspekten und der Möglichkeit, sich mit Arbeitgebern oder Professoren zu vernetzen, kannst Du außerdem eine Menge weiterer Skills erlernen, die alle im späteren Berufsleben nützlich sein können: ein gutes Zeitmanagement, eine hohe Belastung, das Liefern guter Arbeitsergebnisse unter Zeitdruck, eine hohe Sorgfalt trotz verschiedener gleichzeitiger Projekte und Ansprechpartner etc.

Ganz egal wie Deine persönliche Erwartung an Deine Abschlussarbeit ist und ganz egal welches Ziel Du damit verfolgst – solange Du Dir vor Beginn wenigstens Gedanken über diese Punkte gemacht hast, bist Du schon besser vorbereitet als viele Deiner Kommilitonen.

2.2 ZEITPLAN EINER ABSCHLUSSARBEIT

Nachdem Du Dir Gedanken zum Erwartungsmanagement gemacht hast, geht es nun in der Planung darum, Überlegungen zum Zeitmanagement anzustellen. Im Folgenden möchten wir Dir fünf Schritte vorstellen, die Dir helfen können, klare Etappenziele für Dein „Projekt Abschlussarbeit" zu formulieren. Grundsätzlich gelten diese Schritte – und auch alle weiteren Tipps in diesem Kapitel – für Bachelor- und Masterarbeiten, da selbstverständlich beide gleichermaßen gut geplant und durchdacht werden sollten.

Natürlich ist eine Masterarbeit jedoch in der Regel länger, aufwendiger mit Blick auf die Bearbeitungszeit und tiefgreifender mit Blick auf die Inhalte, sodass hier im Zweifel immer etwas mehr Zeit eingeplant werden sollte. Im Laufe dieses Kapitels geben wir daher bei konkreten Zeitplänen immer einen Hinweis, ob diese eher für Bachelor- oder eher für Masterarbeiten gedacht sind.

Schritt 1:
Verständnis der Vorgaben Deiner Hochschule

Schritt 2:
Verständnis der Gewichtung einzelner Kapitel

Schritt 3:
Verständnis der Bewertungskriterien einzelner Teile

Schritt 4:
Einholen von Erfahrungswerten

Schritt 5:
Definieren von Teilzielen/Etappenzielen

Abbildung 1: Vorgehen zum Erstellen eines Zeitplans.

SCHRITT 1: VERSTÄNDNIS DER HOCHSCHUL-VORGABEN

UMFANG UND LÄNGE

Umfang und Bearbeitungszeit von Bachelor- und Masterarbeit sind von Hochschule zu Hochschule verschieden. In der Regel liegen Bachelorarbeiten in Deutschland zwischen 20 und 60 Seiten, Masterarbeiten können zwischen 30 und 100 Seiten liegen. Du solltest daher vorab großen Wert darauf legen, genau abzuklären, was von Dir erwartet wird. Außerdem irritiert es Dich danach nicht, wenn Du bei Deiner Recherche auf Abschlussarbeiten stößt, die wesentlich kürzer oder länger sind als Deine geplante Arbeit.

Im Durchschnitt werden Bachelorarbeit in 12 bis 14 Wochen (d.h. in 3 bis 3½ Monaten) bearbeitet, wenn ca. 30 Seiten geschrieben werden sollen. Die durchschnittliche Bearbeitungsdauer von Masterarbeiten liegt selbstverständlich höher mit ca. 25 bis 30 Wochen (d.h. ca. 6 bis 7 Monate) bei einem Umfang von ca. 80 Seiten. Einen ersten Anhaltspunkt, wie viel Arbeitsaufwand die Abschlussarbeit an Deiner Hochschule umfasst, können die ECTS-Punkte geben. Ein Creditpunkt entspricht dabei ca. 25 bis 30 Stunden Arbeitszeit. Zusätzlich zu diesen eher formellen Richtwerten geben Hochschulen und Fachbereiche in der Regel auch Durchschnitts- bzw. Maximalwerte für die Bearbeitungszeit von Abschlussarbeiten an.

EXPERTENTIPP: OFFIZIELLE VS. INOFFIZIELLE ZEITEN

Angaben von Hochschulen zur Bearbeitungszeit einer Bachelor- oder Masterarbeit beziehen sich in der Regel auf den Zeithorizont von der offiziellen Anmeldung der Abschlussarbeit bis zum Termin der Abgabe. Sobald Du Deine Arbeit beim Prüfungsamt anmeldest, beginnt also die Uhr zu ticken. Häufig ist es jedoch so, dass bereits vor diesem offiziellen Startdatum gearbeitet wird und Du bei der Anmeldung so beispielsweise schon Deinen Literaturteil oder auch eine empirische Erhebung begonnen oder sogar abgeschlossen haben solltest. Vor Beginn der offiziellen Bearbeitungszeit hast Du in der

Regel schon Themenvorschläge gesammelt, die Literatur zumindest exemplarisch gesichtet und oft auch schon eine genaue Fragestellung gefunden. All diese Recherchearbeit – die sicherlich ein paar Wochen in Anspruch nehmen kann – ist also nicht mit in die offizielle Bearbeitungszeit der Abschlussarbeit eingerechnet. Der vorgesehene Zeitraum Deiner Hochschule ist also in der Regel nicht die tatsächliche Bearbeitungszeit. Oftmals sind vorgegebene Zeitrestriktionen auch reine Formsache – Lass Dich daher nicht von vermeintlich knappen Zeitplänen verunsichern!

Bei der Länge der Arbeit gibt es meist starre Vorgaben seitens der Hochschule. An einigen Hochschulen wird neben einem Wortlimit auch angegeben, wie viel Prozent darüber oder darunter geschrieben werden darf, ohne bei der Bewertung Punkte abgezogen zu bekommen. Einige Studenten kürzen sehr ungern Inhalte, wenn sie mehr als eigentlich erlaubt geschrieben haben, und packen stattdessen Abschnitte oder ganze Kapitel in den Anhang – weil dieser in der Regel nicht mit in das Wortlimit einbezogen wird. Da jedoch viele Professoren und Hochschulen diesen kleinen Trick mittlerweile kennen, gibt es häufig ebenfalls Limitationen für die Länge der Anhänge, worauf Du unbedingt ein Auge haben solltest.

Besonders bei internationalen Abschlussarbeiten – wenn Du beispielsweise im Zuge Deines Auslandsstudiums oder in Kooperation mit einer anderen Hochschule arbeitest – gibt es häufig Wortlimitationen, die an gängige internationale Publikationsregeln angepasst sind. Die meisten Journals akzeptieren Einreichungen zwischen 8.500 und 10.000 Wörtern. Wenn Du selbst schon weißt, dass Du gerne Deine Abschlussarbeit zur Veröffentlichung einreichen möchtest (weil Du beispielsweise eine anschließende akademische Karriere anstrebst), dann solltest Du hier frühzeitig mit Deinem Betreuer bzw. dem Prüfungsamt Rücksprache halten. Im Folgenden geben wir Dir einige Beispiele aus verschiedenen Hochschulen und Fachgebieten, um Dir zu zeigen, dass es zum einen nicht „die eine" richtige Antwort auf die Frage nach dem genauen Umfang gibt, und es zum anderen teils deutliche Unterschiede zwischen den Anforderungen der Fachbereiche gibt.

Tabelle 1: Anforderungsvergleich Bachelorarbeit BWL.

	RWTH Aachen	FH Mainz	WWU Münster
Seiten	40	30-40	k.A.
Wörter	k.A.	10.000	7.000
Arbeitszeit	12 Wochen	8 Wochen	1 Semester
ECTS-Punkte	12	10	12

Tabelle 2: Anforderungsvergleich Bachelorarbeit Politik.

	TU Chemnitz	Uni Freiburg	HS Bremen
Seiten	35-45	k.A.	35-50
Wörter	k.A.	k.A.	k.A.
Arbeitszeit	9 Wochen	8 Wochen	9 Wochen
ECTS-Punkte	18	10	12

Tabelle 3: Anforderungsvergleich Masterarbeit BWL.

	LMU München	FH Bielefeld	HU Berlin
Seiten	67-78	100	56-67
Wörter	17.000-19.000	25.000	14.000-17.000
Arbeitszeit	22 Wochen	24 Wochen	12,9 Wochen
ECTS-Punkte	30	30	20

Tabelle 4: Anforderungsvergleich Masterarbeit Informatik.

	LMU München	FH Bielefeld	HU Berlin
Seiten	28-56	60-80	100
Wörter	7.000-14.000	15.000-20.000	25.000
Arbeitszeit	26 Wochen	21,5 Wochen	25,8 Wochen
ECTS-Punkte	25	24	30

Quellen: Alle Angaben stammen aus den offiziellen Prüfungsunterlagen der jeweiligen Hochschulen (Stand: Juli 2020).

DIE ABGABE

Wenn die Rahmenbedingungen der Abschlussarbeit geklärt sind, dann solltest Du zuletzt noch ein Auge auf konkrete Details zu den Regelungen zur Abgabe werfen: Gibt es feste Vorgaben Deiner Hochschule oder sind bestimmter Betreuer dafür zuständig? Muss die Abgabe schriftlich, digital oder auf beiden Wegen erfolgen? Abseits von diesen formellen Dingen solltest Du jedoch auch daran denken, ob und ggf. welche persönlichen Deadlines für Dich wichtig sind, z.B. mit Blick auf Bafög-Zahlungen, ein bereits unterschriebener Arbeitsvertrag, ein anschließendes Praktikum oder ein Masterstudium oder auch so scheinbar banale Dinge wie ein auslaufender Vertrag im Studierendenwohnheim.

Zuletzt solltest Du Dich noch informieren, wie und unter welchen Voraussetzungen Du eine Verlängerung beantragen kannst. Auch bei einem sehr genau und realistisch geplanten Zeitplan kann es vorkommen, dass Du unerwartet krank wirst oder etwas anderes Dir einen Strich durch die Rechnung macht. Informiere Dich also am besten direkt zu Beginn Deiner Bearbeitung, was zu tun ist, solltest Du absehen können, dass Du das festgesetzte Abgabedatum nicht einhalten wirst.

SCHRITT 2: VERSTÄNDNIS DER KAPITEL-GEWICHTUNG

Im zweiten Schritt geht es darum, ein Verständnis dafür zu bekommen, wie die einzelnen Teile der Abschlussarbeit gewichtet sind. Hier gibt es leider keine einfache Erfolgsformel, da letzten Endes Menschen mit Vorgaben ihrer Hochschulen, aber auch mit ihren persönlichen Präferenzen Abschlussarbeiten bewerten. Grundsätzlich sind alle Teile einer Abschlussarbeit wichtig und Du solltest keinen von ihnen vernachlässigen. Was jedoch vor allem auch bei der Bewertung zählt, ist ein roter Faden, das heißt ein logischer Aufbau, der sich durch Deine einzelnen Teile zieht. Du kannst einen noch so starken Methodenteil schreiben – wenn er nicht sinnvoll an Deine Theorie anknüpft und die Ergebnisse herleiten kann, dann wirst Du keine gute Note dafür bekommen. Bei der Gewichtung, die auch die Länge und Detailtiefe beinhaltet, kannst Du Dich als Referenz immer an bereits publizierten Abschlussarbeiten in Deinem Fachbereich orientieren. Die einzelnen Bewertungskriterien listen wir im nächsten Schritt noch weiter im Detail auf, daher sei hier nur gesagt, dass eine gute Vorbereitung unabdingbar und mehr als die halbe Miete ist. Fast 70% der Arbeitszeit bei Abschlussarbeiten gehen in die Vorbereitung oder sollten in diese gesteckt werden, wenn man ein gutes Ergebnis erzielen möchte. Die übrigen 30% sind dann geblockt für die tatsächliche Schreib- und Reflexionsarbeit.

SCHRITT 3: VERSTÄNDNIS DER BEWERTUNGSKRITERIEN

Natürlich sind bei einer Abschlussarbeit nicht nur die spezifischen Vorgaben Deiner Hochschule relevant (und Dein Verständnis davon, wie die einzelnen Teile Deiner Abschlussarbeit gewichtet werden), sondern letztlich vor allem, nach welchen Kriterien und wie die einzelnen Teile konkret bewertet werden.

Sehr hilfreich ist die folgende Übersicht der Universität Heidelberg, die exemplarisch erklärt, welche Punkte in den vier Kategorien „Fragestellung", „Gliederung und Argumentation", „Stil und Sprache", sowie „Formalia und Literatur" erfüllt werden müssen, um Benotungen von sehr gut bis nicht ausreichend zu bekommen. Schau Dir diese Tabelle genau an und wirf auch vor der Abgabe Deiner Arbeit noch einmal einen Blick darauf, denn diese Übersicht kann Dir helfen, nichts Wichtiges zu vergessen und ein besseres Verständnis davon zu bekommen, was eine sehr gute von einer guten Arbeit unterscheidet und was von Professoren erwartet wird.

Tabelle 5: Bewertungskriterien der Universität Heidelberg.

Note	Kriterium: Fragestellung
Sehr gut	Präzise und beantwortbare Fragestellung. Sehr gute Berücksichtigung des wissenschaftlichen Kontextes (Forschungsstand).
Gut	Eingrenzung des Themas auf beantwortbare Fragestellung. Bezug zum wissenschaftlichen Kontext.
Befriedigend	Wahl einer beantwortbaren Fragestellung. Oberflächliche Bezugnahme auf den wissenschaftlichen Kontext.
Ausreichend	Nur grobe Eingrenzung der Fragestellung/lediglich Themenstellung. Oberflächliche Bezugnahme auf den wissenschaftlichen Kontext.
Nicht ausreichend	Unpräzise und im Rahmen der Arbeit nicht beantwortbare Fragestellung. Unklarer Bezug zum wissenschaftlichen Kontext.

Note	Kriterium: Gliederung/Argumentation
Sehr gut	Alle Gliederungspunkte notwendig zur Bearbeitung der Fragestellung. Logisch schlüssiger und widerspruchsfreier Argumentationsgang. Klar erkennbarer Anteil eigener Argumentation und Schlussfolgerungen.
Gut	Logisch konsistente Gliederung, problembezogen. Nachvollziehbarer und widerspruchsfreier Argumentationsgang. Argumentative Eigenleistung erkennbar.
Befriedigend	Nachvollziehbarer und widerspruchsfreier Argumentationsgang. Korrekte Wiedergabe fremder Argumente.
Ausreichend	Nachvollziehbarer Argumentationsgang. Nur unpräzise Wiedergabe fremder Argumente.
Nicht ausreichend	Schwer nachvollziehbare Argumentation. Fehlerhafte Wiedergabe fremder Argumente.
Note	**Kriterium: Stil/Sprache**
Sehr gut	Differenzierte Wortwahl, begrifflich präziser Ausdruck, gut lesbarer Stil. Grammatikalisch und orthographisch fehlerfrei.
Gut	Begrifflich präziser Ausdruck. Grammatikalisch und orthographisch richtig.
Befriedigend	Korrekte Verwendung von Begriffen. Grammatikalisch/orthographisch weitgehend fehlerfrei.
Ausreichend	Weitgehend korrekte Verwendung von Begriffen. Grammatikalisch/orthographisch z.T. fehlerhaft.
Nicht ausreichend	Unklarer Ausdruck. Grammatikalisch und orthographisch fehlerhaft.

Note	Kriterium: Formalia/Literatur
Sehr gut	Umfangreiche Berücksichtigung der Werke, Quellen und Forschungsliteratur. Formal korrekt (Literatur, Zitation, Bildunterschriften, etc.).
Gut	Berücksichtigung der Werke, Quellen und Forschungsliteratur. Formal korrekt (Literatur, Zitation, Bildunterschriften, etc.).
Befriedigend	Berücksichtigung der Werke, Quellen und Sekundärliteratur. Formal weitgehend korrekt (Literatur, Zitation).
Ausreichend	Beschränkung auf die unbedingt notwendigen Werke und Quellen, meist nur Sekundärliteratur. Erhebliche Formfehler (Literatur, Zitation).
Nicht ausreichend	Unzureichende Berücksichtigung der Werke und Quellen Verwendung wissenschaftlich irrelevanter Sekundärliteratur. Fehlerhafte(s) Literaturverzeichnis/Zitation.

Quelle: Universität Heidelberg; Kriterien für die Bewertung von Seminararbeiten/Abschlussarbeiten (Orientierungshilfe).

Nicht nur Hochschulen selber, sondern auch die Wissenschaft hat sich mit der Frage nach Kriterien zur Beurteilung von Abschlussarbeiten befasst. Bänsch (1995, S. 73ff.), sowie Karmasin und Ribing (2012) stellen eine Gliederung und Sammlung verschiedenster Fragen zusammen, die Dir als Anhaltspunkt dienen können. Es müssen nicht alle Fragen für Deine spezielle Abschlussarbeit relevant sein, aber wir empfehlen Dir dennoch, diese Frageliste einmal Schritt für Schritt durchzugehen und zu entscheiden, ob die Beantwortung der Frage für Dich wichtig ist und falls ja, ob und inwiefern sie in Deiner Arbeit oder Deiner Planung der Arbeit berücksichtigt wird.

THEMENWAHL UND FRAGESTELLUNG

- Wird die Wahl des Themas (ggf. der Themen) begründet?
- Ist eine thematische Relevanz aufgezeigt (z.B. Aktualität, Forschungslücke)?
    - Werden die Motive/Hintergründe zur Wahl des Themas erläutert?
- Wird das Thema kontextualisiert und in einen angemessenen Rahmen gesetzt?
- Ist die Fragestellung klar formuliert?
- Ist die Fragestellung spezifisch, d. h. bezieht sie sich ausschließlich auf das vorliegende Thema?
- Ist die Fragestellung dem Typ der jeweiligen wissenschaftlichen Arbeit angepasst d.h. schöpft sie das Thema hinsichtlich Breite und Tiefe in der Form aus?
    - Hier ist für eine Masterarbeit eine weitere Tiefe gefordert als für eine Bachelorarbeit!
- Wird die Fragestellung begründet?
- Wird die Zielsetzung der Arbeit verdeutlicht?
    - Ist ein wissenschaftlicher Mehrwert erkennbar?

BEHANDLUNG DER FRAGESTELLUNG

- Wird in der Gliederung und Darstellung systematisch auf die Beantwortung der entsprechenden Forschungsfrage hingearbeitet?
- Wird der aktuelle Stand der Forschung anhand der Fragestellung aufgearbeitet?
    - Wird die aktuelle Forschung auch kritisch bewertet?
- Werden angemessene analytische Methoden zur Beantwortung der Fragestellung angewendet?

- Fehlerquellen:
  - Themenfremde und/oder unnötige und nicht notwendige Passagen
  - Ausgelassen oder nur partielles Behandeln von Teilfragen zur Beantwortung der Forschungsfrage
  - Aufstellen einfacher Behauptungen, bloßer Mutmaßungen und/oder Spekulationen
  - Ungerechtfertigte Wiederholungen
- Sind die entwickelten Argumentationsketten lückenlos und in sich widerspruchsfrei?

ERGEBNISSE

- Sind die Ergebnisse klar formuliert?
- Harmonisieren die Ergebnisse mit der Fragestellung und wird die Forschungsfrage klar beantwortet?
- Sind die Ergebnisse in sich widerspruchsfrei und falls nicht, wurde darauf eingegangen?
- Sind die Ergebnisse logisch und nachvollziehbar abgeleitet aus der Analyse?

DEFINITIONEN UND UNTERSUCHUNGSDESIGNS

- Sind alle definitionspflichtigen Begriffe (Fachtermini) eindeutig erklärt und konsequent durchgehalten?
- Sind Definitionsunterschiede bei Literaturbezügen berücksichtigt?
  - Werden verschiedene Definitionen eingeführt und wird nachvollziehbar begründet, welche Definition für die Bearbeitung der Abschlussarbeit gewählt wurde?

- Ist im Falle einer eigenen empirischen Untersuchung das jeweilige Untersuchungs- und Auswertungsergebnis klar und vollständig offengelegt und ist bei Bezugnahmen auf externe empirische Untersuchungen deren Design berücksichtigt?
- Ist alles relevante Material ausgewertet worden und im Untersuchungsdesign aufgeführt worden?

STIL UND SPRACHREGELN

- Ist die Arbeit in ihrer Wortwahl und Ausdrucksweise eindeutig verständlich, prägnant und treffend?
- Sind die einzelnen Sätze klar, inhaltlich aussagefähig und in sich logisch aufeinander aufbauend?
- Sind die Satzverknüpfungen sprachlich und logisch korrekt?
- Ist die Arbeit korrekt mit Blick auf Rechtschreibung, Grammatik und Zeichensetzung?
- Ist der Text flüssig geschrieben und auch für fachfremde Leser nachvollziehbar zu lesen (u.a. keine unnötig verschachtelten Sätze)?
- Ist die Arbeit sachlich und distanziert geschrieben (u.a. keine persönliche Meinung, keine Umgangssprache)?

LITERATURBEARBEITUNG UND ZITIERWEISE

- Wurde qualitativ angemessene Literatur in angemessenem Umfang herangezogen (Gibt es Quellenvielfalt)?
  - Hier wird für Masterarbeiten ein umfassenderer Literaturteil erwartet, als bei Bachelorarbeiten (z.B. Re-

cherche in mehr als einer Sprache, Fachjournals auch aus anderen Fachbereichen, interdisziplinäre Ansätze, qualitative und quantitative Literatur).

- Spiegelt sich die im Literaturverzeichnis ausgewiesene Literatur tatsächlich im Text der Arbeit wider?
- Wurde die Literatur korrekt (unmissverständlich, ohne Verfälschungen, aktuell, primär, nachvollziehbar) ausgewertet?
- In welchem Grad und auf welchem Niveau ist kritische Auseinandersetzung mit der Literatur zu finden?
    - Wurden Quellen einfach aufgenommen oder kritisch beachtet und in Kontext gesetzt?
    - Wurden die Quellen sinnvoll zueinander in Bezug gesetzt und miteinander verbunden?
    - Wurde die Qualität der benutzten Quellen kritisch reflektiert?
- Ist die Zitierweise adäquat (kein unnötiges Zitieren, Ausmaß wörtlichen Zitierens)?
- Ist die Zitierweise korrekt (vorgegebene Zitiermethode, eindeutige Erkennbarkeit übernommenen und eigenen Gedankengutes, Vollständigkeit der Angaben zu den einzelnen Quellen)?
- Wurden alle Sachverhalte und externe Argumente ausreichend mit Quellenangaben widerlegt und sind diese nachvollziehbar zusammengestellt?

GLIEDERUNG

- Ist ein „roter Faden“ in der Abschlussarbeit und der darin angeführten Argumentation erkennbar?
    - Folgen die Zwischenüberschriften einer Logik?

  - Sind die Kapitel und Unterkapitel inhaltlich aufeinander abgestimmt und gibt es keine unnötigen Doppelungen oder logische Fehler?
  - Ist die Gliederung in Bezug auf die Fragestellung nachvollziehbar?
- Ist die Gliederung formal korrekt (konsequente Gliederungs-Klassifikation, vollständige Untergliederung, angemessene Gliederungstiefe)?
  - Sind Überschriften und nachfolgende Inhalte aufeinander bezogen und zusammenpassend?
- Entspricht das Inhaltsverzeichnis den tatsächlichen Gliederungspunkten und Überschriften?

EIGENSTÄNDIGKEIT

- Zeigt die Arbeit eigene Überlegungen in Form eigener Ansätze und/oder die Umsetzung eigener Ideen?
  - Auf welchem Niveau liegen diese Eigenleistungen?
  - Wie treffend/abgesichert erweisen sie sich?
  - Wie gut sind sie theoretisch (und ggf. empirisch) hergeleitet?
  - Wie sind sie im Kontext zu bereits vorhandener Literatur zu sehen?
- Werden Lücken in der Literatur (sogenannte: Research Gaps) registriert und zu schließen versucht?
  - Wird versucht zu erklären, warum diese Lücke bisher nicht geschlossen wurde oder geschlossen werden konnte (z.B. keine ausreichende Datenlage, neue Verknüpfung von zwei Fachbereichen)?
- Werden Widersprüche und Uneinigkeiten in der Literatur herausgearbeitet, kommentiert und aufzulösen versucht?

- Zeigt die Arbeit Eigenständigkeit hinsichtlich:
  - der Ausarbeitung einer geeigneten Fragestellung?
  - möglicher Forschungshypothesen (v.a. bei quantitativer Forschung)?
  - des Konzeptes der Problembearbeitung?
  - der Darstellung, Verdichtung und Verknüpfung des gesammelten Materials?
  - der Schlussfolgerungen, die aus den eigenen Ergebnissen gezogen werden?

DARSTELLUNG UND VERZEICHNISSE

- Sind die Darstellungen (Abbildungen, Tabellen, Grafiken, Programmiercode-Zeilen etc.) korrekt durchnummeriert und inhaltlich aussagekräftig und eindeutig bezeichnet?
  - Hierbei gilt: So lang wie nötig, so kurz wie möglich. Oft reichen wenige Worte, um ein Element eindeutig zu benennen.
- Wurden die erforderlichen Verzeichnisse (Inhalts-, Abkürzungs-, Symbol-, Abbildungs-, Literaturverzeichnis etc.) korrekt angelegt und an der richtigen Stelle platziert?
  - Sind alle Verzeichnisse bei Abgabe auf dem aktuellen Stand?
  - Sind Quellenangaben vollständig und korrekt wiedergegeben und im Literaturverzeichnis aufgeführt?
- Ist das Verhältnis von Textelementen zu anderen Elementen (u.a. Tabelle, Grafiken etc.) angemessen?
  - Hier hat jeder Betreuer häufig eine eigene Vorliebe, daher sollte dieses Thema unbedingt angesprochen werden, da sich viele Inhalte aus Tabellen auch in Textform wiedergeben lassen und andersherum.

DAS ABGABEDOKUMENT

- Sind das Deckblatt und alle Textseiten in richtiger Aufteilung (Rand, Zeilenabstände, Größe, Schriftart) gut lesbar gestaltet und richtig nummeriert?
- Wurde die eventuell vorgegebene Seitenzahl eingehalten?
    - Gibt es einen Puffer zur Unter- und Überschreitung?
    - Gibt es ggf. Punktabzug bei Nichteinhalten der Vorgaben?
- Ist die eventuell geforderte Eidesstattliche Erklärung korrekt verfasst, datiert und eigenhändig mit Vor- und Nachnamen auf allen einzureichenden Exemplaren unterschrieben?
    - Muss eine Abgabe in digitaler Form auch digital signiert werden oder soll eine unterzeichnete Erklärung als Scan beigefügt werden?

Markiere Dir diese Seite gerne mit einem Post-It oder einem digitalen Lesezeichen, sodass Du im Verlauf der Bearbeitung Deiner Abschlussarbeit immer wieder auf die Liste der Fragen und die Übersicht zur Bewertung zurückgreifen kannst.

SCHRITT 4: EINHOLEN VON ERFAHRUNGSWERTEN

Neben allgemeinen Vorgaben und Kriterien zur Bewertung, ist es auf jeden Fall ratsam, dass Du versuchst, konkrete Erfahrungswerte zu Deinem Lehrstuhl oder sogar direkt zu Deinem Betreuer einzuholen. Am besten fragst Du dabei Studierende oder ehemalige Studierende, die bei Dir am Fachbereich oder bei Deinem Betreuer ebenfalls ihre Abschlussarbeiten geschrieben haben. Möglicherweise studieren sie jetzt im Anschluss an ihren Bachelor auch noch den Master an Deiner Hochschule, sodass Du sie direkt bei Dir in der Nähe hast. Diese Kontakte bekommst Du übrigens nicht nur durch Nachfragen im Freundes- und Bekanntenkreis, sondern auch bei der Fachschaft oder in Onlinegruppen auf Portalen wie Facebook, LinkedIn oder Xing. Hier kannst Du nicht nur Fragen rund um das Finden einer spannenden Forschungsfrage stellen, sondern auch erfahren, worauf in der Betreuung wert gelegt wurde, welche Erfahrungen Ehemalige gemacht haben und welche Tipps und Tricks sie Dir aus erster Hand weitergeben können. Diese Informationen sind Gold wert!

SCHRITT 5: DEFINIEREN VON TEIL-/ETAPPENZIELEN

Bevor Du jetzt direkt mit einer Internetrecherche loslegst, möchten wir Dir hier einmal die klassischen Schritte auf dem Weg zur Abschlussarbeit anhand eines übersichtlichen Zeitplans vorstellen. Selbstverständlich kann jede Hochschule und jeder Fachbereich seine eigenen Schwerpunkte und Vorgaben mitbringen, doch im Großen und Ganzen laufen Bachelor- und Masterarbeiten nach einem recht standardisierten Schema bzw. in aufeinanderfolgenden Blöcken ab. Möglicherweise fragst Du Dich jetzt: Brauche ich einen Zeitplan?

Ein Zeitplan ermöglicht es Dir, nichts Wichtiges aus den Augen zu verlieren und zudem durch kleine Etappenziele motiviert zu bleiben. Du kannst verschiedene Meilensteine festsetzen, die Dir einen klaren Weg zu Deinem Ziel aufzeigen und somit zielorientierter und stressfreier arbeiten. Wie das Ganze konkret aussehen kann, zeigen wir Dir natürlich auch. Da Hochschulen in der Regel 12-14 Wochen Vorgaben für die Bearbeitung einer Bachelorarbeit, kannst Du Dich an folgendem Zeitplan grob orientieren, wenn Du in diesem Zeithorizont fertig werden möchtet. Was sich hinter den einzelnen Etappen und Phasen verbirgt, erklären wir Dir direkt im Anschluss.

Auch hier möchten wir noch einmal auf den Unterschied zwischen offizieller und inoffizieller Bearbeitungszeit verweisen, den wir zuvor schon aufgegriffen haben: Die erste Themen- und Literatursichtung, sowie das Erarbeiten von detaillierten Forschungsfragen ist in der Regel bereits vor dem Start der Bearbeitungszeit abgeschlossen oder zumindest in sehr großen Teilen bearbeitet worden. Sollte sich dieses Vorgehen auch bei Deiner Hochschule bestätigen, dann solltest Du folgende Fragen vor der offiziellen Anmeldung Deiner Abschlussarbeit klären:

- Sind Erst- und ggf. Zweitbetreuer festgelegt?
- Ist mit ihnen einen finale Forschungsfrage geklärt?
    - Gibt es Unterfragen oder Hypothesen (z.B. bei einer empirischen Erhebung)?
- Sind alle formalen Voraussetzungen für die Anmeldung erfüllt (z.B. ausreichend Credit Points)?
- Weißt Du wie viel Zeit Du nach der offiziellen Anmeldung bis zur Abgabe Deiner Abschlussarbeit hast?
    - In welchen Fällen kann hiervon abgewichen werden? Gibt es Puffer?
- Ist bereits eine erste Gliederung entworfen (ggf. inkl. Gewichtung der einzelnen Teile)?

Tabelle 6: Exemplarischer Zeitplan für eine 14-wöchige Bachelorarbeit (ohne eigene Datenerhebung).

Phase	Aufgaben und Inhalte	Dauer
Etappe 1: Vorbereitung	• Klärung der Formalien mit der Hochschule und ggf. dem Betreuer • Erstellung eines eigenen Zeitplans • Absprache zur formellen Anmeldung der Abschlussarbeit	1 Woche

Etappe 2: Recherche	• Sichten verschiedener Quellen • Priorisieren relevanter Forschungsliteratur • Sortieren der eigenen Literatur • Erste Aufbereitung der Inhalte (z.B. mit Hilfe von Literaturverwaltungsprogrammen)	4 Wochen
Etappe 3: Schreiben	• Erstellen einer Gliederung • Aufstellen von Forschungsfrage(n) und Hypothese(n) • Erster Entwurf einer Einleitung • Arbeit am Hauptteil (Theorie, Methodik, Ergebnisse) • Verfassen von Diskussion und Fazit • Ggf. Zusammenfassung (deutsch) und Abstract (englisch) erstellen • Einfügen von Literatur und Quellen	4,5 Wochen
Etappe 4: Korrektur	• Überprüfung von Literaturverzeichnis und Quellenangaben im Text und den Fußnoten • Mehrere Korrekturschleifen (eigene Korrektur, Freunde und Bekannte, ggf. externes Lektorat) • Finale Formatierung	2,5 Wochen
Etappe 5: Abgabe	• Drucken und Binden der Arbeit • Abgabe an der Hochschule	0,5 Wochen

Puffer	• Zeit für unerwartete Zwischenfälle (z.B. familiär) • Warten auf Rückmeldung von Betreuern • Verzögerungen im Kooperationsunternehmen • Warten bei mehrfachen Korrekturschleifen • Einarbeitung aufwendiger Korrekturen	1,5 Wochen

Ein Hinweis sei an dieser Stelle noch gegeben: Besonders in den Wirtschafts- und Politikwissenschaften ist es gängige Praxis, in der Bachelorarbeit keine eigenen Daten zu erheben, das heißt es werden keine eigenen Umfragen erstellt und geteilt und auch keine Experimente zur Datenerhebung durchgeführt. In einigen anderen Geistes- und Sozialwissenschaften wie beispielsweise in der Psychologie kann es jedoch auch schon bei einer Bachelorarbeit möglich bzw. gefordert werden, eigene Daten zu erheben. Da die Zeit zur Erstellung eines eigenen Fragebogens und einer Umfrage sowie Experimente selbstverständlich mehr Zeit einfordern, muss diese Zeit in der Regel zusätzlich zu den oben angesetzten 14 Wochen eingeplant werden. Wie immer helfen hier klare Absprachen mit dem Betreuer und Erfahrungswerte von Kommilitonen. Denk immer daran: Du bist meist nicht der Erste, der bei genau diesem Professor eine Abschlussarbeit schreibt. Nutze also das vorhandene Wissen und die Erfahrungen aus den letzten Jahren, um Dir ein realistisches Bild machen zu können, was erwartet wird und wie das zeitlich umsetzbar ist.

Bei Masterarbeiten ist selbstverständlich grundsätzlich mehr Zeit gegeben, da diese Arbeiten nicht nur alleine vom Umfang weiter gefasst sind, sondern sich auch inhaltlich komplexer mit einem Themenbereich auseinandersetzen. Da sich jedoch die grundlegenden Inhalte der Etappen nicht unterscheiden, ist der untenstehende exemplarische Zeitplan für eine 26-wöchige Masterarbeit kürzer, um Wiederholungen zu vermeiden.

Tabelle 7: Exemplarischer Zeitplan für eine 28-wöchige Masterarbeit (ggf. inkl. eigener Datenerhebung).

Phase	Aufgaben und Inhalte	Dauer
Etappe 1	Vorbereitung	1,5 Woche
Etappe 2	Recherche	8 Wochen
Etappe 3	Schreiben (inkl. ein oder zwei Korrekturschleifen mit dem Betreuer)	12 Wochen
Etappe 4	Korrektur	4,5 Wochen
Etappe 5	Abgabe	0,5 Wochen
Puffer		1,5 Wochen

DER ZEITPLAN ZUR VORBEREITUNG

Egal ob Bachelor- oder Masterarbeit – ein Zeitplan kann helfen, den Fokus zu behalten und immer zu wissen, was der nächste Schritt ist und wo man selbst gerade steht. Bei der Ausarbeitung eines Zeitplans möchten wir Dir noch zwei wichtige Hinweise mitgeben. Auch wenn es banal klingen mag, aber denk daran, dass Du nicht jeden Tag an Deiner Abschlussarbeit arbeiten kannst (und willst!) und selbst wenn, es nicht immer acht volle und produktive Arbeitsstunden sein werden. Vermutlich kennst Du Dich durch Deine Studienerfahrung und Erfahrungen mit Haus- und Projektarbeiten schon selbst gut genug, dass Du realistisch einschätzen kannst, wie viel Du tatsächlich an einem Arbeitstag schaffen kannst. Außerdem solltest Du nicht unterschätzen, wie sehr externe Faktoren Deinen Zeitplan beeinflussen können – seien das Feiertage, Feste im Familienkreis, Umzüge am Ende des Studiums oder Freizeitaktivitäten wie der schon lange geplante Jahresurlaub, das Festival im Sommer oder spontane Abende und Events mit Kommilitonen. Wir möchten Dich auf keinen Fall davon abhalten all diese Dinge zu machen – denn Ausgleich ist unheimlich wichtig für eine gesunde Work-Life-Balance – sondern wir möchten Dir nur aufzeigen, was Du alles im Hinterkopf behalten solltest, damit Dein Zeitplan auch realistisch wird. Es gibt vielfältige Empfehlungen, die sehr vom Fachbereich und persönlichen Arbeitsweisen abhängen. Eine erste Einschätzung als Anhaltspunkt findest Du in der folgenden Übersicht, die angelehnt ist an Samac, Prenner und Schwetz (2011, S.28).

Tabelle 8: Zeitverteilung über die einzelnen Etappen.

Phase	Schritte	Zeitaufwand
Etappe 1: Vorbereitung	• Themenfindung • Anfertigung des Exposé • Finden eines Betreuers	20%
Etappe 2: Recherche	• Entscheidung über die Art der Arbeit (z.B. literaturbasiert vs. empirisch; qualitativ vs. quantitativ) • Beginn der Literaturrecherche • Formulieren der Forschungsfrage	20%
Etappe 3: Schreiben	• Bei eigener Datenerhebung: ○ Aufbereitung und Auswerten der Daten	40%

	• Auswertung externer Daten • Auswertung der Literatur • Schreiben der einzelnen Kapitel	

Etappe 4: Korrektur	• Eigene Korrektur
	• Fremdkorrektur
	  ○ Freunde/Kommilitonen oder
	  ○ professionelles Lektorat
	• Zeit für Anpassungen
	• Finale Formatierung
		15%

Etappe 5: Abgabe	• Ggf. Druck und Bindung der Arbeit (sonst nur digitale Einreichung) • Ggf. Abgabe vor Ort, alternativ Einreichung per Post	5%

Die letzte Etappe ist der Schlusssprint. Du bist auf der Zielgeraden und es sollte eigentlich nichts mehr schief gehen können, denn das Siegestrikot ist Dir so gut wie sicher. Damit hier auch tatsächlich nichts mehr schief geht, solltest Du bei jedem Zeitplan auch Puffer einplanen. Wir rechnen mit mindestens ein bis zwei Wochen für ungeplante Zwischenfälle. Das kann eine fiese Erkältung sein, die Dich aus der Bahn wirft, ein spontaner und eher unproduktiver Besuch in der Heimat oder aber nicht absehbare aufwändigere Änderungen, Korrekturen und auch Zeit, wenn sich die Rückmeldung Deines Betreuers mal etwas verzögert. Allein diese Auflistung zeigt Dir schon, dass es im Leben und damit auch beim Schreiben von Abschlussarbeiten häufig anders kommen kann als geplant. Das ist jedoch gar kein Problem, wenn Du Dir dessen bewusst bist und etwas Extrazeit direkt von Beginn an mit einplanst – denn dann steht der erfolgreichen und fristgerechten Abgabe nichts mehr im Weg. Ob Du Deinen Sieg durch den Einwurf der gedruckten Arbeit beim Prüfungsamt besiegelst oder den finalen Knopf zur Abgabe der digitalen Arbeit drückst, hängt ganz an Deiner Hochschule. Eins ist jedoch klar – ab jetzt kannst Du feiern, denn die Arbeit ist abgegeben. Selbst wenn Du in ein paar Wochen noch ein mündliches Kolloquium haben solltest, kannst Du jetzt erst einmal stolz auf Dich sein und Dir ein bisschen Ruhe gönnen. Doch keine Sorge, die nächsten Herausforderungen und Abenteuer warten ganz sicher schon auf Dich.

2.3 EXKURS: ZEITMANAGEMENT

Einige Tipps und Methoden können Dir beim Thema Zeitmanagement einen großen Mehrwert bringen, daher möchten wir sie Dir kurz vorstellen.

EXPERTENTIPP: ARBEITSZIELE STATT ZEITZIELE

Wir empfehlen Dir bei der Planung für Deine Abschlussarbeit mit Arbeitszielen zu arbeiten, also beispielsweise mit dem Ziel, fünf Seiten pro Woche zu schreiben, und nicht nur mit reinen Zeitzielen. Das hat den Hintergrund, dass Du so eher dazu angehalten bist möglich produktiv und zielorientiert zu arbeiten und nicht nur Stunde für Stunde am Schreibtisch oder in der Bib „abzusitzen“. Es kann sein, dass Du an einem Tag zwar acht Stunden an Deiner Abschlussarbeit gearbeitet hast, das Ganze aber nicht wirklich zielgerichtet. Wenn Du Dir für eine Woche also vornimmst, mindestens 15 Stunden an Deiner Arbeit zu arbeiten, dann heißt das noch lange nicht, dass diese 15 Stunden auch gut investiert sind. Wenn Du Dir jedoch vornimmst, bis zum Ende der Woche mindestens fünf Seiten für Deinen Literaturüberblick zu schreiben, dann hast Du ein messbares Ziel und kannst so auch Deine Erfolge und Deinen Fortschritt besser sehen.

Außerdem empfehlen Experten aus der Psychologie, dass Du einen Blick auf Deinen Energiehaushalt hast. Hier heißt es: Qualität vor Quantität. Es bringt in der Regel kaum etwas schon mit wenig Energie und Motivation in den Tag zu starten, weil Du seit Wochen jeden Tag zehn Stunden vor Deinem Rechner sitzt, aber kaum etwas geschrieben bekommst. Bei Deiner Abschlussarbeit zählt am Ende für eine gute Note auch nur die Qualität und nicht die Anzahl der Stunden, die Du am Text gearbeitet hast oder Deine Laune in der Vorbereitung. Achte also darauf, dass Du ausreichend Pausen machst und Dich auch für Zwischenerfolge belohnst, damit Du mit einem neu aufgefüllten Energiehaushalt weiterarbeiten kannst. Im folgenden erfährt Du mehr über drei Methoden für gutes Zeitmanagement, und zwar:

- SMARTe Ziele
- Pomodoro-Technik
- Eat the Frog Methode.

SMART

Ziele sollten immer SMART formuliert sein, also spezifisch, messbar, attraktiv, realistisch und terminiert. Je spezifischer ein Ziel formuliert ist, desto genauer weiß man, wann es erreicht ist und welche Teilschritte hierfür erforderlich sind. Eine Messbarkeit erleichtert es Dir zu erkennen und auch gegenüber deinem Betreuer klar zu kommunizieren, wie der aktuelle Status Deiner Abschlussarbeit aussieht. Mit Blick auf eine Abschlussarbeit ist es besonders wichtig, dass Deine Ziele klar terminiert sein – idealerweise mit einem Enddatum und verschiedenen Deadlines für Zwischenprojekte, damit alle Beteiligten (d.h. Du, Dein Betreuer und ggf. weitere externe Partner aus Unternehmen oder Interviewpartner) wissen, welche Ergebnisse zu welchem Zeitpunkt erwartet werden. Der zeitliche Rahmen hilft dabei, Aufgaben nicht aus den Augen zu verlieren und gerade größere und langfristige Projekte durch Teilziele zeitlich einordnen zu können.

POMODORO-TECHNIK

Die Pomodoro-Technik folgt der Idee des Arbeitens in kurzen Intervallen. Es wird 25 Minuten intensiv gearbeitet, worauf eine fünfminütige Pause folgt. Vor jedem 25-Minuten-Intervall überlegst Du Dir eine konkrete Aufgabe an der Du arbeiten möchtest: Das kann zu Beispiel das Lesen des Methodenkapitels eines Artikels sein, das Eintragen von zehn neuen Quellen in Dein Literaturverwaltungsprogramm oder auch das Verfassen einer E-Mail an Deinen Betreuer. Du stellst Dir einen Wecker und bearbeitest dann ohne Ablenkung genau diese spezifische Aufgabe für die nächsten 25 Minuten. Wenn der Wecker klingelt, kannst Du bestenfalls die Teilaufgabe abhaken, oder Du setzt sie nach einer fünfminütigen Pause wieder fort. Wenn Du vier Mal im 25-Minuten-Block gearbeitet hast, folgt eine längere Pause von 20-30 Minuten. In den Pausen solltest Du Dich am besten gar nicht mit der Arbeit oder Thematik befassen, sondern zum Beispiel eine Runde durch die Wohnung gehen, frische Luft schnappen oder Dir neuen Wassernachschub holen. Da die Zeiten früher im Ursprungsland Italien mit handlichen tomatenförmigen Küchenweckern gestoppt wurden, ist diese Arbeitstechnik heute unter dem Namen Pomodoro bekannt.

EAT THE FROG

Die „Eat the Frog" Methode ist ein Ansatz, der besagt, dass man sich zu Beginn des Arbeitstages zuerst mit der Aufgabe beschäftigen soll, die man selbst am liebsten für immer vor sich herschieben würde. So kann man direkt einen Punkt der eigenen To-Do-Liste erledigen, den man sonst vermutlich auch in ein paar Wochen noch offen hätte. Wenn Du mit der schwierigsten und herausforderndsten (oder vielleicht auch der langweiligsten) Aufgabe startest, dann kannst Du direkt nach ihrer Vollendung schon einen kleinen Tagessieg feiern. Du startest mit diesem Wissen motiviert in den restlichen Tag, da das Schwerste schon erledigt ist und nun nur noch kleinere Dinge zu bewältigen sind.

Am Ende dieses Kapitels zur Planung einer Abschlussarbeit solltest Du die folgenden Dinge geklärt haben:

- Welchen Umfang hat meine Abschlussarbeit (in Zeichen, Wörtern oder Seiten)?
- Wann muss ich meine Abschlussarbeit angemeldet haben?
- Wann muss ich sie dann abgeben?
- Gibt es Möglichkeiten einer Fristverlängerung? Wenn ja, welche?

KAPITEL 3
WISSENSCHAFT-LICHES ARBEITEN

In diesem Kapitel lernst Du u.a.:

- was sich hinter dem Begriff „wissenschaftliches Arbeiten" verbirgt
- welche verschiedenen Arten von Abschlussarbeiten es gibt und was sie ausmacht
- was es für Vor- und Nachteile bei den unterschiedlichen Arten gibt und was Du beachten musst
- welche Signale Du mit den verschiedenen Arten an Außenstehende sendest

3.1 WARUM WISSENSCHAFTLICH?

Hinter jeder Hausarbeit im Studium, aber vor allem auch hinter jeder Bachelor- und Masterarbeit steht der Anspruch, wissenschaftlich zu arbeiten. Doch was verbirgt sich eigentlich dahinter? Eine Arbeit – ganz egal ob Abschlussarbeit oder veröffentlichte Studie in einer Fachzeitschrift – muss verschiedenen Qualitätskriterien und wissenschafts-ethischen Standards genügen, um als wissenschaftlich anerkannt zu werden. In der Fachliteratur gibt es eine Vielzahl an Kriterien, die für ein wissenschaftliches Schriftstück unerlässlich sind. Dazu zählen unter anderem Ehrlichkeit, Objektivität, Überprüfbarkeit, Relevanz oder auch Originalität.

In seinem Werk „Zur Rationalität der Wissenschaftsethik" fasst es Paul Hoyningen-Huene auf Seite 13 wie folgt zusammen:

„Wissenschaftliches Arbeiten ist planvoll geordnetes Vorgehen mit dem Ziel, neue Erkenntnisse und neues Wissen zu gewinnen sowie Praxisprobleme zu lösen. Dies kann ohne oder mit konkreten Verwertungsabsichten geschehen, im eigenen Fachgebiet oder interdisziplinär. Zur wissenschaftlichen Arbeit gehört es, an das weltweit gesammelte und wissenschaftlich erworbene Wissen anzuknüpfen, vorhandene Wissensbestände zu analysieren und zu überprüfen und sich über den aktuellen Stand der wissenschaftlichen Diskussion im eigenen Sachgebiet kundig zu machen. Wissenschaftliches Arbeiten ist zugleich ein kommunikativer Prozess. Die eigenständig und im Austausch mit anderen gewonnenen Erkenntnisse sowie die systematisch und kreativ entwickelten Lösungen werden veröffentlicht und müssen für andere nachvollziehbar, überprüfbar und nutzbar sein. Damit dies geschieht, gibt es wissenschaftliche Methoden und international anerkannte Qualitätskriterien für gutes wissenschaftliches Arbeiten. Jeder, der eine wissenschaftliche Arbeit anfertigt, muss sich daran orientieren und kann auf diese Weise die Qualität seiner Arbeit für sich und andere sichern und dazu beitragen, den Wissensschatz der Welt zu erweitern."

Viele zentrale Elemente, die das wissenschaftliche Arbeiten ausmachen, werden hier genannt. Ein Punkt, der besonders im Kontext des Studiums für Abschlussarbeiten wichtig ist, ist die Eigenständigkeit einer Arbeit. Hier geht es nicht darum, zu zeigen, dass man sich alles Wissen und neue Ideen komplett selber ausgedacht hat, denn das würde bei weitem den Anspruch an eine einfache Abschlussarbeit übersteigen. Viel eher geht es hier darum, dass man bekannte Literatur und veröffentlichte Meinungen und Theorien abbildet, korrekt wiedergibt und zitiert und sie zueinander in Relation setzt. Am Ende geht es einem Prüfer und Betreuer vor allem darum, dass Du zeigen kannst, dass Du Dich auf einem hohen Niveau mit wissenschaftlicher Literatur in Deinem Fachbereich auseinandergesetzt hast, diese verstanden hast, wiedergeben kannst und eigenständig und korrekt damit umgehst.

Dieser Punkt ist ganz besonders wichtig, denn wenn mit fremdem geistigem Eigentum nicht richtig umgegangen wird, kann schnell der Vorwurf eines Plagiats im Raum stehen – also der Vorwurf, Ideen, Inhalte oder Konzepte von jemand anderem übernommen zu haben, ohne dies eindeutig kenntlich zu machen. Kapitel 6 und 7 zu Quellenarbeit und Zitierregeln gehen noch einmal gesondert darauf ein, da Du selbstverständlich eine fehlerfreie Abschlussarbeit schreiben sollst. Die Regeln des wissenschaftlichen Arbeitens bleiben immer dieselben, ganz unabhängig davon, welche Art von Abschlussarbeit Du schreibst. Wenn Du Dir unsicher sein solltest, kannst Du selbstverständlich auch immer noch einmal mit Deinem Betreuer, Ansprechpartnern aus Deiner Bibliothek oder den Dozenten von Kursen zum wissenschaftlichen Arbeiten sprechen.

3.2 DAS KLEINE 1X1 DES SCHREIBENS

Damit Deine Abschlussarbeit am Ende die Bestnote erhält, müssen nicht nur der Inhalt und die allgemeine Form stimmen, sondern auch der Sprachstil. Der Schreibstil Deiner Abschlussarbeit macht ca. 20% der Gesamtnote aus und sollte daher nicht vernachlässigt werden. Sicherlich hast Du bereits durch einige Hausarbeiten und im Zuge Deiner Literaturrecherche ein Gefühl dafür bekommen, wie wissenschaftliche Texte geschrieben sind. Es gibt zahlreiche Ratgeber, die sich nur darauf fokussieren, akademische Schreibkompetenz zu vermitteln und Formulierungen und Phrasen zu erklären, die Deinem Text den letzten wissenschaftlichen und professionellen Schliff geben. Solltest Du Dir nicht ganz sicher sein, wie Du gute und hochwertige wissenschaftliche Texte schreibst, dann kann ein Ratgeber ein guter Begleiter im Schreibprozess ein – neben dem direkten Feedback von Deinem Betreuer zu Textpassagen. Da das Thema „Wissenschaftliches Schreiben" eigene Bücher füllen kann, haben wir uns hier bewusst entschieden, dieses Thema nicht im Detail zu behandeln, sondern auf geeignete Fachbücher zu verweisen. Dennoch möchten wir Dir die wichtigsten Tipps und Tricks kurz vorstellen.

Ein wissenschaftlicher Schreibstil ist gekennzeichnet durch:

- sachliche Formulierungen ohne eigene Emotionen oder Bewertungen
- klare und präzise Formulierungen, die falsche Interpretationen minimieren
  - Besonders missverständliche Bezugswörter vermeiden
- verständliche, kurze und nachvollziehbare Sätze
  - Keine mehrzeiligen Schachtelsätze, die den Lesefluss behindern
  - Keine unnötigen Füllwörter

- den sinnvollen Einsatz von Fach- und Fremdwörtern
    - Nicht jeder Satz muss ein Fremdwort enthalten, nur weil es eins gibt
    - Fachbegriffe aus dem eigenen Themenfeld sollten an der richtigen Stelle verwendet werden
- das Vermeiden von Über- oder Untertreibungen sowie Anglizismen
- die angemessene Verwendung von Abkürzungen
    - hier können Studien und Texte aus der Literaturrecherche helfen, ein Gefühl für gängige Abkürzungen im Fachbereich zu bekommen
- eine einheitliche Positionierung zu geschlechtergerechter Sprache
    - Du solltest Dich für eine Form des Genderns entscheiden und diese konsequent beibehalten, oder zu Beginn des Textes in einer Fußnote auf die Verwendung des generischen Maskulin verweisen
- das Verfolgen einer logischen Abfolge innerhalb einer Argumentation
    - D.h. Du stellst eine These auf, beschreibst dieses Argument genauer und lieferst ein Beispiel aus der Literatur und/oder der Praxis, nennst nachfolgend mögliche Gegenargumente und kommst zu einer abschließenden Schlussfolgerung, in welcher Du beide Seiten einer Argumentation gegenüberstellst.

Eine wissenschaftliche Schreibweise verdeutlicht in ihrer Form, dass es auf den Inhalt ankommt und dieser möglichst professionell und hochwertig präsentiert werden soll. Wichtige Aussagen kommen in Hauptsätze, weitere Informationen (z.B. Erklärungen) in Nebensätze. Zu Beginn eines neuen Absatzes solltest Du im ersten Satz die wichtigste Kernaussage des Absatzes nennen und diese dann in den folgenden Sätzen weiter beschreiben.

FORMULIERUNGSHILFEN

Im Verlauf Deiner Abschlussarbeit hast Du die Möglichkeit, verschiedene Zeitformen zu verwenden. Manche Hochschulen und Lehrstühle haben – da es hier häufig zu Unklarheiten kommen kann – eigene Vorgaben erstellt, die Dir vorschreiben, in welchem Teil Deiner Arbeit Du in welcher Zeitform schreiben sollst. Wenn es keine Vorgaben gibt, dann wird ein Großteil in der Regel im Präsens geschrieben (z.B. „Die Arbeit befasst sich mit...“; „Das Ziel ist es, herauszufinden..“; „Unter Investitionen wird in der Literatur... verstanden.“). Das Präsens wird für alle Beschreibungen verwendet, die unabhängig von der Zeit ihre Gültigkeit haben. Perfekt oder Präteritum werden gewählt, wenn etwas in der Vergangenheit passiert ist und dieser Prozess auch in der Vergangenheit abgeschlossen ist (z.B. „Der Forschungsbereich hat in den 1980er Jahren die Auffassung vertreten, dass...“ oder „Schmidt und Müller (2018) fanden heraus, dass...“). Wenn Du im Text auf Deine Methode und die Durchführung verweist, dann verwendest Du ebenfalls Perfekt oder Präteritum (z.B. „An der Umfrage haben 290 Personen teilgenommen.“ oder „Eine qualitative Inhaltsanalyse wurde durchgeführt.“). Im Ergebnisteil kannst Du diese Zeitform mit Blick auf Deine Hypothesen und Forschungsergebnisse weiterverwenden (z.B: „Die dritte Hypothese konnte nicht bestätigt werden.“ oder „Die statistische Analyse hat ergeben, dass...“). Für die Interpretation und das Fazit wechselst Du dann wieder ins Präsens (z.B. „Die Abschlussarbeit zeigt den Zusammenhand zwischen A und B“).

Neben der korrekten Verwendung von Zeitformen solltest Du bei einer akademischen Arbeit außerdem darauf achten, möglichst durchgehend aktiv zu schreiben, das heißt passive Sätze zu vermeiden. Wenn Du beispielsweise auf ein Studienergebnis verweisen möchtest, kannst Du aktiv formuliert schreiben „Schmidt und Müller führten eine Studie zum Thema autonomes Fahren durch“, was gleich ansprechender wirkt als die passive Formulierung „Eine Studie zum Thema autonomes Fahren wurde von Schmidt und Müller durchgeführt.“. Ein weiterer Tipp ist die Verwendung von Verben anstelle von Substantiven. Ein sogenannter Verbalstil lässt sich flüssiger und lebendiger lesen als ein Nominalstil. Beispielsweise ist der Satz: „Mentoring Systeme verbessern die Arbeitszufriedenheit“ verständlicher als im Nominalstil geschrieben: „Mentoring Systeme führen zu einer Verbesserung der Arbeitszufriedenheit“.

3.3 ARTEN VON ABSCHLUSSARBEITEN

Nach dieser kurzen Einführung zu der Grundidee des wissenschaftlichen Arbeitens und Schreibens, möchten wir Dir hier einmal die verschiedenen Arten von Abschlussarbeiten vorstellen. Auch hier gilt wie immer: Sprich mit Deinem Betreuer und informiere Dich am Lehrstuhl oder bei der Fachschaft, ob es spezielle Vorgaben oder Empfehlungen für Deinen Fachbereich gibt. Auch ein Blick in alte Abschlussarbeiten kann helfen, ein Gefühl dafür zu bekommen, welche Art von Arbeiten und welches Format in der Vergangenheit häufig gewählt wurde und wie die Arbeiten in der Literatur bisher strukturiert waren.

Ganz grundsätzlich gibt es beim wissenschaftlichen Arbeiten immer die Unterscheidung zwischen Arbeiten, die literaturbasiert sind (sogenannte Literaturarbeiten) und zwischen solchen, die in irgendeiner Form Daten erheben und/oder auswerten (sogenannte empirische Arbeiten). Bei Letzterem gibt es dann noch einmal die Unterscheidung, ob qualitativ oder quantitativ gearbeitet wird, oder ob beide Methoden in einem sogenannten Mixed-Methods-Design kombiniert werden. Nicht jedes Forschungsdesign und jede Art eignet sich für jede Forschungsfrage, weshalb es wichtig ist, sich frühzeitig Gedanken darüber zu machen, welche Art der Arbeit sich im eigenen Fachbereich anbietet und welche persönlichen Präferenzen Du selbst hast (neben möglichen Vorgaben oder Empfehlungen seitens der Hochschule). Es gibt dabei nicht die eine Art, die besser ist als eine andere, sondern lediglich verschiedene Ziele und Quellen bzw. Daten, die mit unterschiedlichen Ansätzen ausgewertet und analysiert werden können. Wir möchten Dir hier daher einmal die zentralen Arten von Abschlussarbeiten vorstellen, und außerdem kurz auf Vor- und Nachteile eingehen sowie eine Einschätzung abgeben, was mit der jeweiligen Wahl signalisiert werden kann – beispielsweise mit Blick auf deinen zukünftigen Arbeitsmarkt.

Tabelle 9: Arten von Abschlussarbeiten.

Literaturarbeit	
Eine Literaturarbeit setzt sich anhand vorhandener Literatur mit einem bestimmten Thema auseinander. Im Kern steht hier die kritische Auseinandersetzung mit veröffentlichten Texten und Quellen.	
Systematic Review	Überblick zum aktuellen Stand der Forschung (state of the art research) in einem bestimmten Forschungsgebiet bzw. mit Blick auf die Beantwortung einer Forschungsfrage.
Empirische Arbeit	
Erkenntnisgewinn durch Datenerhebung und Auswertung von selbst erhobenen Daten (Primärdaten) oder von bereits existenten Daten (Sekundärdaten).	
Eigene Datenerhebung (quantitativ)	Durchführung von statistischen Verfahren zur Erhebung von neuen Daten (z.B. Experimente, standardisierte Fragebögen, Messungen, Eye-Tracking-Studien)

Eigene Datenerhebung (qualitativ)	Durchführung von nicht-statistischen Verfahren zur Erhebung nicht standardisierter Daten (z.B. Experteninterviews, Fokusgruppen bzw. Gruppendiskussionen, Beobachtungen).
Sekundäre Datenauswertung (quantitativ)	Zusammenstellung und Auswertung von bereits existenten Datensets (z.B. Datensets von anderen Forschern, alten Studien, Unternehmen, Instituten, EU, OECD, Bundesministerien etc.).
Sekundäre Datenauswertung (qualitativ)	Auswertung von bereits existierenden Texten (z.B. Analyse von Zeitungsartikeln, sprachliche Interviewanalyse etc.).
Praxisarbeit	
Erarbeiten einer praktischen Fragestellung, die ein konkretes (unternehmerisches) Problem als Kerninhalt hat.	
in Unternehmenskooperation	Zusammenarbeit mit einem Unternehmen, um dort ein konkretes Problem zu lösen. Thema und Fragestellung werden in der Regel vorgegeben. Abschlussarbeiten aus Unternehmenskooperationen können qualitativ sein (z.B. Fokusgruppeninterviews mit Mitarbeitern), als auch quantitativ (z.B. die Analyse von internen Unternehmensdaten). Außerdem können gerade in den Ingenieurwissenschaften auch neue Verfahren oder Maschinenprogramme geschrieben, entwickelt, verglichen oder evaluiert werden.
als Case Study	In einer Case Study wird eine meist sehr komplexe Situation in einem Unternehmen beschrieben, sowie das Vorgehen und die Ansätze zur Lösung. Hier geht es explizit darum, *einen* Einzelfall genau zu beleuchten.

Eine detaillierte Übersicht qualitativer und quantitativer mit ihren eigenen Vor- und Nachteilen und spezifischen Informationen findest Du im zweiten Teil dieses Buches, in dem wir Schritt für Schritt die großen Kapitel der Abschlussarbeit durchgehen. Hier folgt daher lediglich eine erste allgemeine Übersicht der verschiedenen Abschlussarten.

3.3.1 LITERATURARBEIT

Die Literaturarbeit ist eine reine Theoriearbeit. Hier geht es darum, dass Du einen bestimmten Forschungsgegenstand mit theoretischem Material beschreibst und einer Forschungsfrage auf Grund von bereits existenten Quellen nachgehst. Am Ende der Abschlussarbeit soll der Leser – und damit die wissenschaftliche Gemeinschaft – ein besseres und fundierteres Verständnis davon haben, wie das Forschungsgebiet bisher betrachtet wurde, welchen Trends und Themen nachgegangen wurde und in welche Richtung sich ein Gebiet entwickelt. Unterlagen und Informationen bekommst Du bei einer Literaturarbeit vor allem aus Online- und Offline-Datenbanken, beispielsweise aus Fachjournalen Deines Forschungsbereichs. Im Methodenteil einer Literaturarbeit geht es darum, darzustellen, in welchen Datenbanken Du Deine Quellen gefunden hast, nach welchen Stichworten und Suchbegriffen Du gesucht hast und welche Quellen und Inhalte Du für Deine Ergebnisse mit einbeziehst. Im Ergebnisteil beantwortest Du die eingangs gestellte Forschungsfrage anhand der Erkenntnisse, die Du aus den verschiedenen Quellen gewonnen hast. Hier bieten sich vor allem Tabellen an, in denen Du die zentralen Erkenntnisse der Hauptquellen übersichtlich darstellen kannst. Die Diskussion bewertet die im Hauptteil gesammelten Informationen und Inhalte vor dem Hintergrund der Forschungsfrage. Beispiele für Literaturarbeiten aus Deinem Fachbereich findest Du, wenn Du Deinen Themenbereich und die Stichworte „Literature

Review“, „Systematic Reviews“ oder „systematisches Review“ suchst. Wenn Du Dir ausschließlich quantitative (d.h. statistische) Ergebnisse früherer Studien in einer Übersichtsarbeit anschauen möchtest, dann findest Du diese Arbeiten unter dem Stichwort „Metaanalyse“ bzw. „Metastudie“. Für Literaturarbeiten sollte dein Englisch sehr gut sein, da ein Großteil der akademischen Welt in englisch publiziert und daher Deine Quellenzusammenstellung in der Regel ebenfalls viele englische Texten enthält.

VORTEILE

Literaturarbeiten bieten sich vor allem als Bachelorarbeiten an, da eine fundierte Quellenanalyse eine Grundlagenkompetenz ist, die Du in der Regel bereits in mehreren Hausarbeiten unter Beweis stellen konntest und daher schon Erfahrung in diesem Bereich hast. Alle Daten sind bereits vorhanden, sodass Du nicht selber für das Generieren neuer Daten zuständig sein musst und daher auch nicht auf externe Personen angewiesen bist (z.B. Teilnehmer bei Experimenten, Umfragen oder Interviews). Eine Literaturarbeit ist sehr gut planbar (da es keine Verzögerungen oder unerwartete Fehlschläge in Experimenten oder bei einer Datenauswertung geben kann), sodass sie sich auch anbietet, wenn Du einen sehr starren und wenig flexiblen Zeitplan vorgegeben hast. Außerdem musst Du hierfür kein Vorwissen zu Statistikprogrammen mitbringen.

NACHTEILE

Grundsätzlich haben Literaturarbeiten einen sehr geringen Praxisbezug, und es wird schwierig, zu ganz aktuellen Themen zu arbeiten, da Du hier immer erst auf Veröffentlichungen in Fachzeitschriften warten musst. Ein möglicher Nachteil kann es außerdem sein, dass es je nach Betreuer und Lehrstuhl schwieriger sein kann, zu zeigen, dass man einen eigenen wissenschaftlichen Beitrag geleistet hat, da man selber keine neuen Daten generiert, sondern bereits existentes Wissen miteinander verknüpft. Hier solltest Du also unbedingt abklären, wie detailliert Du Deine Eigenleistung und den Mehrwert für die Forschungsgemeinschaft herausarbeiten sollst. Außerdem solltest Du beachten, dass Du Dich nicht in der Literatur verlierst und immer noch mehr Quellen mit aufnimmst, da Du sowieso niemals *alle* relevanten Studien finden wirst und zudem noch jeden Tag mehrere hundert neue Beiträge veröffentlicht werden. Hier musst Du also aufpassen, dass Du und Dein Prüfer nicht den Überblick über das Thema verlieren und ihr am besten gemeinsam einen klaren Zeitpunkt ausmacht, bis zu dem ihr Ergebnisse berücksichtigt.

SIGNALWIRKUNG

Wenn Du im Studium bereits ein spannendes Forschungsgebiet oder einen interessanten Themenbereich gefunden hast, den Du anschließend weiterverfolgen möchtest, dann kann eine Literaturarbeit als Abschlussarbeit eine gute Grundlage für weitere wissenschaftliche Forschung bieten. Bei der Bewerbung auf Masterstudienplätze oder Promotionsplätze kann eine Literaturarbeit signalisieren, dass Du Dich bereits intensiv, d.h. theoretisch fundiert mit einem Thema auseinandergesetzt hast, welches Du im Anschluss zum Beispiel empirisch weiter untersuchen möchtest. Mit Blick auf zukünftige Arbeitgeber und den Arbeitsmarkt kann eine Literaturarbeit ein gutes Argument sein, um zu belegen, dass Du Dich tief in ein Fachthema einarbeiten kannst, dass Du komplexe Quellen verstehen und sinnvoll in Zusammenhänge bringen kannst und dass Du Dich jetzt sehr fundiert in einem konkreten Fachgebiet auskennst.

SYSTEMATIC REVIEW UND METAANALYSEN

Eine besondere Form der Literaturarbeit ist ein sogenanntes Systematic Review. Hinter dem Namen verbirgt sich das systematische Zusammenstellen und Analysieren von Fachliteratur zu einem bestimmten Thema bzw. einer bestimmten Forschungsfrage, um eine aktuelle Übersicht über den bisherigen Forschungsstand zu bilden. Durch die Analyse der bisher veröffentlichten Studien in Fachzeitschriften können strukturiert Wissens- bzw. Forschungslücken aufgezeigt werden und Hinweise gegeben werden, welche Teilgebiete in zukünftiger Forschung noch weiterbearbeitet werden könnten. Werden quantitative Daten und Studienergebnisse zusammengestellt, wird von einer Metaanalyse gesprochen. Beide Verfahren sind sogenannte Sekundäranalysemethoden, da es keine eigene Datenerhebung gibt, sondern lediglich mit bereits publizierten Erkenntnissen und Daten gearbeitet wird.

3.3.2 EMPIRISCHE ARBEIT

Das Gegenstück zur theoretischen Literaturarbeit ist eine, oft praxisnahe, empirische Arbeit. Im Zuge einer empirischen Abschlussarbeit werden eigene Daten erhoben oder bereits existente Datensätze analysiert, um neue Erkenntnisse zu gewinnen. Grundsätzlich kann eine empirische Arbeit dabei qualitativ oder quantitativ sein – das Vorgehen ist jedoch immer dasselbe. Zuerst wird eine Forschungsfrage formuliert und Hypothesen gebildet, dann wird die Datenerhebung geplant, durchgeführt und ausgewertet, bevor zuletzt die Daten aufbereitet werden, um die Hypothesen zu bestätigen bzw. zu widerlegen und um die Forschungsfrage zu beantworten. Bei einer empirischen Arbeit werden wissenschaftliche Theorien entweder neu gebildet (Hypothesenentwicklung) oder bestehende Theorien überprüft, das heißt es wird geschaut, ob sie in der Realität Bestand haben (Hypothesentestung). Die drei zentralen Voraussetzungen für hochwertige empirische Forschung sind dabei:

- Objektivität (d.h. die Ergebnisse sind nicht abhängig von Dir als Forscher)
- Validität (d.h. die Ergebnisse beantworten Deine Forschungsfrage)
- Reliabilität (d.h. auch bei einer Wiederholung des Forschungsdesigns kommen dieselben Ergebnisse heraus).

Eine detailliertere Übersicht verschiedener qualitativer und quantitativer Forschungsmethoden folgt im zweiten Teil des Buches.

VORTEILE

Der zentrale Vorteil von empirischen Arbeiten ist ein neuer Erkenntnisgewinn, da Du neue Daten erhebst. Durch diese eigene Datenerhebung oder die neue Zusammenstellung bereits existenter Datensätze arbeitest Du außerdem sehr praxisnah an konkreten Fragestellungen. Vor allem wenn Du überlegst, in Kooperation mit einem Unternehmen zu schreiben, bieten sich empirische Arbeiten an, da es für das Unternehmen immer ein Mehrwert sein wird, im Rahmen einer strukturierten Abschlussarbeit relevante Fragen zu beantworten.

NACHTEILE

Empirische Methoden sind in der Regel etwas aufwändiger als eine literaturbasierte Abschlussarbeit, da Du hier entweder eine eigene Datenerhebung planen und durchführen musst oder aber bereits existente Daten und Quellen für eine neue Datenauswertung zusammenstellen musst. Wichtig ist hier, dass Du auf jeden Fall einen etwas größeren Puffer einplanen solltest, falls es unerwartet zu Verzögerungen kommt (z.B. weil sich nicht ausreichend Umfrageteilnehmer rekrutieren lassen, weil Experten für Interviews absagen oder weil Du Dich noch in die Details einer Statistiksoftware einarbeiten musst). Oftmals erschaffst Du bei empirischen Projekten ein künstliches Umfeld (sogenannte Laborbedingungen), wenn Du beispielsweise ein Experiment durchführst, oder Du eine bestimmte Gruppe hast, die bei Deinen Interviews oder Deiner Umfrage überrepräsentiert ist (beispielsweise Studierende). Daher sind die Ergebnisse nur sehr selten ein direktes und realistisches Abbild der Realität, was Du für spätere Schlussfolgerungen im Diskussionsteil Deiner Abschlussarbeit unbedingt im Kopf behalten solltest.

SIGNALWIRKUNG

Mit dieser Art der Abschlussarbeit kannst Du zeigen, dass Du das Gebiet der empirischen Forschung und seine konkreten Methoden verstehen und auch anwenden kannst, was Dich sowohl für weitere Studien- und Forschungsvorhaben qualifiziert, als auch für den Arbeitsmarkt attraktiv macht, in dem es heute immer häufiger darum geht, neue Daten zu erheben oder bereits vorhandene systematisch im Bezug auf eine einfache Fragestellung auswerten zu können. Neben wissenschaftlichem Arbeiten kannst Du hier auch Deine Methodenkenntnis unter Beweis stellen und demonstriert anderen, dass Du beispielsweise mit computerbasierten Statistikprogrammen wie STATA, R oder SPSS umgehen kannst, oder dass Du Experteninterviews und Gruppendiskussionen planen, durchführen und auswerten kannst. Zusätzlich kannst Du auch hier wieder zeigen, dass Du von einen einzelnen Thema viel verstehst und sogar schon selbst dazu geforscht hast.

3.3.3 PRAXISARBEIT

Im Mittelpunkt einer Praxisarbeit steht ein Partnerunternehmen, da es bei dieser Art von Abschlussarbeit darum geht, möglichst praxisnah ein Problem oder eine Fragestellung aus einem Unternehmen zu bearbeiten. Häufig ist es so, dass das Thema oder sogar konkrete Fragen vom Unternehmen vorgegeben bzw. gewünscht werden, da sie möchten, dass Bachelor- oder Masterstudierende in ihren Abschlussarbeiten einen konkreten Mehrwert für einzelne Abteilungen schaffen. Eine Praxisarbeit mit einem Partnerunternehmen ist fast immer eine empirische Arbeit, bei der Du beispielsweise Mitarbeiter im Unternehmen in Fokusgruppen zu internen Prozessen befragt, Experteninterviews mit Kunden zu neuen Produkten führst oder Daten aus der Produktion und Unternehmenskennzahlen statistisch auswertest. Diese Art der Abschlussarbeit kann daher qualitativ, quantitativ oder in einer Kombination beider Methoden geschrieben werden.

Die Besonderheit einer Case Study liegt darin, dass es hier darum geht, explizit *einen* Fall zu beschreiben und zu analysieren. Ein gutes Fallbeispiel ist daher relativ atypisch und ungewöhnlich (um interessante und neue Erkenntnisse zu gewinnen). Es wurden neue Lösungswege gewählt (zum Beispiel in der Produktion, bei der strategischen Planung oder mit Blick auf Personalentscheidungen) und bestehende Theorien oder Vorgehensweisen im Unternehmen kritisch hinterfragt. Selbstverständlich müssen nicht all diese Punkte in einer Case Study abgedeckt werden, sondern es geht im Kern nur darum, einen interessanten Fall zu schildern, der sich vom bekannten Vorgehen unterscheidet, um daraus neues Wissen für die Praxis zu generieren. Bekannt sind vor allem die Case Studies des Harvard Business Reviews, die weltweit in Universitäten aber auch in Managementseminaren als Lehrmaterial und Anschauungsbeispiele verwendet werden, um sich mit ungewöhnlichen Problemen zu beschäftigen.

VORTEILE

Der wichtigste Vorteil einer Praxisarbeit ist der hohe Praxisbezug und das Arbeiten an tatsächlich relevanten Fragestellungen innerhalb eines Unternehmens. Die Ergebnisse und Erkenntnisse Deiner Abschlussarbeit haben einen direkten Mehrwert für das Kooperationsunternehmen, und zudem bekommst Du Einblicke in den Unternehmensalltag, die sonst im Rahmen einer Abschlussarbeit kaum möglich wären. Du brauchst Dir in der Regel keine Gedanken machen, wie Du an passende Daten kommst, da sie entweder direkt vom Unternehmen bereitgestellt werden oder Du sie vor Ort erheben kannst. Auch bei der Themenwahl vorab gibt es häufig Ausschreibungen von Unternehmen, die Bacheloranden oder Masteranden suchen, die sich mit einem ganz konkreten Thema beschäftigen, sodass sich eine Praxisarbeit auch dann anbieten kann, wenn Du selbst noch kein genaues Thema im Hinterkopf hast. Eine Praxisarbeit schreibst Du meistens während eines Praktikums oder einer Werkstudententätigkeit im Unternehmen, sodass Du außerdem auch immer einen Betreuer und direkten Ansprechpartner für offene Fragen hast, was neben dem Betreuer der Hochschule ein zweiter wichtiger Partner bei der Abschlussarbeit sein kann.

NACHTEILE

Da Du innerhalb von Unternehmen fast immer mit sensiblen Daten arbeitest, wird Deine Abschlussarbeit meist mit einem sogenannten Sperrvermerk versehen, das heißt sie wird nicht öffentlich über Deine Hochschulbibliothek, die Fachschaft oder andere Seiten zugänglich sein, um interne Erkenntnisse und Unternehmensgeheimnisse zu schützen. Das ist an sich gesehen kein Nachteil, Du musst Dir nur dessen bewusst sein, dass Du mit dieser Art von Abschlussarbeit keine Publikation anstreben kannst. Bei dieser Arbeit bekommst Du, wie oben bereits erwähnt, in der Regel auch einen Betreuer aus dem Unternehmen zugeteilt, der Dich beim Schreib- und Arbeitsprozess begleitet. Je nachdem, wie Dein Lehrstuhl oder Deine Hochschule organisiert sind, ist es auch möglich, dass Dein offizieller Zweitbetreuer (und damit Zweitprüfer) vom Unternehmen gestellt werden kann. Ein Nachteil kann es hier sein, dass von Hochschule und Unternehmen unterschiedliche Anforderungen an Dich gestellt werden, sodass Du hier besonders offen und frühzeitig kommunizieren und vermitteln solltest. Es gilt also, unterschiedliche Auffassungen oder Ideen von Dir, Deinem Professor und Deinem Unternehmen in Einklang zu bringen.

SIGNALWIRKUNG

Die Signalwirkung einer Praxisarbeit ist eindeutig: Du zeigst, dass Du im unternehmerischen Kontext arbeiten kannst und Erfahrungen gesammelt hast, eine Verbindung zwischen theoretischem Wissen und praktischen Herausforderungen herstellen kannst und das Du systematisch mit wissenschaftlichen Methoden Fragestellungen aus der Realität beantworten kannst. Besonders wenn Du nach der Bachelor- oder Masterarbeit einen Berufseinstieg planst, ist eine Praxisarbeit eine tolle Möglichkeit schon frühzeitig Kontakt zu interessanten Unternehmen herzustellen, verschiedene Abteilungen, Kollegen und Teams kennenzulernen, um dann direkt nach dem Hochschulabschluss ins Berufsleben zu starten. So ein strukturierter Einblick in ein Unternehmen kann Dir außerdem helfen zu entscheiden, ob Du nach Deiner Abschlussarbeit noch länger im akademischen Umfeld bleiben möchtest, ob Du erstmal ein paar Jahre arbeiten möchtest oder ob Du sogar direkt im Partnerunternehmen Deine Zukunft siehst.

3.4 EXKURS: ABSCHLUSSARBEIT IM UNTERNEHMEN SCHREIBEN

Nachdem Du die verschiedenen Arten von Abschlussarbeiten bereits kennengelernt hast, möchten wir hier in einem Exkurs noch einmal eine besondere Form der Abschlussarbeit vorstellen: Abschlussarbeiten im Unternehmen. Da diese Variante im Gegensatz zu den anderen doch einige spezielle Eigenschaften aufweist, zeigen wir Dir noch einmal im Detail, was es eigentlich bedeutet, eine Abschlussarbeit mit einem Unternehmen zusammen zu schreiben, welche Dinge Du bei der Organisation, der Vorbereitung und der Zusammenarbeit beachten solltest und welche konkreten Vor- und Nachteile hierbei für Dich entstehen können.

Immer mehr Studierende entscheiden sich, ihre Abschlussarbeit in einem Unternehmen zu schreiben. Gerade bei Fachhochschulen bietet sich diese Kooperation besonders an, da hier in der Regel bereits die Lehre und Forschung sehr praxisnah gestaltet ist und so bereits während des Studiums mehr Praxisbezüge hergestellt werden konnten als es der Normalfall an einer Universität ist. Das Ziel einer solchen Praxisarbeit ist es, eine konkrete Frage des Unternehmens zu beantworten oder neue Daten und Fakten in einem Bereich zu erheben. Eine Abschlussarbeit in einem Unternehmen bietet Dir die Möglichkeit, neue Branchen kennenzulernen, in denen Du später möglicherweise einmal arbeiten möchtest oder für dessen Themen Du Dich interessierst. Die nachfolgende Tabelle gibt Dir einen ersten Überblick, welche Branchen, Abteilungen oder Themen sich für Abschlussarbeiten der einzelnen Studienfächer besonders anbieten. Selbstverständlich ist diese Liste nur ein erster Anreiz. Sie soll zeigen, dass es wirklich viele verschiedene Möglichkeiten gibt, sodass Du besser entscheiden kannst, was Dich besonders interessiert.

Tabelle 10: Branchen, Abteilungen und Themen für Praxisarbeiten nach Studienfächern.

Studienfach	Mögliche Branchen/Abteilungen/Themen
Wirtschafts-wissenschaften	Logistik, Automobilindustrie, Marketing Management, Personal, Spedition/Logistik, E-Commerce, B2B, B2C, Finanzmarkt, Immobilien, Banken und Versicherungen, Mediennutzung
Politikwissen-schaften	Verwaltung, E-Government, Cyberkriminalität, Rechtssicherheit, Digitalisierung, Demokratie, Arbeitsmarkt, Wahlverhalten, Steuern und Staatsfinanzen, öffentliche Verwaltung, Sicherheit und Verteidigung
Ingenieur-wissenschaften	Maschinenbau, Umwelttechnik, Energie, Baustellenlogistik, Hoch- und Tiefbau, Robotik, Autonomes Fahren, Regulationstechnik, Emissionen, Kraftfahrzeugbau, Metallindustrie, Luft- und Raumfahrt
Physik	Raumfahrt, Medizintechnik, Automobilindustrie, Lasertechnologie, Umwelt- und Energietechnik
Biologie	Lebensmittelchemie, Forstwirtschaft, Landwirtschaft, Minerale Rohstoffe, Abfallwirtschaft, Wasserwirtschaft
Chemie	Energie, Lebensmittelchemie, Umweltchemie, Pharmazeutische Chemie

Wenn Du Dich für eine Branche entschieden hast oder ein paar in die engere Auswahl genommen hast, kannst Du im nächsten Schritt konkrete Ausschreibungen von Unternehmen im Internet suchen und vergleichen. Viele Unternehmen schreiben Praktika oder Werkstudentenstellen explizit mit dem Wunsch aus, dass in dieser Zeit auch eine Abschlussarbeit verfasst wird. Auf den gängigen Jobplattformen, oder auch auf Portalen wie XING oder LinkedIn solltest Du daher schnell fündig werden. Wenn Du bereits ganz konkrete Unternehmen interessant findest, dann kann ein Blick auf die jeweiligen Karriereseiten Klarheit schaffen, in welchem Rahmen neue (befristete) Stellen ausgeschrieben werden. Vor allem große Konzerne haben mittlerweile eigene Seiten, die sie ausschließlich nutzen, um dort Angebote für Abschlussarbeiten zu präsentieren. Gerade wenn Deine Hochschule in der Nähe des Unternehmenssitzes oder Hauptsitzes eines großen Unternehmens ist, ist es sehr gut möglich, dass dort bereits viele Kommilitonen vor Dir eine Praxisarbeit geschrieben haben.

**EXPERTENTIPP:
HOCHSCHULEN UND KOOPERATIONSPARTNER**

Eine weitere Quelle, die Du benutzen kannst, um eine Kooperation mit einem Unternehmen herzustellen, ist Deine eigene Hochschule: Vor allem Fachhochschulen, aber auch Universitäten haben mittlerweile häufig Listen und Kontaktdatenbanken, da viele Studenten Praxisarbeiten schreiben möchten. Hier findest Du Hintergrundinformationen und Daten von Unternehmen, die bereits zuvor mit Deiner Hochschule oder sogar Deinem Lehrstuhl kooperiert haben, sodass hier ein erster Kontakt schnell und unproblematisch hergestellt werden kann. Deine eigene Hochschule solltest Du daher nie vergessen, wenn es darum geht, Daten und Informationen zu Abschlussarbeiten im Unternehmen zu sammeln. Manchmal gibt es sogar schon Professoren, die mit einem bestimmten Unternehmen zusammengearbeitet haben.

Wenn Du nun konkrete Unternehmen oder sogar konkrete Ausschreibungen für Bachelor- oder Masterarbeiten gefunden hast, geht es im nächsten Schritt darum, die Ansprechpartner auf Unternehmensseite erstmalig zu kontaktieren. Bei großen Unternehmen läuft dieser Schritt häufig über klassische Bewerberportale, da Du Dich mit dem Vorhaben der Abschlussarbeit auf ein konkretes Praktikum oder eine befristete Projektstelle bewirbst. Bei kleineren Unternehmen wendest Du Dich in der Regel an einen angegebenen Ansprechpartner aus der Personalabteilung. Wenn Du ein eigenständiges Projekt in einem Unternehmen durchführen möchtest, welches nicht explizit ausgeschrieben ist, dann solltest Du dies in einer Bewerbung auf ein Praktikum immer bereits erwähnen, damit die Erwartungen auf beiden Seiten klar kommuniziert werden. Hier reicht in der Regel eine kurze Ausführung Deiner Ideen bzw. Deines Schwerpunktes, da Du ein Unternehmen im ersten Schritt erst einmal nur grundsätzlich davon überzeugen möchtest, dass eine Praxisarbeit ein sinnvolles und gewinnbringendes Konzept für beide Seiten sein kann. Daher solltest Du auf jeden Fall immer auch einen klaren Mehrwert für das Unternehmen oder bestimmte Abteilungen hervorheben. Im später folgenden Kapitel 4.3 lernst Du die Kernbestandteile eines Exposés kennen – also die wichtigsten Inhalte einer groben Zusammenfassung Deiner Forschungsidee. Dieses Kapitel ist auf jeden Fall eine gute Grundlage für weitere Gespräche mit Unternehmen. Du solltest hier jedoch immer bedenken, dass es für ein Unternehmen wesentlich weniger wissenschaftlich formuliert sein sollte, und dass stattdessen klar erkennbar ist, was der praktische Mehrwert Deiner Abschlussarbeit sein kann.

Die folgenden Fragen solltest Du beantworten können bzw. im Laufe eines Gesprächs mit einem Unternehmen klären:

- Welches Thema soll bearbeitet werden?
- Welche konkrete Forschungsfrage gibt es bzw. welche Fragestellung ist für das Unternehmen relevant?

- Wie kann dieses Thema auf einen kleineren Teil heruntergebrochen werden, der im Zuge einer Abschlussarbeit bearbeitet werden kann?
- In welchen Abteilungen kann gearbeitet werden?
- Wie und in welchem Rahmen können eigene Daten erhoben werden (z.B. Mitarbeiterinterviews, Messungen an Maschinen)
- Welche Erwartungen werden von Dir an das Unternehmen gestellt?
- Welche Erwartungen stellt das Unternehmen an Dich?
- Wie kann ein ausreichender Bezug zu theoretischen Grundlagen gewährt werden?
- Wie kann und soll ein Betreuungsverhältnis aussehen?
- Welcher zeitliche Rahmen ist anvisiert?
- Welche Unterstützung bekommst Du aus dem Unternehmen?

Eine Praxisarbeit kann – wenn sie gut geplant und durchgeführt wird – für beide Seiten eine Win-Win-Situation sein. Auf der einen Seite bekommt das Unternehmen nämlich fachliche Unterstützung bei der Bearbeitung von ganz konkreten Fragestellungen und Herausforderungen (und dazu noch eine wissenschaftlich hochwertige Forschungsarbeit mit einem theoretischen Rahmen). Auf der anderen Seite bekommst Du als Student einmalige Einblicke in den Alltag und die strategischen Entscheidungen in einem Unternehmen und hast dazu die Möglichkeit, hier selber Daten zu erheben, zu denen sonst Außenstehende keinen Zugriff haben. Nichtsdestotrotz gibt es zu all diesen Vorteilen auch einige andere Aspekte zu berücksichtigen, bevor Du Dich für diese Variante entscheidest. Damit Dein potentielles Projekt Abschlussarbeit im Unternehmen gelingt, haben wir Dir in einer Übersicht die zentralen Vor- und Nachteile einer Abschlussarbeit im Unternehmen aufgelistet.

Tabelle 11: Vor- und Nachteile einer Arbeit im Unternehmen.

Vorteile
Klare Relevanz der Arbeit und eindeutiger Mehrwert für das Unternehmen
Themenbereich/Forschungsfrage sind bereits klar definiert
Zugriff zu (sensiblen) Daten bzw. Möglichkeit, eigene Daten qualitativ und quantitativ zu erheben
Zusätzliche Betreuung durch einen Ansprechpartner im Unternehmen
Kombination aus Theorie und Praxis/Möglichkeit, Wissen aus dem Studium in einem echten Betrieb anzuwenden
Einblicke in sensible Daten und Geschäftsprozesse (die so in der Theorie selten möglich sind)
Möglichkeit, bereits im Studium Unternehmenskontakte zu knüpfen und Arbeitserfahrung zu sammeln
Gute Chancen übernommen zu werden bzw. ein Jobangebot im Anschluss an das Studium zu bekommen
In der Regel Vergütung schon während des Studiums
Nachteile
Hoher Planungs- und Koordinationsaufwand in der Vorbereitung (u.a. Anschreiben von Unternehmen, Erarbeiten von Fragestellungen, Bewerbungsschreiben)
Hoher zeitlicher Aufwand (i.d.R. stellen Unternehmen Bacheloranden/Masteranden für mind. 6 Monate ein, sodass sich Dein Studium möglicherweise verlängern kann)
Klare Kommunikation und klares Erwartungsmanagement nötig (u.a. Absprache mit zwei Betreuern und zwei verschiedenen Ansichten/Zielen)

Doppelbelastung aus Arbeit und Studienzeit bzw. Zeit zum Verfassen der Arbeit
Geringe Chancen auf Veröffentlichung, da i.d.R. ein Sperrvermerk gesetzt wird

Wenn Du möchtest, dass Deine Abschlussarbeit im Unternehmen ein voller Erfolg wird, dann solltest Du Dir vor allem Gedanken um die folgenden Punkte machen:

- Voraussetzungen
    - Kläre vor Beginn Deiner Arbeit unbedingt das Verhältnis der Arbeitszeit im Unternehmen an internen Projekten und die Arbeitszeit an Deiner Abschlussarbeit.

- Anforderungen der Hochschule
    - Sei Dir bewusst, dass es auch bei einer sehr praxisnahen Arbeit im Kern darum geht, ein wissenschaftlich hochwertiges Endprodukt vorzustellen, mit einer akademischen Perspektive und einem fundierten theoretischen Literaturteil.
    - Stell sicher, dass die Verknüpfung von Praxiswissen mit gelernten Inhalten aus dem Studium klar ist und beide Teile sinnvoll aufeinander aufbauen.

- Anforderungen des Unternehmens
    - Sprich über die Anforderungen und Erwartungen, die das Unternehmen an Dich stellt (z.B. Arbeit an einem konkreten vorgegebenen Thema, Flexibilität bei der genauen Ausgestaltung).
    - Sei Dir dessen bewusst, dass es aus Unternehmensseite in der Regel weniger Interesse an theoretischen Mo-

dellen gibt, sondern ein Schwerpunkt eher auf konkreten Daten und Fakten liegt, die sich belegen lassen.

- Kommunikation
  - Überlege Dir im Vorhinein, wie Du die Absprachen mit dem Betreuer der Hochschule und die Absprachen mit dem Betreuer aus dem Unternehmen gestalten möchtest (d.h. Häufigkeit, Themenschwerpunkt, Arbeitsfortschritt, konkrete Fragen zu Textentwürfen).
  - Kommuniziere Deine Erwartungen an Deine beiden Betreuer klar und lass Dir eindeutig mitteilen, welche Erwartungen an Dich gestellt werden.

- Umgang mit sensiblen Daten
  - Behalte im Hinterkopf, dass es sich bei vielen Unternehmensprojekten um sensible Daten handelt. Erwäge auch einen Sperrvermerk oder eine Verschwiegenheitserklärung bei Einsicht der Rohdaten durch den Betreuer der Hochschule.
  - Bereite hier alle relevanten Dokumente bestmöglich vor, sodass Deine Betreuer einen möglichst geringen administrativen Aufwand haben.

- Benotung
  - Wenn Du in Kooperation mit einem Unternehmen Deine Abschlussarbeit schreibst, dann ist es in der Regel so organisiert, dass Du zwei Betreuer hast – einen fachlichen Prüfer Deiner Hochschule und einen praktischen Betreuer aus dem Unternehmen. Für alle fachlichen/akademischen Fragen hast Du so immer eine Kontaktperson aus der Wissenschaft und für alle Fragen rund um Prozesse und Projekte im Betrieb hast du einen Ansprechpartner aus der Praxis.

- Häufig wird bei einer Arbeit in Unternehmenskooperation ein Zweitprüfer aus dem Unternehmen ausgewählt, sodass Dein Betreuer aus der Hochschule nach wie vor vorrangig Deine Abschlussarbeit bewertet, jedoch auch ein praxisnaher Zweitprüfer Einfluss auf die Bewertung hat.
- Mit Blick auf die Benotung solltest Du Dir noch einmal bewusst machen, dass Deine Abschlussarbeit trotz hohen praktischen Anteils am Ende eine akademische Prüfungsleistung ist, die von der Uni abgenommen wird. Klär daher frühzeitig, wer ein möglicher Zweitprüfer aus dem Unternehmen sein kann bzw. wird und sprich mit Erst- und Zweitbetreuer über die Erwartungen an die Abschlussarbeit, um eine ausgewogene Balance zwischen akademischen und praktischen Teilen zu finden.

Damit Du neben all dem theoretischen Input auch noch ein paar praktische Einblicke bekommst, findest Du zum Abschluss dieses Exkurses einige beispielhafte Ausschreibungen von Abschlussarbeiten in Unternehmen. Schon anhand der Titel siehst Du, wie vielfältig so ein Projekt aussehen kann und wie breit gestreut die Themen sind.

Tabelle 12: Ausschreibungen für Praxisarbeiten.

Fachbereich	Ausgeschriebene Stelle
BWL - Logistik	Masterand (m/w/d) im Bereich Logistikmanagement/Erarbeitung von innerbetrieblichen Optimierungsmaßnahmen (Rheinmetall)
Ingenieur-wissenschaften	Masterarbeit im Bereich Innovation Transfer: Entwicklung & Montage (ZEISS)

Informatik / Wirtschafts-informatik	Abschlussarbeit im Bereich Webentwicklung/ Programmierung einer Android-App zur Fernsteuerung von Smartphones im Testumfeld (Rohde & Schwarz GmbH & Co. KG)
Biologie/Bio-technik	Praktikum, Bachelor-/Masterarbeit: Entwicklung eines Verfahrens zur Herstellung von Cadaverin-Derivaten durch eine enzymatische Kaskadenreaktion (Forschungszentrum Jülich)
Wirtschafts-mathematik	Abschlussarbeit: Entwicklung eines Fiori-Navigationsframework (best practice consulting AG)
Physik - Elektrotechnik	Abschlussarbeit (Master) im Bereich Modellierung des Langzeitbetriebsverhaltens von Brennstoffzellen (Daimler Truck Fuel Cell GmbH & Co. KG)
Medienwissen-schaften	Abschlussarbeit (Bachelor) im Bereich UX-Design im Produktionskontext (Mercedes Benz AG)
BWL - Controlling/ Finanzen	Master-Thesis Umgestaltung des Controllings zum Thema „Krisenmanagement bei einem führenden Dienstleistungsunternehmen“ (Leadec Holding BV & Co. KG)

KAPITEL 4
BETREUUNG

In diesem Kapitel lernst Du u.a.:

- auf welche Dinge Du bei der Wahl eines Betreuers achten solltest
- wie Du herausfindest, ob ein Betreuer zu Dir passt
- welche Erwartungen Du an den Betreuer stellen kannst und welche er an Dich stellen wird
- wie Du mit einem Betreuer arbeitest, der Dir zugeteilt wird
- wie das Erstgespräch ablaufen kann und was Du dazu wissen solltest
- warum ein Exposé hilfreich sein kann und wie es aufgebaut ist

4.1 DEINEN BETREUER FINDEN

Im folgenden Kapitel möchten wir uns etwas genauer mit der Betreuung einer Abschlussarbeit beschäftigen, da Dein Betreuer Dein direkter Ansprechpartner für alle Fragen rund um Deine Arbeit sein wird und weil er in vielen Fällen auch Deine Abschlussarbeit bewerten wird. Er soll dich selbstverständlich fachlich, aber auch methodisch, didaktisch und persönlich beim Erarbeiten der Abschlussarbeit begleiten. Es ist daher auf jeden Fall empfehlenswert, dass Du Dir bei der Suche nach einem Betreuer ausreichend Zeit nimmst und Dir vorher gut überlegst, worauf Du Wert legst, was Dir wichtig ist und wie für Dich eine ideale Zusammenarbeit aussieht. Wir empfehlen Dir dafür ein Trichtersystem, mit welchem Du Deine Ideen und Vorstellungen Schritt für Schritt herunterbrichst, um am Ende einen passenden Betreuer zu finden.

Selbstverständlich kann es auch vorkommen, dass es an Deiner Hochschule oder an Deinem Lehrstuhl die Regel ist, dass die Betreuer den einzelnen Studierenden zugewiesen werden, oder das unterschiedliche Themen und Fragestellungen ausgeschrieben werden und man sich mit der Wahl für ein Thema auch direkt für einen passenden Betreuer entscheidet. Sollte das bei Dir der Fall sein, dann kannst Du gerne direkt weiter gehen zu unseren Hinweisen zum ersten Gespräch mit dem Betreuer.

HINWEIS

Solltest Du schon wissen, dass es bei Dir an der Hochschule üblich ist, Themen und ggf. schon konkrete Forschungsfragen zu recherchieren, *bevor* ein Betreuer gesucht wird, kannst Du das nächste Kapitel auch gerne vorziehen und dieses Kapitel im Anschluss lesen. Dieser Teil des Kapitels ist für Dich geeignet, wenn Du Dir völlig selbstständig einen Betreuer aussuchen kannst und wissen möchtest, wie Du dabei am besten vorgehen kannst und worauf Du Wert legen solltest. Ein Trichtersystem kann Dir dabei helfen, von ersten unstrukturierten Gedanken Schritt für Schritt bis zum ersten Gespräch mit Deinem (zukünftigen) Betreuer zu kommen. Eine übersichtliche Checkliste rund um das Thema Betreuung findest Du am Ende dieses Kapitels.

SCHRITT 1: INFORMATIONEN SAMMELN

Bevor Du Dir überhaupt Gedanken über konkrete Personen und Ansprechpartner machst, solltest Du Dich über die formalen Vorgaben zur Anmeldung und Betreuung an Deiner Hochschule informieren. So findest Du meistens auch schon recht früh heraus, ob Du zuerst ein Thema und eine Fragestellung recherchieren sollst, um anschließend damit einen Betreuer zu finden, oder ob Du erst einen geeigneten Betreuer suchst und mit ihm dann gemeinsam ein Thema erarbeitest. Hier kann es auch immer helfen, mit älteren Kommilitonen zu sprechen und Erfahrungswerte zu sammeln, was am besten funktioniert hat und was zu empfehlen (oder auch zu vermeiden) ist.

SCHRITT 2: ERSTES BRAINSTORMING

Nachdem Du weißt, an welche Vorgaben Du Dich zu halten hast, geht es jetzt darum, in einem ersten Brainstorming herauszufinden, wer überhaupt als potenzieller Betreuer in Frage kommt. Möglicherweise hast Du bereits einige Namen im Kopf, zum Beispiel von Professoren, die Du in Schwerpunktkursen kennengelernt hast oder mit denen Du Dich besonders gut verstehst.

Schreib diese Namen gerne schon einmal auf, aber sei auch offen für andere Personen, die Dir vielleicht nicht sofort in den Kopf kommen. Natürlich sollte am Ende eine gewisse Sympathie eine Rolle spielen, eher formelle Faktoren sollten aber nichtsdestotrotz miteinbezogen werden.

Jede Betreuung ist individuell und jeder Mensch legt Wert auf andere Dinge. Manche schätzen die große Freiheit und brauchen keine regelmäßigen Absprachen, während es für andere hilfreich ist, eine feste Struktur zu haben und konkrete Zeitpläne und Meilensteine mit dem Betreuer abzusprechen. Sieh die nachfolgenden Faktoren und Fragen daher als Anregung, sei Dir aber auch bewusst, dass sicherlich nicht alle Dinge für Dich eine so große Rolle spielen oder eine hohe Priorität haben. Wichtig ist, dass Du diese Fragen durchgehen solltest, ganz unabhängig von möglichen Personen, die Du im Kopf hast. Hier geht es darum, dass Du für Dich alleine entscheidest, wie für Dich allgemein ein gutes Betreuungsverhältnis aussieht – egal mit welchem Betreuer. Faktoren, die für die Zusammenarbeit wichtig sind:

- Verfügbarkeit
    - Hat der Betreuer ausreichend Zeit sich meinen Fragen zu widmen und ist verfügbar für Feedbackgespräche?
    - Hier kann es helfen, herauszufinden, wie viele weitere Personen zurzeit in der Betreuung sind und ob der Betreuer eine Vollzeit- oder Teilzeitstelle hat.
    - Ist der Betreuer vor Ort am Hochschulstandort und verfügbar für persönliche Treffen oder ist er beispielsweise im Ausland, an einem anderen Hochschulstandort oder häufig auf internationalen Kongressen?
    - Wie viel Wert ist Dir ein regelmäßiger und persönlicher Austausch?
    - Reichen Dir Absprachen per Videotelefonie?

- Erreichbarkeit
  - Wie schnell erwartest Du Rückmeldung auf Fragen per E-Mail? Wie schnell kann ein persönliches Treffen oder ein Telefonat vereinbart werden?

- Intensität
  - Wie viel „Anleitung" brauchst Du und wünschst Dir für Deine Abschlussarbeit?
  - Legst Du mehr Wert auf Selbstständigkeit und Freiheit oder auf klare Vorgaben und Richtlinien?

- Projektarbeit
  - Gibt es die Möglichkeit, Deine Abschlussarbeit im Rahmen eines größeren Projektes am Lehrstuhl oder der Arbeitsgruppe Deines Betreuers zu schreiben?
  - Möchtest Du zusammen in einem Team mit anderen Bachelor- und Masterstudierenden oder lieber alleine?

Wenn Du Dir ein paar Gedanken dazu gemacht hast, welche allgemeinen Faktoren Dir bei einer Betreuung wichtig sind oder worauf Du besonderen Wert legst, geht es im nächsten Schritt darum, zu schauen, welche Eigenschaften Dir bei Deinem Betreuer wichtig sind. Faktoren, die bei Deinem Betreuer wichtig sein können, sind insbesondere:

- Fachexpertise
  - An welchem Lehrstuhl wird zu Deinen Interessensbereichen geforscht und gearbeitet?
  - In wessen Fachgebiet fällt Dein Thema (oder Dein Themenwunsch/Schwerpunkt)?
  - Hat jemand an Deiner Hochschule schon zu diesem oder einem nahen Thema geforscht?

- Methodenkenntnis
  - Möchtest Du eine bestimmte Art von Arbeit schreiben (z.B. ein Literature-Review oder ein Case Study im Unternehmen)?
  - Hast Du vor, fortgeschrittene Methoden im qualitativen Bereich (z.B. Experteninterviews oder Gruppendiskussionen) oder im quantitativen Bereich (z.B. Strukturgleichungsmodelle, Clusteranalysem, multidimensionale Skalierungen) zu nutzen, bei denen es hilfreich ist, wenn sich Dein Betreuer mit genau diesen Methoden auskennt?

- Programmerfahrung
  - Möchtest Du in Deiner Abschlussarbeit mit bestimmten technischen Geräten (z.B. Eye-Tracking, VR-Brillen) oder Computerprogrammen (z.B. Conjoint-Programmen, SPSS, STATA, R, SAP) arbeiten, bei denen sich Dein Betreuer auskennen sollte?

- Erfahrungen
  - Hast Du selbst bereits positive/negative Erfahrungen mit Dozenten in früheren Vorlesungen, Seminaren oder Kursen gemacht (direkte Erfahrung)?
  - Haben Bekannte von Dir bereits gute/schlechte Erfahrungen mit einem bestimmten Betreuer bei ihren Bachelor- und Masterarbeiten gemacht (indirekte Erfahrung)?

- Exkurs: Sprachkenntnis
  - Möchtest/Sollst Du in einer Fremdsprache schreiben (z.B. durch eine Kooperation mit einer ausländischen Universität) und kann Dein Betreuer Dich auf akademischem Niveau in dieser Sprache betreuen?

- Exkurs: Unternehmenserfahrung
    - Schreibst Du Deine Abschlussarbeit in Kooperation mit einem Unternehmen (d.h. einem externen Erst- oder Zweitbetreuer) und möchtest, dass Dein Betreuer hier bereits Erfahrungen mit hat?
    - Gibt es Dozenten mit halber Stelle an der Hochschule und halber Stelle in Unternehmen, und bietet sich hier eine spannende Schnittstelle aus Wissenschaft und Wirtschaft für Deine Abschlussarbeit?

Auch hier gilt natürlich, dass nicht alle Fragen für Dich relevant sein müssen, aber es hilft in jedem Fall, sich einmal damit auseinanderzusetzen, welche Kompetenzen und Kenntnisse ein Dozent mitbringen sollte, damit er für Dich der ideale Betreuer sein kann. Eine gute Wahl triffst Du vor allem dann, wenn Du Dir vorher darüber im Klaren bist, was für Dich persönlich wichtig ist und was Du bei einem Betreuer erwartest. Auch bietet Dir diese Übersicht die Gelegenheit, vielleicht auf den ein oder anderen Aspekt aufmerksam zu werden, der Dir wichtig ist, Du vorher aber noch gar nicht daran gedacht hattest.

SCHRITT 3: KONKRETISIEREN

Stell Dir jetzt daher gerne einmal zwei bis drei Personen vor, die für Dich prinzipiell in Frage kommen oder die Du bereits seit längerer Zeit im Hinterkopf hast. Geh noch einmal die obenstehenden Fragen durch – und ergänze selbstverständlich noch weitere Punkte, die Dir persönlich wichtig sind aber noch nicht genannt wurden – und schau dann, wo es die größte Übereinstimmung zwischen Deinen Vorstellungen einer idealen Betreuung und den Eigenschaften der potenzieller Betreuer gibt. So kannst Du die o.a. Aspekte konkretisieren.

EXPERTENTIPP: KENNE DEINEN BETREUER

Viele Betreuer haben eine Website oder werden mit einem Porträt auf der Website Deiner Hochschule vorgestellt. Dort stellen sie häufig nicht nur ihre eigenen Fach- und Forschungsbereiche vor, sondern listen auch auf, welche Themen sie bereits bei Bachelor- und Masterarbeiten (oder auch bei Promotionen) betreut haben und welche Forschungsthemen sie besonders interessieren. Wenn Dein Fachbereich oder Deine Hochschule keine so detaillierte Auflistung hat, lohnt sich ein Blick ins Internet auf Forschungsseiten wie ResearchGate, um einen Blick auf die Publikationsliste Deines möglichen Betreuers zu werfen, um so Themenschwerpunkte zu finden.

Selbstverständlich kannst Du auch ohne große Recherche Gesprächstermine vereinbaren und die Interessensbereiche abfragen, doch eine gute Vorbereitung ist oftmals für beide Seiten hilfreich, damit ein Gespräch möglichst effizient abläuft. So kannst Du Deine offenen Fragen klären und der Dozent einschätzen, ob und wenn ja, wie er Dich am besten unterstützen kann.

SCHRITT 4: DIE ERSTE KONTAKTAUFNAHME

Die erste Kontaktaufnahme erfolgt meistens per E-Mail - gerade, wenn Du im Semester Deiner Abschlussarbeit möglicherweise im Praktikum bist und damit auch gar nicht an Deinem Hochschulstandort. Die zu klärenden Fragen hängen vor allem davon ab, wie viel Du im Vorfeld schon über Deine potentiellen Betreuer herausfinden konntest. Solltest Du keine großen Hintergrundinformationen haben, dann sind folgende Fragen auf jeden Fall wichtig für die erste Kontaktaufnahme:

- Nimmt die Person derzeit überhaupt Studierende zur Betreuung von Abschlussarbeiten an?
- In welchem zeitlichen Rahmen ist sie verfügbar (z.B. nur für ein Semester)?
- Soll die Themenwahl eigenständig oder in Absprache erfolgen?
    - Gibt es eine Themenliste mit Forschungsfeldern und -fragen, die für Abschlussarbeiten genutzt werden sollen/können?
    - Gibt es bestehende Projektteams und Forschungsgruppen, in denen gearbeitet werden soll/kann?
- Wird eine bestimmte Forschungsmethode bevorzugt (qualitativ/quantitativ/Mixed-Methods)?

EXPERTENTIPP: PERSPEKTIVWECHSEL

Wenn Du Dir an manchen Stellen unsicher bist, was genau Du Deinem Betreuer schreiben sollst, wie Du Dich und Deine Abschlussidee optimal „verkaufst" oder wie viele Informationen Du in eine E-Mail schreiben solltest, hilft oft ein einfacher Perspektivwechsel. Versetz Dich in die Lage Deines Gegenübers und überlege Dir, was für ihn in genau diesem Prozessschritt am wichtigsten wäre. Je konkreter Fragen formuliert sind, desto höher ist die Chance, eine hilfreiche Antwort zu bekommen. Je übersichtlicher eine Mail gestaltet ist, desto wahrscheinlicher bekommt man auch zeitnah eine Rückmeldung. Hab auch ein Auge darauf, wie viel Zeit die Person gerade möglicherweise hat, um etwas zu lesen und zu beantworten – sind Semesterferien oder ist es mitten in der Klausurenphase? Hat jemand gerade eine zusätzliche Funktion an der Hochschule übernommen (z.B. Studiengangkoordinator, Dekan etc.) oder ist vor kurzem Vater oder Mutter geworden? All diese Punkte haben Einfluss darauf, wie kurz oder umfangreich Deine erste Mail ausfallen sollte.

Bevor Du einen ersten Mailentwurf formulierst, solltest Du Dir darüber im Klaren sein, was genau Du von Deinem (potenziellen) Betreuer möchtest: Geht es nur um ein erstes Kennenlernen oder möchtest Du die Zusage zu einer konkreten Forschungsidee, die Du hast? Möchtest Du erst einmal organisatorische und formelle Dinge klären oder geht es schon um inhaltliche und fachliche Fragen?

Je konkreter Du eine Vorstellung davon hast, was Du von einer Antwort erwartest, desto klarer kannst Du ein Anschreiben formulieren. Es ist zu empfehlen, dass Du Dir mindestens zwei Betreuer heraussuchst, mit denen Du Dir eine Zusammenarbeit vorstellen kannst, da es immer sein kann, dass Du eine Absage bekommst – auch wenn Dein Thema passend ist. Sieh daher eine Absage nicht als persönliche Kritik an Deiner Leistung, Deiner Person oder Deinem Thema, denn oftmals stecken ganz andere Gründe dahinter (zum Beispiel administrative Hürden, ein schon lange geplantes Forschungssemester oder bereits vergebene Abschlussarbeiten), auf die Du keinen Einfluss hast.

Gerade wenn Du mit der Mail den ersten Kontakt herstellst und Dich vorher noch nicht mit dem Dozenten über eine mögliche Betreuung unterhalten hast, sollten die wesentlichen Informationen kurz und bündig in der Mail enthalten sein:

1. Kurze Selbstvorstellung
    - Name, Studienfach, Schwerpunkt, Semester
    - Weitere relevante Informationen (z.B. derzeit im Praktikum oder Ausland)
2. Hintergrund
    - Woher kennt ihr Euch (z.B. aus Seminaren/Vorlesungen)
3. Grund der Mail
    - Interessenbekundung an einer Betreuung für Bachelor-/Masterarbeit
4. Themenplanung
    - Erwähne hier kurz, ob es eine Vorgabe zum Thema gibt, ob Du selbst bereits einen Themenvorschlag oder sogar konkrete Forschungsfragen erarbeitet hast oder ob Du diese gemeinsam mit dem Betreuer erarbeiten möchtest.
    - Falls üblich, verweise auf ein Exposé im Anhang der Mail
5. Nächste Schritte
    - Bitte um Rückmeldung (schriftlich, telefonisch, persönliches Treffen).

Füge auf jeden Fall relevante Kontaktdaten hinzu, wie eine Handynummer, unter der Du erreichbar bist oder eine Rufnummer im Büro Deines Arbeitgebers (inkl. Angaben zur Erreichbarkeit). Im Idealfall bekommst Du nach ein paar Tagen schon eine erste Antwort. Schreib Deinem favorisierten Betreuer zuerst eine Mail und setz Dir eine Deadline, bis wann Du eine Rückmeldung erhalten möchtest, bevor Du einen Reminder schickst und dann noch einmal, bevor Du die zweite Alternative anschreibst. In stressigen Phasen, zum Beispiel während einer Klausurenphase, kann es auch möglicherweise auch sinnvoll sein, einfach mal im Sekretariat anzurufen oder zu einer Sprechstunde vorbeizuschauen.

Wenn alles nach Plan läuft, dann bekommst Du jedoch per Mail von Deinem Wunschbetreuer eine positive Rückmeldung und ihr könnt Euch zu einem ersten persönlichen Gespräch treffen – virtuell oder vor Ort, je nachdem, was für Euch beide am besten passt. Auch hier gilt, dass dieses Gespräch sehr unterschiedlich ablaufen kann, je nachdem wie viele Informationen Du schon per Mail bekommen hast, ob die Themenfindung vor oder nach der Wahl der Betreuer stattfindet und ob von Seiten des Betreuers noch Fragen gestellt wurden. Dennoch gibt es auch hier einige Allgemeine Hinweise und Ratschläge, die Du beachten solltest sowie einige Fragen, über die Du vorab nachgedacht haben solltest, damit Du ruhig, selbstsicher und gut vorbereitet in das erste Gespräch gehen kannst.

SCHRITT 5: DAS ERSTE GESPRÄCH

Es gibt sicherlich eine Menge Fragen, die Du mit Deinem (zukünftigen) Betreuer klären solltest – allerdings sind nicht alle davon im ersten Gespräch richtig untergebracht, daher möchten wir Dir hier vor allem erste Tipps und Hinweise mit auf den Weg geben, die beim ersten Zusammentreffen (oder Kennenlernen) von Bedeutung sind. Ganz grundsätzlich besteht das erste Gespräch aus drei Teilen: Der Vorbereitung, dem eigentlichen Gespräch und der Nachbereitung.

DIE VORBEREITUNG

In der Vorbereitung geht es darum, dass Du Dir Gedanken machst, welche Fragen Du hast, welche Dinge Du auf jeden Fall klären möchtest und wie das Gespräch strukturiert werden soll. Möglicherweise bist Du aufgeregt, da Du Deinen neuen Betreuer schon länger nicht mehr gesehen hast (da er zum Beispiel eine Vorlesung in einem früheren Semester gegeben hat) oder Du bist Dir hinsichtlich Deines Themas, Deiner Forschungsfragen und Deiner Herangehensweise unsicher. Ruf Dir immer ins Gedächtnis, dass Dein Betreuer höchstwahrscheinlich schon viele Studierende vor Dir betreut hat und daher diese ersten Unsicherheiten sehr gut kennt. Es ist also gar nicht so schlimm, ein bisschen aufgeregt zu sein – sondern ganz normal. Ein Tipp, um mit der Aufregung gut umzugehen, sind Notizen und eine solide Vorbereitung. Wenn Du Dir im Vorhinein bereits Gedanken gemacht hast, wie Du das Gespräch angehen möchtest, welche Fragen Du auf jeden Fall geklärt haben möchtest und Dir dazu auch ein paar Notizen machst, dann kannst Du gut vorbereitet starten und Deinem Betreuer so direkt zeigen, dass Du gut organisiert bist.

DAS GESPRÄCH

Im eigentlichen Gespräch steht vermutlich erst einmal ein gemeinsames Kennenlernen im Vordergrund, wenn Du Deinen Betreuer nicht bereits aus Vorlesungen oder gemeinsamen Projektarbeiten kennst. Ein bisschen entspannter Smalltalk kann daher gerade am Anfang helfen, die ersten Unsicherheiten zu nehmen.

EXPERTENTIPP: KONTEXT GEBEN

Natürlich geht es in Deinem ersten Gespräch vor allem darum, die Eckdaten der Betreuung abzustecken, erste Fragen zu klären und gemeinsam die nächsten Schritte festzulegen. Dennoch kann es helfen, dass Du Deinem neuen Betreuer direkt zu Beginn schon einen groben Überblick gibst, wie Deine Abschlussarbeit in Deinen Alltag eingebettet ist, da sich niemand 24/7 nur mit Bachelor- oder Masterarbeit beschäftigen kann. Vor allem, wenn ihr gemeinsam an der Themenfindung oder Konkretisierung von Forschungsfragen arbeitet, können Hintergrundinformationen (z.B. bisherige Praktika, einen elterlichen Betrieb, Auslandserfahrungen oder Zukunftspläne) helfen, die eigenen Interessen gut in das Forschungsthema einzubringen und Synergien zu schaffen. Wenn Dein Betreuer weiß, was Du bisher gemacht hast und wo Du Dich selbst in Zukunft sehen kannst, dann kann er Dir bessere Hinweise geben. Das mag ein Tipp sein, welche Schwerpunktsetzung mit Blick auf angestrebte Masterstudiengänge sinnvoll sein kann, welches Statistikprogramm besonders häufig in Unternehmen benutzt wird und daher auch in der Abschlussarbeit gut ankommt oder mit welchen Experten man qualitative Interviews führen könnte, die Dein Betreuer aus seinem Netzwerk kennt.

Sicherlich hast Du Dir selbst schon einige Gedanken dazu gemacht, welche Fragen Du auf jeden Fall stellen möchtest, daher soll Dir die folgende Liste nur als Inspiration gelten und als Rückversicherung, dass Du keine wichtigen Punkte vergisst. Sprich beim ersten Kennenlernen auf jeden Fall über:

- Fachliche Inhalte
    - einen Themenbereich und die Erarbeitung einer konkreten Forschungsfrage (und Hypothesen)
    - die angestrebte Methodik
    - erste Literaturhinweise und zentrale Autoren/Quellen
- Strukturelle Punkte
    - Deinen Anspruch an die Abschlussarbeit
    - die Korrektur von Textentwürfen und Schriftproben während Deiner Bearbeitungszeit
    - Deinen Zeitaufwand und andere Verpflichtungen

  - Deinen Zeitplan und Dein angestrebtes Abgabedatum
  - regelmäßige weitere Treffen (z.B. 1x pro Monat oder nach dem Erreichen bestimmter Meilensteine)
  - den Umgang mit Rückschritten, Fragen oder Problemen (z.B. Schreibblockaden, hohe Arbeitsbelastung auf der Arbeit, familiäre Probleme)
- Formalia
  - die offizielle Anmeldung der Abschlussarbeit am Lehrstuhl bzw. beim Prüfungsamt
  - präferierte Kontaktmöglichkeiten zur Absprache (per Mail, telefonisch, persönlich etc.)
  - mögliche Kooperation und Zusammenarbeit mit externen Betreuern (z.B. aus einem Partnerunternehmen oder aus einer externen Hochschule)

Wie Du siehst, ist der inhaltliche Teil nur einer von drei Teilen, an die Du beim ersten Treffen denken solltest. Gerade wenn Du Deinen neuen Betreuer noch nicht gut kennst, steht ein gemeinsames Kennenlernen definitiv im Vordergrund. Selbstverständlich ist es sinnvoll, auch hier schon über wichtige Eckpfeiler der Arbeit zu sprechen – zum Beispiel über das Thema und die Methodik – aber es geht vor allem darum, dass beide Seiten ein Gespür füreinander bekommen und erarbeiten, wie eine Zusammenarbeit in den nächsten Wochen und Monaten aussehen kann.

DIE NACHBEREITUNG

In der Nachbereitung direkt nach dem Gespräch hilft es, wenn Du Dir nochmal eine halbe Stunde Zeit nimmst, um die wichtigsten Erkenntnisse oder Antworten aus dem Gespräch aufzuschreiben. Selbst wenn Du bereits Notizen während des Gesprächs gemacht hast, kann es hilfreich sein, im Nachhinein die Gedanken noch einmal zu strukturieren oder weitere Ideen und Aspekte, die Dir direkt in den Kopf kommen, aufzuschreiben. Wenn ihr es nicht bereits während des Gesprächs getan habt, dann solltest Du in der Nachbereitung auf jeden Fall schon einen neuen Termin zur Absprache vereinbaren und am besten direkt noch einmal schriftlich auflisten, was dann besprochen werden soll und was Du bis dahin erarbeitet haben möchtest.

Ein weiterer Punkt, der in der Nachbereitung zum ersten Gespräch anfallen kann, ist die formelle Anmeldung bzw. Registrierung der Abschlussarbeit. Bevor Du Dich jedoch irgendwo offiziell registrierst oder anmeldest, solltest Du auf jeden Fall mit Deinem Betreuer Rücksprache halten! Dieser administrative Schritt ist für die Hochschul- und Studiengangsverwaltung sehr wichtig und kann, wenn etwas schief gegangen ist oder ungenau ausgefüllt wurde, im schlimmsten Fall nicht rückgängig gemacht werden. Hier ist also Vorsicht geboten.

4.2 TREFFEN UND ABSPRACHE

Wie die Betreuung nach dem ersten Treffen aussieht ist ganz individuell, daher möchten wir Dir hier keine vorgefertigten Pläne mit an die Hand geben. Wichtig ist vor allem, dass es idealerweise weitere gemeinsame Treffen gibt. Während des Arbeitsprozesses solltest Du Dich auf jeden Fall noch mindestens zwei Mal mit Deinem Betreuer austauschen (in der Regel eher noch häufiger), um zum Beispiel Deine Literaturrecherche, eine mögliche Datenerhebung oder -analyse und natürlich die Ergebnisauswertung und Interpretation zu besprechen. Außerdem solltet ihr Euch auch noch einmal kurz vor der Abgabe treffen, damit alle wichtigen Last-Minute-Fragen geklärt werden können. Hier kannst Du auch alle Fragen zum Abgabeprozess stellen.

EXPERTENTIPP: FRAGEN SAMMELN

Vermutlich werden sich nach dem ersten Gespräch und im Laufe der Bearbeitung Deiner Abschlussarbeit immer mal wieder Fragen ergeben. Wenn Du an einer Stelle unbedingt das Feedback Deines Betreuers brauchst, weil Du sonst nicht weiterarbeiten kannst, dann kann es sinnvoll sein, ihm direkt eine E-Mail zu schreiben und/oder nach einem kurzen persönlichen Gespräch zu fragen. Die Mehrheit der Fragen wird jedoch vermutlich nicht unheimlich dringlich sein, sodass wir empfehlen, dass Du Dir einen Ort suchst (z.B. ein paar Seiten in Deinem Notizheft/Kalender oder ein Word-Dokument), an dem Du alle Fragen sammelst. So kannst Du vorbereitet in Dein nächstes Gespräch gehen, ohne etwas Wichtiges zu vergessen. Auch im Gespräch solltest Du Dir übrigens immer Notizen machen, da sich oftmals in einer Unterhaltung noch Anschlussfragen oder weitere Themen ergeben, zu denen Du Rückfragen hast.

Du musst mit Deinem Betreuer nicht gut befreundet sein, aber ein professioneller und wertschätzender Umgang in der Kommunikation sollte in jedem Fall die Grundlage Eurer gemeinsamen Arbeit sein. Im Laufe der ersten Treffen solltet ihr daher auch einmal darüber sprechen, wie ihr Euch die gemeinsame Zusammenarbeit vorstellt, worauf ihr beide Wert legt und was Eure Ansprüche an die „gemeinsame“ Abschlussarbeit sind.

Wenn Dein Betreuer damit einverstanden ist, zu konkreten Textentwürfen Feedback zu geben oder einen Blick über andere Dokumente, wie beispielsweise ein vorläufiges Literaturverzeichnis oder eine Zusammenstellung der zentralen Studien zu werfen, dann solltet ihr unbedingt vereinbaren, mit welchem zeitlichen Vorlauf Du die Unterlagen vorbereitet haben solltest. Wenn Du am Tag vor dem nächsten Treffen ein mehrseitiges Dokument verschickst, dann kannst Du nicht erwarten, dass Dein Betreuer es gelesen hat und Dir sinnvolles und tiefgreifendes Feedback geben kann. Da jeder Betreuer andere Arbeitsrhythmen hat, solltet ihr daher in den nächsten Treffen auf jeden Fall einmal absprechen, wie ihr die Bearbeitung von schriftlichen Unterlagen handhaben wollt.

4.3 EXPOSÉ

Manche Professoren möchten vor der Zusage zu einer Betreuung bzw. vor der Anmeldung einer Abschlussarbeit gerne ein Exposé haben, in dem die wichtigsten Eckdaten des Projektes beschrieben werden. Ein Exposé ist eine grobe Gesprächsgrundlage, die Dir und Deinem (potenziellen) Betreuer helfen, herauszufinden, ob ihr thematisch zusammenpasst und um schon einmal die wichtigsten Punkte abzustecken. Einfach gesagt: Im Exposé fast Du das Forschungsvorhaben Deiner Abschlussarbeit möglichst kurz und übersichtlich zusammen. Wichtig ist, dass Du das Exposé als Plan ansiehst, der sich aller Wahrscheinlichkeit nach auch während der Bearbeitung noch ändern kann. Es ist nichts in Stein gemeißelt, sondern soll Dir (und ggf. Deinem Betreuer) als *erste* Arbeitsgrundlage dienen.

Klassischerweise umfasst ein wissenschaftliches Exposé die folgenden Inhalte:

- Arbeitstitel
- Kurzbeschreibung des Projektes
- Kurze Übersicht der Inhalte/Kapitel

- Forschungsfrage(n) und ggf. Hypothesen
- Stand der Forschung
  - Kurzer Literaturüberblick (u.a. zentrale Theorien/Modelle nennen)
  - Vorläufige Literaturliste
  - Relevanz für die Forschung/Forschungslücke/Problemstellung
- Geplante Methodik
  - qualitativ, quantitativ, Mixed-Methods
  - Ideal: Nennen der konkreten Methoden
- Kritik
  - Welche Probleme und Herausforderungen könnten sich ergeben?
  - Welche Einschränkungen kann es mit Blick auf Bearbeitungszeit oder Seitenbegrenzung geben?
  - Wie kann mit diesen umgegangen werden?
- Zeitplanung
  - Geplanter Abgabetermin
  - Wichtige Zwischenziele/Meilensteine
- Weitere relevante Hintergrundinformationen
  - z.B. Kooperation mit einem Unternehmen, Erarbeitung zeitgleich zu einem Praktikum, Aufenthaltsort (u.a. relevant für mögliche Absprachen/Treffen), Betreuung von Kindern etc.

Formal gibt es in der Regel keine Vorgaben für ein Exposé, sodass Inhalt und Umfang sehr variabel sind und teilweise von Betreuer zu Betreuer unterschiedlich sein können. Hier ist es daher wichtig, dass Du unbedingt vor dem Verfassen eines Exposés abklärst, ob es überhaupt gewünscht ist und, falls ja, welche Themen in welchem Umfang erläutert werden sollen. In der Regel ist ein Exposé zwischen zwei und fünf Seiten lang, da es lediglich einen kurzen Überblick geben soll; in einigen Fällen kommt dazu noch separat ein Literaturverzeichnis, was besonders bei literaturbasierten Arbeiten wie Literature-Reviews sinnvoll sein kann. Achte darauf, dass Du auch im Exposé schon korrekt wissenschaftlich schreibst, zitierst und auch Deine Quellen vollständig angibst. Auch wenn es selten konkrete Vorlagen gibt, wird empfohlen, dass Exposé im Präsenz zu schreiben.

EXPERTENTIPP: MUSTER UND VORLAGEN NUTZEN

Viele Hochschulen und Fachbereiche stellen Muster oder Vorlagen zum Verfassen von Exposés zur Verfügung. Sollte Deine eigene Hochschule keine solcher Vorlagen haben, dann helfen die folgenden beiden Schritte: Schau nach, ob Du bei anderen Hochschulen mit den gleichen oder vergleichbaren Studiengängen zu Deinem eigenen Studiengang fündig wirst. Wenn Du nach Vorlagen googelst, dann wirst Du schnell passende Vorschläge finden und bekommst so eine grobe Orientierung, was an anderen Hochschulen in Deinem Fachbereich gefordert wird. Im Anschluss solltest Du Dich mit Kommilitonen austauschen, die bestenfalls bereits ihre Abschlussarbeit bzw. ihr Exposé hinter sich haben, oder die mit Dir zusammen studieren und somit ebenfalls vor der Erstellung stehen. Hier kannst Du wertvolle Tipps bekommen, was besonders an Deinem Fachbereich oder sogar bei Deinem Betreuer wichtig ist. Denn wie immer gilt: Fragen kostet nichts.

Wenn es keine Vorgaben gibt, dann können Dir die folgenden Fragen, sowie die obenstehende Struktur helfen, nichts Wichtiges bei der Erstellung des Exposés zu vergessen:

1. Was ist das Thema der Arbeit?
   - Was ist die konkrete Fragestellung?
   - Gibt es Forschungshypothesen?
2. Warum ist das Thema relevant?
   - Abgrenzung zu anderen Fragestellungen/bereits bestehenden Forschungsarbeiten
   - Herleitung der Forschungslücke
   - ggf. weitere Relevanz (z.B. innerhalb eines Unternehmensprojektes)
3. Was ist der derzeitige Forschungs- bzw. Wissensstand?
   - Gibt es Kontroversen?
   - Wer sind führende Wissenschaftler?
   - Welche Methoden werden vorrangig benutzt?
   - Welche Methodik sollte verwendet werden und warum gerade diese?

Selbst wenn Du kein Exposé für Deine Abschlussarbeit einreichen musst, kann es hilfreich sein, die oben genannten Fragen und Punkte für Dich zu bearbeiten, da sie bei der Zeitplanung helfen können und Du so schon frühzeitig einschätzen kannst, was auf Dich zukommt uns wo es noch eventuelle Unklarheiten gibt (die dann anschließend mit dem Betreuer geklärt werden können). Die wichtigsten Fragen, die dabei aufkommen und auf die Du Antworten finden solltest, haben wir Dir noch einmal in der folgenden Tabelle zusammengefasst:

Tabelle 13: Checkliste zur Betreuung von Abschlussarbeiten.

Frage	Antwortoptionen	Anschlussfragen
Wo finde ich formelle Vorgaben?	• Öffentliche Website • Intranet • Persönliche Kontakte	Ist ein Zweitkorrektor/ -betreuer nötig? Wer benennt ihn?

Kann ich den/die Betreuer frei wählen?	• Ja • Nein	Möglicherweise gibt es einen bestimmten Pool aus Dozenten, die pro Semester für eine Betreuung in Frage kommen.
Kenne ich meinen (potenziellen) Betreuer?	• Direkt (z.B. durch Vorlesungen, Seminare, Exkursionen) • Indirekt (z.B. durch Ringvorlesungen, Kommilitonen)	-
Was weiß ich über die Betreuung?	• Sehr intensiv und strikt • Moderat • Sehr frei	Wie viel Flexibilität gibt es bei Änderungen (z.B. des Themas, der Fragestellung, der Methodik)?
Was weiß ich über die Erreichbarkeit bzw. Reaktionszeit auf Anfragen?	• Persönlich erreichbar • Nur über Distanz erreichbar (z.B. Mail/ Telefon/Skype) • Kaum erreichbar	Möchte der Betreuer regelmäßig Textentwürfe der Abschlussarbeit? Gibt er Feedback?
Was weiß ich über die Bewertung?	• Sehr fordernd und streng • Streng • Moderat • Entgegenkommend und flexibel	Passen unsere Ansprüche zusammen?

Wie funktioniert die Themenvergabe?	• Komplett freie Themenwahl • Auswahl aus vorgegebenen Themen/Themenfeldern • Zuteilung von Themen zu Studierenden	Gibt es Themen/Abschlussarbeiten, die sich aus Forschungsgruppen ergeben?
Gibt es Vorgaben des Lehrstuhls zur Art der Arbeit?	• Ja (z.B. Literaturarbeit, Praxisarbeit/Case Study, Empirische Arbeit) • Nein	-
Welche inhaltlichen/ methodischen Vorgaben hat der Lehrstuhl/ Betreuer)?	• Eigene Erhebung • Erarbeitung in einer Gruppe • Zusammenarbeit mit Praxisinstitution (z.B. Unternehmen) • Verfassen in einer Fremdsprache	-

ZUERST BETREUER ODER THEMA?

Diese Frage ist ein bisschen wie die Frage nach der Henne und dem Ei. Es gibt Hochschulen, an denen muss die Themenwahl und die konkrete Forschungsfrage mit dem Betreuer der Abschlussarbeit abgestimmt werden, es gibt jedoch genauso Hochschulen, an denen man sich mit einem Exposé oder einer ersten

Themeneingrenzung bei potentiellen Betreuern bewirbt. Daher ist es unglaublich wichtig, dass Du Dich vor der Recherche zu Themen und Betreuern genau informierst, was an Deiner Hochschule oder an Deinem Lehrstuhl üblich ist und wie in der Regel vorgegangen wird. So machst Du nichts umsonst und kannst Deine Zeit bestmöglich nutzen, um sowohl eine gute Wahl für einen Betreuer zu treffen als auch ein spannendes Thema für Deine Abschlussarbeit zu finden.

Was genau bei der Themenwahl zu beachten ist, wie man von einem Thema zu einer konkreten Forschungsfrage kommt und welche Dinge Du hier beachten solltest, zeigen wir Dir im nächsten Kapitel.

KAPITEL 5
FORSCHUNGS-FRAGE

In diesem Kapitel lernst Du u.a.:

- warum ein gutes Thema wichtig ist und wie Du es eingrenzt
- welche Arten von Forschungsfrage es gibt
- wie Du systematisch zu einer konkreten Frage kommst
- wie Du sowohl ohne Vorgaben als auch mit Themen- oder Fachvorgabe Deines Lehrstuhls zu einer guten Fragestellung kommst
- wieso Deine Forschungsfrage den Aufbau Deiner Arbeit bestimmt
- was der Unterschied zwischen Fragestellung und Zielsetzung Deiner Arbeit ist

5.1 DAS MYSTERIUM FORSCHUNGSFRAGE

Wir haben in den letzten Jahren hunderte Anfragen von Nutzern auf unseren Online-Plattformen erhalten, mit der Bitte, bei der Themenwahl zu helfen. Diese Zuschriften haben uns gezeigt, dass vor allem das Finden einer geeigneten Forschungsfrage Studierende bei Bachelor- und Masterarbeiten immer wieder vor Herausforderungen stellt: Wie genau grenze ich ein Thema ein? Worüber will ich eigentlich schreiben? Und welche Frage will ich überhaupt beantworten?

Dann ist dieses Kapitel genau das Richtige. Verzweiflung und Frust können mit unseren Tipps der Vergangenheit angehören, denn mit einem Verständnis der verschiedenen Fragetypen und einer guten Struktur kannst Du es schaffen, schnell und erfolgreich einen großen Themenbereich auf eine konkrete Forschungsfrage herunterzubrechen. Wie das geht und worauf Du achten musst, möchten wir Dir jetzt anhand von vielen Beispielen zeigen. Wir möchten verschiedene Fragearten beleuchten, Dir einen Einblick geben, in welchem Kontext sich welche Frage anbietet, was methodisch dahintersteht und wie Du Dich Schritt für Schritt vorarbeiten kannst. Wir haben uns bewusst für ein möglichst breites Spektrum an Studienfächern und Fachbereichen entschieden, um klar zu machen, dass hinter jeder guten Frage eine Systematik steht, die erlernbar und vielfältig anwendbar ist – ganz egal, ob Du Maschinenbau oder Psychologie studierst.

WARUM EIN GUTES THEMA SO WICHTIG IST

Möglicherweise hast Du Dir schon einige Zeit lang den Kopf zerbrochen, worüber genau Du eigentlich schreiben willst, oder aber, Du bist gerade erst am Anfang und hast noch keine Nächte voller Recherche hinter Dir. Ganz egal wo Du stehst – es hilft immer zu wissen, warum Du etwas tust. Auf den ersten Blick kann es so wirken, als wäre die Forschungsfrage nur eines von vielen Themen in Deiner Bachelorarbeit. Voreilig kommen viele zu dem Schluss, dass sie sich daher auch gar nicht so intensiv damit beschäftigen müssen, schließlich nehmen vor allem die Methodik und die Ergebnisse einen Großteil der Abschlussarbeit ein. Daher ist es direkt zu Beginn wichtig, zu verstehen, dass sich die meiste und intensivste Arbeit nicht auch automatisch in vielen Seiten widerspiegelt. Ein solides Thema und eine gut abgegrenzte Forschungsfrage machen es Dir im weiteren Weg Deiner Abschlussarbeit um einiges einfacher, als eine Forschungsfrage, über die Du nicht wirklich nachgedacht hast. Es ist daher also absolut sinnvoll, dass Du die Suche nach der perfekten Forschungsfrage ernst nimmst und hier auch entsprechend Zeit investierst. Wir garantieren Dir, dass es sich auf jeden Fall lohnen wird!

Abseits davon, dass Du mit einem guten Thema den Grundstein einer guten Arbeit legst, gibt es natürlich noch weitere Gründe, warum ein gutes Thema so wichtig ist. Du wirst viel Zeit in Deine Recherche investieren, um eine gute Grundlage an Wissen mitbringen, anschließend eine Forschungsfrage zu formulieren und im Anschluss daran, um eine gute Literaturübersicht zu verfassen. Ein gutes Thema ist also wichtig, da Du Dich sehr intensiv und über einen längeren Zeitraum hinweg damit befassen wirst, sehr viele kleine Teilbereiche eines großen Themas kennenlernen wirst und häufig auch Dinge mehrfach lesen musst, um dich an Details zu erinnern oder spannende Stellen zu zitieren. Ein gutes Thema ist also vor allem auch solch ein Thema, dass Dich persönlich und wissenschaftlich interessiert. Außerdem kann Dir ein gutes Thema helfen, Expertise und Fachwissen in einem ganz bestimmten Bereich zu erlangen – zum Beispiel in einer Verfahrenstechnik in den Ingenieurwissenschaften, in der Unternehmenssteuerung im Bereich BWL oder über einen bestimmten Autor in der Literaturwissenschaft. Dieses Wissen kann ein Türöffner sein für aufbauende Studiengänge – einen Master oder sogar für eine Promotion –, aber auch für Bewerbungen auf dem Arbeitsmarkt. Ein gutes Thema kann Dir also auch dabei helfen, Dich später als Experte zu positionieren.

5.2 FRAGETYPEN KENNENLERNEN

Für Deine Abschlussarbeit kannst Du auf eine große Menge von Fragetypen zurückgreifen. Du kannst eine Situation beschreiben (z.B. den Überblick über einen Forschungsbereich geben und deskriptive Fragen stellen), Du kannst versuchen, eine Erklärung zu finden (z.B. Aussagen über Ursache-Wirkungs-Beziehungen machen, erläuternde oder explorative Fragen stellen), Prognosen und Forecasts aufstellen, Dinge miteinander vergleichen oder auch einen bestehenden Sachverhalt kritisch analysieren und bewerten. Einige Beispiele, wie viele und welche Fragestellungen sich aus welchen Analysemethoden ergeben, zeigen wir Dir hier anhand des Themas „Social-Media-Marketing für Unternehmen im Mittelstand".

- Merkmals-Analyse (Welche Besonderheiten und Eigenschaften hat Thema XY? Welche Merkmale kennzeichnen Thema XY?)
    - Welche Merkmale/Charakteristika zeigen Social-Media-Profile von mittelständischen Unternehmen?

- Ursachen-Analyse (Welche Ursachen und Hintergründe hat das Thema XY?)
    - Welche Faktoren führten zu einer Marktführerschaft und gesteigerter Bekanntheit durch Social-Media-Marketing im Mittelstand?

- Vergleichs-Analyse (Welche Gemeinsamkeiten und Unterschiede gibt es bei Thema XY in z.B. Land A und B/Zeitraum A und B?)
    - Welche Gemeinsamkeiten und Unterschiede zeigen Mittelständler und Großkonzerne mit Blick auf ihre Social-Media-Marketing-Strategie?

- Wirkungs-Analyse (Welche Auswirkungen hat Thema X auf Y?)
    - Welche Auswirkungen/Effekte hat Social-Media-Marketing im Mittelstand auf das Online-Kaufverhalten von Personen zwischen 18 und 24?

- Bewertungs-Analyse/Evaluation (Wie kann Thema XY von A, B, C bewertet werden?)
    - Welche Auswirkungen / Effekte hat Social-Media-Marketing im Mittelstand auf Absatzzahlen?

- Potenzial-Analyse (Welches Potenzial bietet sich bei Thema XY?)
    - Was ist das Potenzial (Möglichkeiten und Grenzen) von Social-Media-Marketing für mittelständische Unternehmen?

- Case-Study/Erfahrungs-Analyse (Welche Erfahrungen gibt es mit Thema XY?)
    - Welche Erfahrungen wurden von Stakeholder XY mit Social-Media-Marketing im Mittelstand in Bezug auf Markenbekanntheit unter Jugendlichen gemacht?

- Evolutions-Analyse (Welche Veränderungen und Phasen gibt es bei Thema XY?)

- Welche Veränderungen und Phasen zeigt die Evolution / Entwicklung von einer Social-Media-Marketing-Kampagne im Mittelstand?

AUSBLICK FÜR DIE MASTERARBEIT

Im Bachelor bietet sich zu Beginn häufig eine Literaturarbeit an, also ein Überblick der Forschungsansätzen in einem Fachbereich zu einem Subthema. Eine Masterarbeit kann dann darauf aufbauen und versuchen, Zusammenhänge zu erkennen. Wenn man im Anschluss an den Bachelor eine Masterarbeit im selben oder einem sehr verwandten Bereich schreibt, dann kann man das Wissen und die Literatur aus der eigenen Bachelorarbeit nutzen und hat so schon einmal eine gute Grundlage.

SCHRITT 1: DIE RAHMENBEDINGUNGEN KLÄREN

Die Theorie kennst Du jetzt, nun geht es an die Praxis. Die ist oftmals komplexer und komplizierter und bildet daher hier den Hauptteil, indem wir Dich Schritt für Schritt durch die wichtigsten Stufen und Fragen auf dem Weg zu Deiner perfekten Fragestellung begleiten. Dafür beginnen wir nicht mit der Forschungsfrage und auch nicht mit der Themensammlung, sondern mit einem organisatorischen Thema, nämlich den Rahmenbedingungen Deiner Hochschule.

Die Forschungsfrage Deiner Bachelor- oder Masterarbeit ist zentraler Bestandteil und Ausgangspunkt Deiner Recherche und wissenschaftlichen Arbeit. Anhand Deiner Frage versuchst Du, ein bestimmtes Problem zu verstehen, Zusammenhänge zu erkennen und die wissenschaftliche Diskussion weiterzubringen. Auch hier gibt es vermutlich an jeder Hochschule eigene und immer etwas voneinander abweichende Regelungen, daher gilt auch hier der Rat: Informiere Dich bei Deinem Lehrstuhl, der Fachschaft oder ehemaligen Studierenden, die ihre Abschlussarbeiten beim selben Betreuer geschrieben haben. Der Spruch „Wissen ist Macht" galt nie mehr als jetzt. Mit Blick auf den Inhalt Deiner Arbeit bzw. die Fragestellung gibt es grundsätzlich zwei Extrema. Zum einen kann es sein, dass Die ein Betreuer zugeteilt wird (durch eine Vorauswahl von Dir oder durch ein Losverfahren), dieser aber leider in einem bestimmten Themengebiet forscht und auch schon eine mehr oder minder finale Forschungsfrage vorgibt. Auf der anderen Seite kann es sein, dass die komplette Organisation Dir überlassen ist, das heißt Du die freie Wahl bei Deiner Betreuung, dem Themenfeld und der finalen Fragestellung hast. Beide Seiten haben Vor- und Nachteile, derer Du Dir bewusst sein solltest. Die folgende Tabelle kann Dir dabei helfen:

Tabelle 14: Vor- und Nachteile von Themenvorgaben.

Vorteile	
Keine Vorgaben	**Strikte Vorgaben**
Freie Wahl nach eigener Interessen- und Wissenslage	Gute Orientierungshilfe
Einarbeitung in neue Themengebiete bei der Recherche nach Forschungsansätzen	Gerade bei breit angelegten Studiengängen von Vorteil zur Themeneingrenzung
Interdisziplinäre Verknüpfungen möglich	Wissenschaftliche Relevanz i.d.R. gegeben
Besonders in fortgeschrittener Forschung begrüßenswert (Masterarbeit)	Expertise häufig schon vorhanden (am Lehrstuhl, in der Betreuung, bei Doktoranden)

	Passgenaue Betreuung im Interessengebiet des Lehrstuhls
	Gut geeignet für den Einstieg (z.B. Bachelorarbeit)
	Häufig schon Quellen und Literatur vorhanden
Nachteile	
Keine Vorgaben	**Strikte Vorgaben**
Wenig Orientierungshilfe und Rahmenbedingungen	Kein Gestaltungsspielraum
Nicht immer passgenaue Betreuung möglich (z.B. durch Nischenthemen)	Kein Platz für eigene Interessen, Ideen und Präferenzen
Ggf. hohe Selbstständigkeit und Überzeugungskraft notwendig (um einen Betreuer vom Thema zu überzeugen)	Wenig Herausforderungen
	Klare Erwartungshaltung Dir gegenüber

Wie Du siehst gibt es für beide Seiten Vor- und Nachteile, und die Liste ließe sich sicherlich noch weiter ausbauen. Was wir Dir hiermit sagen wollen ist, dass es für eine sehr gute Abschlussarbeit keinen Unterschied macht, ob Du bereits sehr viel vorgegeben bekommst oder ob Du Dir alle Inhalte selber erarbeitest. Was zählt, ist einzig und allein die wissenschaftliche Qualität, die Nachvollziehbarkeit, die strukturierte Herangehensweise und Ausarbeitung Deines Themas. Lass Dir also nicht von Freunden aus anderen Studiengängen oder Hochschulen oder von Diskussionen im Internet einreden, dass es eine bessere und eine schlechtere Variante gibt. Es gibt zwei unterschiedliche Startpunkte, die jedoch zum selben Ziel führen: Deiner Abschlussarbeit. Das ist alles was zählt.

Auch wenn Deine Hochschule recht viele Vorgaben hat und Dir zum Beispiel einen Betreuer und ein Themenfeld zugeteilt, so ist es dennoch an Dir, ein Thema zu finden, eine geeignete Forschungsfrage zu formulieren und diese sinnvoll zu begründen. Nur, wenn Du einen Themenbereich ausreichend verstanden, durchdrungen und unterteilt hast, ist es sinnvoll, sich auf die Suche nach einer konkreten Frage zu begeben. Wie immer gilt es hier: Je spezifischer, desto besser. Natürlich ist es nicht völlig unmöglich mit einem breiten Thema eine gute Abschlussarbeit zu schreiben. Du sparst Dir allerdings jede Menge Sorgen und auch Arbeitsstunden, wenn Du schon zu Beginn möglichst konkret bist. Hier daher einige grundlegende Hinweise sowie gute und schlechte Beispiele zur Veranschaulichung.

Tabelle 15: Vergleich guter und schlechter Forschungsfragen.

Gute Forschungsfragen	Schlechte Forschungsfragen
...sind formuliert als W-Frage (z.B. Warum? Was? Wie?)	...treffen bereits Aussagen (z.B. Warum ist es so, dass...?)
...können Unterscheidungen sichtbar machen (z.B. von anderen Arbeiten und Artikeln)	..-sind zu vage und unkonkret (z.B. Welchen Nutzen hat die Menschheit von Bildung?)

Beispiele für eine gute Forschungsfrage sind:

- Welche Herausforderungen und Chancen ergeben sich bei der Bilanzierung von Kryptowährungen?
- Welche Kompetenzen von Führungskräften sind erfolgsrelevant in Change-Management-Prozessen in Familienunternehmen?

- Wie wirken sich Attraktivität, Expertise, Prominenz sowie Geschlecht einer Person auf deren wahrgenommene Glaubwürdigkeit aus?

Beispiele für eine schlechte Forschungsfrage sind:

- Warum ist es so, dass Frauen in Führungspositionen weniger Geld verdienen als Männer?
    - Mögliche Verbesserung: Nicht mit einer Annahme starten, sondern Faktoren untersuchen, die diese Annahme bestätigen oder widerlegen könnten. Außerdem konkreter werden, z.B.: „Welche Faktoren beeinflussen die Bezahlung von Führungskräften im Vergleich zwischen Männern und Frauen?“
- Welchen Einfluss hat das Gesundheitssystem auf die Anzahl an Kranken in einem Land?
    - Mögliche Verbesserung: Konkrete Aspekte aus dem Gesundheitssystem heraussuchen und auf ein Krankheitsbild fokussieren, z.B.: „Welchen Einfluss hat die Zuzahlung zu Sportprogrammen von gesetzlichen Krankenkassen auf die Anzahl an Diabetes Typ II Erkrankten in Deutschland?”

Die Bewertungskriterien für die Forschungsfrage Deiner Abschlussarbeit sollten natürlich ebenfalls eine Rolle dabei spielen, wie genau Du diese formulierst, denn schließlich möchtest Du nicht nur bestehen, sondern idealerweise die Bestnote dafür erhalten. Deshalb werfen wir einmal einen Blick darauf, was eine Fragestellung für welche Note leisten muss. Zwar können die für Dich geltenden Kriterien Deiner Hochschule minimal von den hier genanntem (Uni Heidelberg) abweichen, aber grundsätzlich werden Fragestellung innerhalb einer Abschlussarbeit schon relativ einheitlich bewertet. Die folgenden Tabelle liefert Dir eine genauere Übersicht.

Tabelle 16: Bewertungskriterien für Forschungsfragen.

Note	Kriterien
Sehr gut	Präzise und beantwortbare Fragestellung. Sehr gute Berücksichtigung des wissenschaftlichen Kontextes (Forschungsstand).
Gut	Eingrenzung des Themas auf beantwortbare Fragestellung. Bezug zum wissenschaftlichen Kontext.
Befriedigend	Wahl einer beantwortbaren Fragestellung. Oberflächliche Bezugnahme auf den wissenschaftlichen Kontext.
Ausreichend	Nur grobe Eingrenzung der Fragestellung/ lediglich Themenstellung. Oberflächliche Bezugnahme auf den wissenschaftlichen Kontext.
Nicht ausreichend	Unpräzise und im Rahmen der Arbeit nicht beantwortbare Fragestellung. Unklarer Bezug zum wissenschaftlichen Kontext.

Quelle: Universität Heidelberg, Kriterien für die Bewertung von Seminararbeiten/Abschlussarbeiten (Orientierungshilfe).

SCHRITT 2: IDEEN SAMMELN

Bevor Du also eine konkrete Frage entwickelst, brauchst Du zumindest ein grobes Thema bzw. einen Themenbereich, in welchem Du Deine Abschlussarbeit schreiben möchtest. Mit Blick auf die Themenwahl sind verschiedene Aspekte wichtig, Die Du in Betracht ziehen solltest, wenn Du Dich für das eine und damit auch gegen ein anderes Thema entscheidest. Da diese Entscheidung gut durchdacht sein sollte, möchten wir Dir die wichtigsten Kriterien bei dieser Entscheidung hier einmal genauer vorstellen.

INTERESSE

Keine Frage, eine Abschlussarbeit ist in der Regel nichts, wovon man auch in einigen Jahrzehnten noch seinen Enkelkindern erzählt. Du musst also nicht wahnsinnig für Dein Thema brennen oder Dich schon seit der Kindheit intensiv damit beschäftigt haben. Dennoch hilft es – und hier wollen wir Dir nicht vormachen –, wenn Du ein gewisses Interesse am Thema mitbringst bzw. ein Thema findest, was spannende Perspektiven bereithält. Folgende Leitfragen können Dir dabei helfen, ein solches Thema oder einen gröber gefassten Themenbereich zu finden:

- Welche Module haben Dir Spaß gemacht?
    - In den meisten Studienfächern bauen die späteren Module in höheren Semestern auf den Grundlagenvorlesungen der ersten Semester auf, sodass sich gerade aus den Modulen zum Ende Deines Studiums häufig konkretere Fragen ableiten lassen als aus den Einführungsvorlesungen. Selbstverständlich kannst Du jedoch auch Kurse aus den ersten Semestern als Grundlage Deiner Recherche nehmen und Dir dort spannende Themengebiete heraussuchen.
- Welche Themen fandest Du spannend (z.B. aus Referaten, Hausarbeiten oder einem Praktikum?)
- Worin war und bist Du gut?
- In welchem Bereich möchtest Du noch tiefere Einblicke gewinnen?
- Zu welchem Thema möchtest Du noch mehr wissen?
- Was sind aktuelle Trends? Themen in der Presse?
    - Hier kannst Du Dir ganz aktuelle Themen anschauen, die jetzt gerade mediale Aufmerksamkeit bekommen. Doch auch Themen der vergangenen zwei bis drei Jahre gelten in der Wissenschaft in der Regel noch als „aktuell“.

BEZUG

Neben einem grundlegenden Interesse ist außerdem die Frage nach einem relevanten Bezug wichtig. Dafür hilft es, sich mit folgenden Fragen auseinanderzusetzen:

- Welchen Fach- oder Themenbereich kannst Du Dir für die Zeit nach der Abschlussarbeit vorstellen?
- Gibt es Themen, die Dir für einen späteren Berufseinstieg oder für Werkstudentenstellen einen Mehrwert und Anknüpfungspunkte bieten?
- Ist es von Vorteil, schon in einer Abschlussarbeit bestimmte wissenschaftliche Methoden angewendet zu haben (z.B. qualitative Interviewführung oder Datenauswertung mit SPSS und STATA)?
- Hast Du andere Bezugspunkte, zum Beispiel durch ein Familienunternehmen oder einen Betrieb?

Für Masterstudierende, die an der Hochschule ihres Bachelors geblieben sind, kann es außerdem wichtig sein, zu schauen, ob es Professoren oder Lehrstühle gibt, mit denen Du gute Erfahrungen gemacht hast. Möchtest und kannst Du für Bachelor- und Masterarbeit denselben Betreuer oder dasselbe Betreuerteam wählen? Warst Du studentische oder wissenschaftliche Hilfskraft und kannst hier auf bestehende Kontakte zurückgreifen?

ANKNÜPFUNGSPUNKTE

Der Bezug zu einem Thema oder Fachbereich ist ebenso wichtig wie bereits existente oder potenziell mögliche Anknüpfungspunkte. Häufig findet man bei genauerem Nachdenken und in der Unterhaltung mit Freunden und Kommilitonen mehr Anknüpfungspunkte als gedacht, sodass sich folgende Fragen anbieten:

- Kann ich an Themen früherer Bachelor- und Masterarbeiten meines Lehrstuhls anknüpfen?
    - Häufig gibt es auf der Internetseite des Lehrstuhls (oder analog dazu an einem schwarzen Brett in der Hochschule) eine Übersicht bereits geschriebener Abschlussarbeiten. Falls das nicht der Fall ist, lohnt es sich, bei einigen Professoren nachzufragen. Sollte Dein Fachbereich oder Dein Studiengang aktiv bei Facebook oder LinkedIn und XING sein (z.B. in internen Gruppen), dann kannst Du natürlich auch in diesen Foren nach Inspiration fragen.
- Welche Experten gibt es an meiner Hochschule?
    - Ist mein Lehrstuhl bekannt für ein bestimmtes Thema, eine bestimmte Epoche oder eine bestimmte Methode?
- Gibt es Themen, die sich aus Praktika und Praxisprojekten ergeben haben?
- Gibt es Themenvorschläge meines Professors?
- Woran wird an meinem Lehrstuhl gerade geforscht?
    - Kann man an bereits existenten Projekten mitwirken?
    - Worüber schreiben Kommilitonen?
    - Für Masterarbeiten: Kann ich auf meiner Bachelorarbeit oder bestimmten Hausarbeiten aus dem Bachelor aufbauen?

AKTUALITÄT UND RELEVANZ

Neben einem Interesse, sowie Bezugs- und Anknüpfungspunkten ist auch das Thema Aktualität nicht zu vernachlässigen, auch wenn es in vielen Forschungsbereichen nicht vordergründig erwähnt wird. Ein Blick in die Tageszeitung oder in aktuelle Journals aus dem eigenen Fachbereich kann jedoch helfen, ein Gefühl für relevante Themen zu bekommen, mit denen man sich im Rahmen einer Abschlussarbeit noch genauer auseinandersetzen könnte. Du könntest Dich zum Beispiel fragen:

- Was passiert gerade im Tagesgeschehen, was für die Wissenschaft von Relevanz sein kann?
- Gibt es popkulturelle Themen, die ich aufgreifen bzw. mit meinem Fachbereich verbinden kann?
  - z.B. die Darstellung bestimmter Berufsgruppen in Filmen oder das Geschlechterbild in Serien.
- Welche Literatur ist kürzlich in meinem Fachbereich erschienen?
  - Hier hilft ein Blick in Journals aus dem eigenen Fachbereich oder Onlinesuchen auf Seiten wie Google Scholar oder ResearchGate.

Anhand eines konkreten Beispiels aus dem Bereich der Wirtschaftswissenschaften möchten wir Dir den Prozess der Themen- und Fragesuche einmal exemplarisch vorstellen und durchspielen. Die Methoden kannst Du dabei auf jedes beliebige Forschungsfeld anwenden.

BRAINSTORMING

Niemand fängt damit an, sich aus dem Nichts eine konkrete Frage auszudenken. Das mag zwar möglich sein, doch bringt meistens mehr Probleme als Erfolge mit sich. Wir empfehlen Dir daher, in einem strukturierten Prozess einen Themenbereich immer weiter herunterzubrechen, bis Du am Ende einen kleinen Teilbereich gefunden hast, der relevant ist, dich interessiert und aus dem man eine Forschungsfrage entwickeln kann. Gerade wenn Du kaum Vorgaben von Deiner Hochschule bekommst, kann es sich lohnen, mit einem Brainstorming-Prozess anzufangen.

Ein Brainstorming ist ein ungeordnetes und unstrukturiertes Sammeln von allen Begriffen und Themen, die Dir ohne zusätzliche Recherche in den Kopf kommen. Hierfür solltest Du maximal 30 Minuten verwenden, um Dich nicht in Details zu verlieren. Natürlich fängst Du als BWL-Student nicht mit dem Oberthema „Wirtschaft" an und brichst es herunter, da dieser Prozess viel zu viel Zeit in Anspruch nehmen würde. Vermutlich hast Du in Deinen letzten Semestern schon einige Schwerpunkt- oder Wahlmodule gehabt, in denen Du Dein Wissen in verschiedenen Bereichen vertiefen konntest. In unserem Beispiel folgen wir einem Studierenden, der im Wirtschaftswissenschaften-Bachelor ist und in den letzten Semestern „Investition und Finanzierung", sowie „Internationalen Handel" als Schwerpunkte gewählt hat. Da ihn dieser Bereich besonders interessiert, fängt er mit dem Oberthema „Investitionen" an zu brainstormen.

EXPERTENTIPP: VISUALISIERUNGEN NUTZEN

Benutze Post-Its, Karteikarten, Whiteboards, Metaplanwände oder Flipcharts oder auch einfach nur leeres Papier und Plakate, zur besseren Sichtbarkeit deiner Ideen. Diese kannst Du in Deinem Zimmer oder Büro hängen lassen, damit Du immer wieder im Vorbeigehen daran erinnert wirst und spontan neue Einfälle hinschreiben kannst. Selbstverständlich kann man Brainstorming-Prozesse heutzutage auch digital abbilden, unter anderem mit Tools wie Mindmeister (für Mindmaps) oder Miro (für kollaboratives Brainstorming). Diese sind in ihren Grundfunktionen in der Regel kostenlos, und vielleicht bietet die IT-Abteilung Deiner Universität sogar einen Premiumzugang zu solch einem Tool an.

Folgende Begriffe und Impulse hat unser Student in seinem 30-minütigen Brainstorming zum Thema „Investitionen“ gefunden:

Abbildung 2: Brainstorming am Beispiel „Investitionen“.

CLUSTERN

Im zweiten Schritt geht es darum, zu diesen Ideen und Begriffen Beziehungen zu finden und Verbindungen herzustellen.

- Wo gibt es Verbindungen zwischen den Begriffen?
  - z.B. „Sonderwirtschaftszone“ hängt mit „Steuern“ und „Zöllen“ zusammen.
- Wie sehen diese Verbindungen aus?
  - z.B. Sonderwirtschaftszone bestimmt die Zölle; Rechtliche Rahmenbedingungen sind eine Voraussetzung der Geldpolitik durch die EZB; BIP und Wohlstand treten (i.d.R.) immer zusammen auf.

Der Hintergrund des Clusterns ist es, Ordnung zu schaffen und Themen miteinander verbinden, um (a) die Möglichkeit zu nutzen das endgültige Thema zu finden, mit dem man sich auseinandersetzen möchte und (b) konkrete Fragestellungen zu Zusammenhängen zu entwickeln, die sich im Cluster ergeben.

Lass Dir für das Brainstormen und Clustern gerne ein paar Tage Zeit und komm immer wieder zu Deinen Ergebnissen zurück. Häufig kommen spannende Themen, Inhalte oder Verbindungen zwischendurch im Alltag, wenn Du gerade einen Zeitungsartikel liest, im Netz stöberst oder Dich mit Freunden unterhältst. Sei offen für verrückte Ideen und bring erst einmal alles zu Papier, damit Du im Anschluss aus einer möglichst breiten und vielfältigen Auswahl an Begriffen zu Deinem Oberthema eine Auswahl treffen kannst bzw. diese priorisierst.

In unserem Beispiel wurde z.B. das Zusammenspiel aus Zöllen und ausländischem Direktinvestment (FDI) als spannend betrachtet, und zwar mit einem Fokus auf den USA. Das große Oberthema „Investitionen“ hat somit schon eine viel deutlichere Gestalt angenommen. Bevor wir weiter an diesen Ideen arbeiten, möchten wir jedoch kurz einen sehr wichtigen Punkt anbringen, nämlich die Zielsetzung.

SCHRITT 3: DEINE ZIELSETZUNG FINDEN

Nachdem Du die zentralen Fragetypen kennengelernt hast und auch schon erste Ideen zum Brainstorming Prozess bekommen hast, geht es bei einer guten Abschlussarbeit immer auch darum, einen sogenannten Erkenntnisgewinn für die Wissenschaft zu finden. Auch wenn viele denken, dass Forschungsfrage und Zielsetzung im Kern dasselbe sind, so gibt es doch kleine aber feine Unterschiede, die Du beachten solltest, um das Beste aus Deiner

Arbeit rauszuholen. Deine Forschungsfrage fragt in der Regel nach einem konkreten Problem, während es bei der Zielsetzung darum geht, den größeren Forschungszusammenhang zu adressieren. Hier dreht es sich also mehr darum, wie sich Deine Arbeit und Deine gewonnenen Erkenntnisse in den Kontext der Wissenschaft bzw. in Deinen Forschungsbereich einbetten lassen können. Die Zielsetzung legt zum Beispiel fest, einen Zusammenhang zwischen zwei Sachverhalten zu untersuchen, verschiedene Positionen zu vergleichen oder Argumente zu diskutieren. Weiter gefasst kann (und sollte) es die Zielsetzung Deiner Arbeit sein, aktiv einen Diskurs mitzugestalten oder einen Beitrag zum Verständnis eines bestimmten Forschungsbereichs zu leisten. In einigen Fällen – je nach Fachbereich – gibt es dabei direkte oder indirekte Adressaten einer Arbeit.

Wenn Du zum Beispiel in den Wirtschaftswissenschaften über Zollregularien schreibst (wie im vorangegangenen Beispiel), dann könnten sich aus Deinen Ergebnissen Empfehlungen für Ministerien oder die Regierung ergeben. Ähnlich sieht es aus, wenn Du in den Politikwissenschaften zum Demokratieverständnis von jungen Menschen forscht oder Du Dich in den Medienwissenschaften mit dem Nutzungsverhalten in sozialen Medien auseinandersetzt. Selbstverständlich ist ein großer Adressat auch immer die Wirtschaft – gerade, wenn Du in Kooperation mit einem Unternehmen schreibst. Dort gibt es häufig ein großes Interesse und eine konkrete Zielsetzung, wenn Du zum Beispiel als Psychologie-Student die Bekanntheit verschiedener Marken untersuchst oder als Informatiker die IT-Sicherheit von Programmen vergleichst.

Wir empfehlen Dir, dass Du Dir die Zielsetzung Deiner Arbeit im Schreibprozess immer wieder in Erinnerung rufst. Das kann einerseits Deine Motivation steigern und andererseits dafür sorgen, dass Du nicht den roten Faden verlierst und stattdessen zusammenhängend und kohärent schreibst. Sprich auch mit Deinem Betreuer und möglichen Unternehmenspartnern offen und frühzeitig über die Zielsetzung, denn nur, wenn Deine Betreuer dasselbe Verständnis Deiner Abschlussarbeit haben wie Du, wirst Du Bestnoten erreichen können. Eine transparente Kommunikation ist im gesamten Schreib- und Arbeitsprozess unerlässlich.

5.3 VOM THEMA ZUR FRAGESTELLUNG

Damit Du von einem großen Thema zu einer konkreten Fragestellung kommen kannst, die sich für eine Abschlussarbeit eignet, musst Du nun Dein Thema weiter eingrenzen.

EXPERTENTIPP: FRAGEN, FRAGEN, FRAGEN

Es ist nicht immer einfach, von einem sehr breiten Thema zu einer sehr speziellen Forschungsfrage zu kommen, die dann auch noch einen Mehrwert für die Wissenschaft bietet und nicht bereits zuvor in den vielen tausend Abschlussarbeiten behandelt wurde. Nimm Dir hier Deinen Betreuer als Experten zur Hand, denn er kennt sich nicht nur thematisch sehr gut aus, sondern hat in der Regel auch vor Dir schon viele Bachelor- und Masterstudierende betreut und weiß daher, was wichtig auf dem Weg zu einer guten Forschungsfrage ist. Zusammen könnt ihr abstecken, welcher Themenbereich sinnvoll ist, wie sich daraus detaillierte Fragen entwickeln lassen und was realistisch ist für eine Abschlussarbeit. Du bist also nicht alleine in diesem Prozess – nutze diese Chance!

Damit Du das Beste aus den Gesprächen mit Deinem Betreuer mitnimmst, solltest Du Dich gut vorbereiten und konkrete Fragen oder Herausforderungen mitbringen, die Dich gerade beschäftigen. Im Folgenden findest Du daher konkrete Anregungen und Impulse, die Dir bei der Eingrenzung und bei der Fragefindung helfen können.

SCHRITT 1: EINGRENZEN

Beim Eingrenzen eines Themenbereichs geht es darum, sich einen Teilbereich herauszusuchen und innerhalb dieses Bereichs konkrete Punkte und Ansätze zu finden, zu denen man forschen kann. Es ist völlig natürlich, in diesem Prozess große andere Themen außer acht zu lassen. Hab also keine Angst davor, nicht alles abzudecken, denn das ist gar nicht das Ziel Deiner Abschlussarbeit. Es geht nicht darum, dass Du alles Wissen der Welt zum Marketing-Mix sammelst und präsentierst, sondern viel mehr, dass Du Dir beispielsweise ausschließlich die Preispolitik im Mittelstand in einem Oligopol anschaust und hier Verbindungen zum Unternehmenswachstum herstellst. Da wir wissen, dass vielen das Eingrenzen besonders schwerfällt, haben wir hier einige Beispiele und Kriterien ausgewählt, die Dir zeigen sollen, wie man relativ simpel ein sehr großes Thema in Abstufungen herunterbrechen kann.

Beispiel 1: Betriebswirtschaftslehre
→ Eingrenzung 1a: Personalmanagement
  → Eingrenzung 1b: Einstellungsverfahren
    → Eingrenzung 1c: Assessment-Center
→ Eingrenzung 2a: Öffentlicher Dienst
  → Eingrenzung 2b: Ministerien
→ Eingrenzung 3a: Deutschland
  → Eingrenzung 3b: NRW

Für diese Abschlussarbeit ist das Themengebiet innerhalb der BWL als Personalmanagement mit einem Schwerpunkt im Bereich der Einstellungsverfahren. Das genaue Thema ist die Entwicklung von Assessment-Center für den Öffentlichen Dienst mit einem Fokus auf Ministerien in Nordrhein-Westfalen. So eingegrenzt ist das Thema schon viel konkreter und praxistauglicher.

Beispiel 2: Politikwissenschaften
⟶ Eingrenzung 1a: Klimapolitik
⟶ Eingrenzung 1b: Erneuerbare Energien
⟶ Eingrenzung 1c: Windkraft
⟶ Eingrenzung 2a: Deutschland
⟶ Eingrenzung 2b: Bundesregierung
⟶ Eingrenzung 2c: Kabinett Merkel II
⟶ Eingrenzung 3a: Rechtliche Regulierungen
⟶ Eingrenzung 3b: Anreize zur Energiewende

In dieser Arbeit aus dem übergeordneten Fachbereich Politikwissenschaften ist das Thema Klimapolitik, genauer gesagt erneuerbaren Energien. Betrachtet wird dabei nur die deutsche Bundesregierung im Kabinett Merkel II. Die exakte Forschungsfrage lautet: „Wie haben sich die rechtlichen Anreize zur Energiewende unter dem zweiten Merkel-Kabinett auf den Ausbau der Windkraft in Deutschland ausgewirkt?" Wieder ist aus den ersten groben Schlagworten so eine handfeste und im Rahmen einer Abschlussarbeit auch beantwortbare Frage entstanden.

Beispiel 3: Informatik
⟶ Eingrenzung 1a: IT
⟶ Eingrenzung 1b: Maschinelles Lernen
⟶ Eingrenzung 1c: Künstliche Intelligenz
⟶ Eingrenzung 2a: Transport
⟶ Eingrenzung 2b: Öffentlicher Verkehr
⟶ Eingrenzung 2c: Deutsche Bahn

→ Eingrenzung 3a: Probleme
→ Eingrenzung 3b: Unpünktlichkeit
→ Eingrenzung 3c: betriebsbedingt

Eine mögliche Forschungsfrage im Bereich des maschinellen Lernens und KI, die sich hieraus ergibt, lautet: „Wie und mit welcher Genauigkeit können betriebsbedingte Zugverspätungen der Deutschen Bahn mit Hilfe der Anwendung von maschinellem Lernen vorhergesagt werden?"

Diese Beispiele haben verdeutlicht, wie eine Themeneingrenzung im Detail funktionieren kann. Ganz grundlegend gibt es natürlich viele Aspekte, anhand derer man ein Themengebiet weiter eingrenzen kann. Die drei wichtigsten bzw. am häufigsten gewählten sind dabei allerdings Raum, Zeit, und Quellen.

Bei einer zeitlichen Eingrenzung geht es darum, dass man sich ein Phänomen oder einen Zusammenhang nicht allgemein anschaut, sondern nur zu einer bestimmten Zeitperiode. Am häufigsten kommen dabei verschiedene Jahre vor, das heißt beispielsweise die Zeitperiode von 1990 bis 2000. Möglich ist es aber auch, sich Ereignisse oder große Veränderungen als Anhaltspunkt zu nehmen, um etwas zeitlich zu untersuchen. In den Politikwissenschaften kann man so zum Beispiel verschiedene Regierungen miteinander vergleichen, wie z.B. das Kabinett Merkel II und das Kabinett Kohl II oder die Zeit vor und nach dem Mauerfall. Im Bereich der Wirtschaftswissenschaften oder im Finanzbereich kann es sinnvoll sein, sich die Entwicklung nach der Einführung relevanter Finanzregularien anzuschauen, zum Beispiel die ersten fünf Jahre nach der Einführung des Europäischen Stabilitätsmechanismus. In den Regionalwissenschaften oder mit Blick auf Entwicklungshilfe können auch Naturereignisse, wie ein Erdbeben oder ein Tsunami zeitliche Anhaltspunkte geben, um eine Forschungsfrage einzugrenzen.

Bei einer räumlichen Eingrenzung geht es darum, sich einen bestimmten geografischen Bereich herauszusuchen, den man genauer untersuchen möchte. Wie groß dieser Raum ist hängt vor allem von Deiner Thematik ab, sodass es in einem interkulturellen Vergleich schon ausreichend sein kann, Asien als Kontinent zu betrachten, während Unterschiede zwischen einzelnen Ländern eines Kontinents vor allem bei wirtschaftlichen Fragestellungen oder bei politischen Themen von Bedeutung sein können. Ein Beispiel hier kann die Frage sein, welchen Einfluss Handelszölle haben. Diesen recht großen Themenbereich kannst Du räumlich eingrenzen, in dem Du Dir zum Beispiel nur den Einfluss von Zöllen in China anschaust, und dort das Mainland China mit der Sonderverwaltungszone Hongkong vergleichst. Eine weitere Eingrenzung, die sich hier für Dich anbietet – wie bei anderen Themen auch -, ist ein Vergleich über verschiedene Branchen und Industriesparten hinweg.

Abseits von räumlicher und zeitlicher Eingrenzung kannst Du auch verschiedene Quellentypen miteinander vergleichen, um Dein Thema so spezifischer zu definieren. Eine mögliche Abschlussarbeit kann sich zum Beispiel mit der Wahrnehmung der Weltwirtschaftskrise in amerikanischen Medien gegenüber der Wahrnehmung in deutschen Medien befassen. In den Sozialwissenschaften könnte hier auch das Rollenbild der Frau in Quellen von 1950 mit dem Rollenbild der Frau in Quellen aus den 2010er Jahren verglichen werden.

Du solltest für Deine Abschlussarbeit also den Tipp mitnehmen, dass sich jedes Thema, egal, wie kleinschrittig Du es vielleicht schon strukturiert hast, an Hand der drei Aspekte Zeit, Raum und Quellen fast immer nochmals genauer herunterbrechen lässt. Somit helfen Dir diese drei Punkte auch schon zu Beginn enorm, um von einem großen allgemeinen Thema zu einer konkreten Forschungsfrage zu kommen.

Erinnerst Du Dich noch an die Beispielfrage, die wir oben abgebildet haben, um die verschiedenen Fragetypen zu erklären? Die Frage lautete: „Wie hat sich die Arbeitskräftemobilität in der EU seit 2004 verändert?“ – wirf gerne auch noch einmal einen Blick auf Seite 114 zur Übersicht der verschiedenen Fragetypen.

Eine Forschungsfrage zeichnet sich dadurch aus, dass sie genau und präzise formuliert ist, sodass sich deine ursprüngliche Forschungsfrage noch weiter differenzieren lässt, damit aus einer guten eine sehr gute Frage wird. Die Differenzierung hängt natürlich von möglichen Vorgaben Deiner Hochschule ab, ist aber vor allem auch getrieben von Deinen Interessen und den Themenbereichen, die Du spannend findest.

So könntest Du in diesem Fall die Arbeitskräftemobilität in der EU untersuchen mit Blick auf:

- einzelne Mitgliedsländer (z.B. Italien oder Deutschland)
- konkrete Unternehmen, die Niederlassungen in mehreren EU-Ländern haben (z.B. Hella oder Google)
- einen konkreten Zeitraum (z.B. zwischen 2010 und 2015)
- ein einschneidendes Ereignis (z.B. vor und nach der globalen Finanz- und Wirtschaftskrise 2008/09)
- ein konkretes EU-Unternehmensförderprogramm.

Je mehr Aspekte Du kombinierst, desto spezifischer wird Deine Frage, was in diesem Kapitel das Hauptziel darstellt. Wendet man die obigen Schritte auf die ursprüngliche und allgemein formulierte Frage an, könnte diese am Ende beispielsweise folgendermaßen lauten: „Welche Auswirkung hatte die globale Finanz- und Wirtschaftskrise auf die Arbeitskräftemobilität des Automobilzulieferers Hella im EU-Land Polen?” Je öfter Du dieses Herunterbrechen und Konkretisieren anhand der hier gezeigten Beispiele nachvollziehst, umso besser wirst Du auch darin, Deine eigene Forschungsfrage zu präzisieren.

EXPERTENTIPP: NIMM NICHT DEIN LIEBLINGSTHEMA

Dieser Tipp mag auf den ersten Blick seltsam klingen – schließlich sollte eine Abschlussarbeit doch vor allem inhaltlich auch Spaß bringen. Tatsächlich ist er aber durchaus berechtigt und wichtig. Such Dir ein Thema, das Dich interessiert, aber kein absolutes Herzensthema ist. Wir wollen ehrlich mit Dir sein: Es wird Phasen geben, trotz guter Planung, einem strukturierten Vorgehen und einer tollen Betreuung, in denen Du Deine Abschlussarbeit am liebsten verbrennen, zerreißen oder zumindest für sehr lange Zeit in den Keller legen möchtest. Tue Dir daher selber den Gefallen und durchlaufe diesen Prozess nicht mit einem absoluten Lieblingsthema, denn daran solltest Du auch nach einer Bachelor- oder Masterarbeit noch Spaß haben. Eine Abschlussarbeit kann in Teilen sehr emotional werden. Gerade in stressigen Phasen vor einem wichtigen Meilenstein oder direkt vor der Abgabe kann ein Herzensthema schnell zu emotional werden – und so möglicherweise für immer mit negativen Emotionen assoziiert werden.

SCHRITT 2: RESSOURCEN CHECKEN

Nachdem Du Dich ein bisschen genauer mit der Eingrenzung eines Themas befasst hast, empfehlen wir Dir, im nächsten Schritt die wichtigsten Ressourcen zu checken bzw. darüber nachzudenken, wo hier Herausforderungen auf Dich zukommen könnten. Die beiden wichtigsten Kriterien zur Wahl eines Themas sind hier nämlich der Zugang und die Verfügbarkeit von Ressourcen.

Die Frage des Zugangs bezieht sich vor allem auf Quellen, die Du brauchen wirst, um ein anständiges und wissenschaftlich hochwertiges Literaturverzeichnis nachweisen zu können. Eine zentrale Frage ist es daher, ob es ausreichend Literatur in Deiner Muttersprache gibt (bzw. in einer Sprache, die Du auf wissenschaftlichem Niveau lesen und schreiben kannst). Solltest Du Deine Abschlussarbeit in einer Fremdsprache schreiben, ist dieser Punkt selbstverständlich noch relevanter. Keine Sorge: Eine sehr gute Bachelorarbeit kannst Du einzig und allein mit deutschen Quellen schreiben. Solltest Du doch zu einem ganz bestimmten Teilbereich nicht auf Anhieb eine deutsche Quelle finden, dann gibt es in 99% der Fälle einen englischen Text, sodass Du in der Regel kein Problem haben solltest, an ausreichend hochwertige Literatur zu kommen. Solltest Du Dir jedoch einen besonderen regionalen Fokus legen oder in einem Bereich schreiben wollen, der vor allem von spanischsprachiger oder französischsprachiger Forschung dominiert wird, dann ist es ratsam, die jeweilige Sprache zumindest auf einem sehr hohen Grundlagenniveau zu beherrschen, um keine aktuellen Erkenntnisse und Ergebnisse zu verpassen.

Solltest Du qualitativ forschen wollen, also beispielsweise Interviews führen, dann ist selbstverständlich auch hier eine Sprachbarriere möglich, die man vermeiden oder frühzeitig einplanen sollte. Hier kann sich der Zugang zu Quellen auch erschweren, wenn Du im Rahmen Deiner Abschlussarbeit Personen interviewen möchtest, die Du nicht persönlich kennst – wenn Du beispielsweise die Rolle von CFOs in DAX-Unternehmen bei Übernahmeprozessen erklären möchtest, den Einfluss von Lobbyingverbänden auf die europäische Gesetzgebung oder die Flucht- und Kriegserfahrung von Kindersoldaten. All diese Themen sind unheimlich spannend und können einen klaren Mehrwert für Deinen Forschungsbereich bieten (Stichwort: Zielsetzung), sind aber möglicherweise nur mit großen Kosten und Mühen zu bewältigen. Auch hier gilt die Regel: Sprich mit Deinem Betreuer. Wenn Du das Gefühl hast, dass es möglicherweise Probleme geben könnte bei der Suche nach passender Literatur oder Gesprächspartner dann sprich es an, sodass Dein Betreuer die Möglichkeit hat, Dir Alternativen zu nennen oder Dir anderweitig zu helfen.

Mit Blick auf die Ressourcen solltest Du außerdem die Faktoren Zeit und Geld im Hinterkopf behalten, wenn Du Dich auf ein Thema und eine Forschungsfrage festlegst. Solltest Du Umfragen oder Experimente durchführen wollen, oder ein Labor benötigen, dann musst Du entsprechend Zeit für die Teilnehmerrekrutierung, die Erhebung und Auswertung einplanen, was je nach Zeitplan Deiner Hochschule zu ambitioniert sein kann.

Für eine erste Recherche empfehlen wir Dir daher, die gängigen Onlinebibliotheken nach Themenstichpunkten zu durchsuchen, die Dich interessieren. So bekommst Du recht schnell ein gutes Gefühl dafür, welche Subthemen und Forschungsansätzen es in diesem Bereich gibt, welchen Fragen nachgegangen wird und wie spezifisch eine Themeneingrenzung stattgefunden hat.

EXPERTENTIPP: KEYWORDS UND TAGS NUTZEN

Die meisten Onlinebibliotheken und wissenschaftliche Journals nutzen Keywords und Tags, um Bücher, Artikel und Inhalte zu markieren. Anhand dieser Tags kannst Du schnell und unkompliziert relevante Literatur zu einem Thema finden, ohne nach konkreten Titeln oder Forschungsfragen suchen zu müssen.

Wenn Du beispielsweise das Thema ausländischer Investitionen – wie bereits oben exemplarisch durchgespielt – spannend findest und weiterverfolgen möchtest, dann findet man folgende Titel von Veröffentlichungen und Tags bei gängigen Literauturrechercheportalen wie Google Scholars o.ä.:

- "Determinants of foreign direct investment at the regional level in China"
  - China, Regional Development, Direct Investment
- „Union avoidance and foreign direct investment in the USA"
  - Foreign Investment, Trade-Unions, USA
- „Kehren deutsche Firmen ihrer Heimat den Rücken? – Ausländische Direktinvestitionen deutscher Unternehmen"
  - Direktinvestition, Unternehmen, Arbeitsmarkt, Standortwahl
- „Die Wirkung ausländischer Direktinvestitionen auf die Beschäftigung im Heimatmarkt: Eine empirische Analyse des deutschen Mittelstands"
  - Ausländische Direktinvestitionen, Direktinvestition, FDI, Kleine und mittlere Unternehmen, KMU, Beschäftigung, Internationalisierung, Deutschland
  - Foreign direct investment, direct investment, FDI, Small and medium sized enterprises, SME, employment, Internationalization, Germany.

Wie Du siehst, umfassen die Tags meistens das große Kernthema (z.B. Direktinvestition, ausländische Direktinvestition), kleinere Teilgebiete des Themas (z.B. Beschäftigung, Internationalisierung, Arbeitsmarkt) sowie weitere Teilaspekte, die untersucht wurden oder das Thema genauer eingrenzen (z.B. ein Land bzw. eine Region, eine Branche, eine Unternehmensgröße etc). Sie folgen also derselben Logik wie die Themeneingrenzung allgemein.

Drei Tipps möchten wir Dir hier mitgeben:

1. Nimm Dir ein Notizbuch oder Word-Dokument und schreib schon zu Beginn Deiner Recherche zentrale Keywords auf - das macht es zu einem späteren Zeitpunkt einfacher, relevante Literatur zu finden und einzugrenzen
2. Leg Dich nicht auf ein Keyword fest, da oftmals auch Verlage zusätzliche Keywords (für eine größere Sichtbarkeit) einfügen und diese breiter sind als das eigentliche Thema der Autoren.
    - In diesem Fall solltest Du so zum Beispiel nach “Foreign Direct Investment”, aber auch nach “Direktinvestition”, “Investition” oder “Ausländische Investition” suchen, um alle relevanten Inhalte unabhängig von den Tags zu finden.
    - Nach einer Weile wirst Du bereits ein gutes Gespür dafür haben, welche Tags häufig verwendet wurden und hinter welchen Tags sich die für Dich relevante Literatur versteckt.
3. Auch wenn Du Deine Abschlussarbeit nur in einer Sprache schreibst, ist es auf jeden Fall empfehlenswert, dass Du in Deiner Literaturrecherche zumindest in englischer Sprache suchst und ggf. je nach Themenschwerpunkt, Fachbereich und Sprachkompetenz auch in weiteren Sprachen.
    - Viele Journals und Artikel gibt es mittlerweile auch mit sehr guten Übersetzungen, sodass Du selbst Quellen, die ursprünglich in einer unbekannten Fremdsprache verfasst wurden, nun als Literatur heranziehen kannst.
    - Hier kannst Du auf jeden Fall Bonus- und Extrapunkte für Deine Abschlussarbeit sammeln, wenn Du zeigst, dass Du Dir bei Deiner Recherche Mühe gegeben hast und über den Tellerrand geschaut hast.

SCHRITT 3: EINE KONKRETE FRAGESTELLUNG ENTWICKELN

Bevor wir uns dem Finden einer konkreten Forschungsfrage widmen, hier nochmal ein kurzer Überblick, was in eine gute Forschungsfrage gehört, was nicht, und ob eine Forschungsfrage überhaupt eine Frage sein muss.

Tabelle 17: Inhalte und Formulierungen einer Forschungsfrage.

Was hineingehört...	...und was nicht
Die Zielsetzung Deiner Abschlussarbeit	Fachbegriffe, Abkürzungen, Jargon
Eine präzise und klare Zusammenfassung und Eingrenzung des Forschungsbereichs	Geschlossene Fragen, die sich mit Ja, Nein oder beispielsweise einer einfachen Zahl beantworten lassen
Eindeutige Aspekte, die untersucht werden sollen	Zu vage Formulierungen und Vermutungen
	Mehrere Fragen in einer Frage

Ob Deine Forschungsfrage tatsächlich eine Frage mit Fragezeichen am Ende sein muss hängt übrigens – wie so vieles – von den Vorgaben und Präferenzen Deines Lehrstuhls bzw. Deiner Hochschule ab. Grundsätzlich gilt, dass eine Forschungsfrage nicht zwingend eine Frage sein muss, es sich jedoch anbietet, um es für außenstehende Leser zu vereinfachen. Solltest Du keine Frage sondern eher eine Aussage wählen, dann musst Du aufpassen, dass das Thema konkret die Aspekte deiner wissenschaftlichen Arbeit wiedergibt, die untersucht werden sollen – damit es nicht zu einer Verwechslung mit dem Titel oder dem allgemeinen Thema kommt. Hier gilt, dass jede Forschungsfrage am Ende einer Abschlussarbeit beantwortet werden sollte. Die Frage sollte daher sowohl in der Einleitung als auch im Fazit der Arbeit erwähnt werden und sich wie ein roter Faden durch die verschiedenen Kapitel ziehen.

EXPERTENTIPP: VON ANDEREN LERNEN

Schau Dir unterschiedliche Fragestellungen aus Bachelor- und Masterarbeiten an. Diese findest Du zum Beispiel in Deiner Unibibliothek oder oft auch im Intranet Deiner Hochschule. Universitäten und vor allem Fachhochschulen mit Praxiskooperationen haben in der Regel eine Übersicht abgeschlossener Abschlussarbeiten auf ihren Websites. Hier kann es helfen, bei Deiner eigenen Hochschule nach so einer Liste für Inspirationen Ausschau zu halten – oder aber auch auf den jeweiligen Fachseiten anderer Hochschulen.

Eine weitere Quelle für Fragestellungen sind ausgeschriebene Stellen von Unternehmen. Eine Ausschreibung auf der Karriereseite eines Unternehmens (in diesem Fall die Fraport AG) kann beispielsweise so aussehen:

„Sie stehen kurz vor dem Abschluss Ihres Studiums? Wir bieten Ihnen die Möglichkeit, in einem unserer Unternehmensbereiche eine Bachelor-/Master-Thesis oder Studienarbeit zu verfassen. Oftmals knüpfen Abschlussarbeiten direkt an ein Praktikum bei uns an. In Absprache mit Ihrem Fachbereich ist es möglich, schon während Ihres Praktikums ein für Sie passendes Thema auszuwählen. In unserer Jobbörse finden Sie zudem Themenvorschläge für wissenschaftliche Arbeiten, für die Sie sich auch ohne ein vorhergehendes Praktikum bewerben können."

Damit Du ein Gefühl für mögliche Forschungsthemen bekommst, findest Du hier eine Übersicht von Themen, die in unterschiedlichen Fachbereichen von Unternehmen ausgeschrieben wurden:

- „Redaktion und Content Management mit Weiterentwicklung der Website und App“ – Fraport AG (BWL, Marketing, Kommunikationswissenschaften)
- „Entwicklung einer Markteintrittsstrategie und konkreter Umsetzungsvorschläge für den europäischen Markt“ - HPS Home Power Solutions GmbH (BWL)
- „Unterstützung beim Aufbau eines Informationssicherheits-Management-Systems“ - ThyssenKrupp Marine Systems GmbH (Wirtschaftsingenieurwesen, Informatik, Data Science)
- „Algorithmus zur Abschätzung der Flächenbelegung in Bürogebäuden“ - Bosch Sicherheitssysteme GmbH (Informatik, Bauingenieurwesen mit IT, Elektrotechnik)
- „Struktur und Magnetismus von magnetischen Nanopartikeln“ oder „Synthese, Charakterisierung und elektrochemische Analyse von Elektrodenmaterialien für Festkörper-Batterieanwendungen“ - Forschungszentrum Jülich GmbH (Chemie, Physik, Materialwissenschaften)
- „Erstellung eines psychologisch fundierten Einstellungsverfahrens und Assessment Centers für Managementpositionen“ anonymes Unternehmen (Psychologie)

Einen Titel für Deine Abschlussarbeit brauchst Du hier übrigens noch nicht finden bzw. Dir darüber Gedanken machen. Der genaue Titel ist für Deine Arbeit und Recherche nicht relevant, daher solltest Du hier auch nicht unnötig Zeit verschwenden. In den meisten Fällen bieten es sich an, sich mit dem Betreuer auf einen Arbeitstitel zu einigen, der das Thema schon einmal grob eingrenzt und nennt, der aber auch zu einem späteren Zeitpunkt noch abgeändert werden kann.

Die Themenfindung und das Finden einer geeigneten Forschungsfrage ist oftmals der aufwendigste und schwierigste Schritt bei einer Abschlussarbeit, da alle weiteren Schritte darauf aufbauen. Daher geben wir Dir hier noch einmal eine Checkliste, damit Du die wichtigsten Punkte auf einen Blick hast.

CHECKLISTE: THEMA UND FORSCHUNGSFRAGE FINDEN

- Vorgaben der Hochschule, des Lehrstuhls und des Betreuers checken
- Brainstorming zur Themenfindung
    - Interesse, Bezug, Anknüpfungspunkte, Aktualität/Relevanz
    - Fachliche Relevanz (für den Lehrstuhl/Studiengang)
    - Persönliche Relevanz (Interesse und Motivation)
    - Wissenschaftliche Relevanz (Mehrwert für die akademische Welt)
- Literaturcheck
    - Ist ausreichend Literatur vorhanden? (u.a. Verfügbarkeit/Zugriff, Aktualität, Sprachbarriere)
- Fragenauswahl
    - Für ein oder zwei Themen ein bis drei Fragestellungen überlegen, die in einem Exposé verarbeitet oder einem potenziellen Betreuer vorgestellt werden können.

DO IT

- Lieber ein klar eingegrenztes Thema, was Du konkret und intensiv bearbeiten kannst, als ein breites und oberflächliches Thema, bei dem Du nicht in die Tiefe gehen kannst

- Diskutiere ein paar Themenvorschläge – und später konkrete Fragestellungen – mit Deine Kommilitonen, aber auch Fachfremden. So bekommst Du den Blickwinkel von Personen, die gerade ebenfalls auf der Suche sind, aber kannst durch Feedback von Leuten, die sich gar nicht intensiv mit der Suche nach einem Thema auseinandergesetzt haben, auch neue Perspektiven bekommen.
- Konzentriere Dich auf das Wesentliche und lass Nebenthemen oder unwichtige Aspekte des Themenbereichs weg. Du wirst niemals alles abdecken können, daher erkläre im Laufe Deiner Arbeit, warum Du Dich für welche Schwerpunkte entschieden hast und warum Du andere Aspekte im Rahmen Deiner Abschlussarbeit unberücksichtigt lässt.
- Nutze Deinen Betreuer für regelmäßiges Feedback zu Deinen Ideen, Fragestellungen und Textentwürfen. Häufig bewertet er Deine Arbeit am Ende und kann Dir im Vorhinein mit wertvollen Tipps helfen. Und selbst wenn nicht, hat er schon viele Abschlussarbeiten vor Deiner betreut und kennt sich mit guten und schlechten Themen und Forschungsfragen sehr gut aus.
- Bau Deine Abschlussarbeit auf Standardwerken auf, die grundlegende Fragen bereits ausführlich beantworten, um Deine Forschungslücke deutlich zu machen.

DON'T DO IT

- Such Dir ein Thema nicht nur aus, weil es Deinem Betreuer besonders gut gefällt. Schließlich wirst Du Dich einige Wochen intensiv damit auseinandersetzen und solltest auch selber Lust und Neugierde haben.
- Such Dir ein Thema auch nicht aus, nur weil Dein Betreu-

er sich nicht auskennt, denn es ist zum einen häufig ein Trugschluss, dass Fehler und Ungenauigkeiten so unentdeckt bleiben – schließlich geht es vor allem um die Qualität der wissenschaftlichen Arbeit – und zum anderen kannst Du so keine große Unterstützung und Hilfe erwarten.

- Nicht den Mut verlieren, wenn sich Forschungsfrage oder Themenschwerpunkt im Laufe der Literaturrecherche und Bearbeitung noch verschieben. Besprich diese Erkenntnis mit Deinem Betreuer und verweise ggf. in Deiner Abschlussarbeit auf diesen Richtungswechsel, der als Erkenntnisgewinn auch eine Eigenleistung Deiner Abschlussarbeit sein kann.
- Such Dir kein Thema bzw. Forschungsfrage aus, die so schon einmal fast 1:1 in einer anderen Arbeit beantwortet wurde, denn auch wenn Du hier auf eine vorhandene Literaturrecherche und Methodik zurückgreifen könntest, wird sich schnell die Frage stellen, welche eigene Leistung und welchen Mehrwert im Forschungsbereich du damit dann erbringst.

KAPITEL 6
QUELLENARBEIT

In diesem Kapitel lernst Du u.a.:

- welche Arten von Quellen es gibt
- welche Quellen geeignet sind für Abschlussarbeiten
- wo Du wichtige Literatur zu Deinem Thema findest
- wie Du die Qualität einer Quelle beurteilen kannst
- wie Du passende und hochwertige Quellen findest
- welche Methoden Dir beim Lesen von wissenschaftlichen Texten helfen
- wie Literaturverwaltungsprogramme Deine Arbeit erleichtern können

6.1 QUELLENÜBERSICHT

Wie Du im vorherigen Kapitel bereits erfahren hast, wirst Du auch bei der Suche nach einer interessanten und passenden Thematik und Forschungsfrage schon diverse Quellen lesen müssen und Literatur recherchieren. Dennoch möchten wir hier in einem separaten Kapitel noch einmal etwas tiefer in die Quellenarbeit einsteigen, denn sie ist für alle Arten von Abschlussarbeit ein essentieller Bestandteil. Nur wer mit hochwertigen Quellen aus relevanten Fachzeitschriften arbeitet, kann eine gute Abschlussarbeit schreiben – ganz egal zu welchem Thema. In diesem Kapitel stellen wir Dir verschiedene Arten von Quellen vor, wo Du gute Quellen findest und geben außerdem Hinweise, wie Du die Qualität von Quellen bewerten kannst.

Grundsätzlich wird in der Wissenschaft zwischen Primär- und Sekundärquellen unterschieden. Primärquellen stellen den Forschungsgegenstand von wissenschaftlichen Arbeiten und damit auch von Abschlussarbeiten dar. Sekundärquellen geben Interpretationen und Kommentierungen zu Primärquellen, die Dir hilfreiche Hintergrundinformationen und Einordnungen in einen größeren thematischen Kontext geben können.

Wenn Du selber Daten im Rahmen einer empirischen Abschlussarbeit erhebst (z.B. in einer Praxisarbeit im Unternehmen), dann handelt es sich hierbei um eine Primärquelle, da originale und neue Daten generiert wurden. Sekundärquellen befassen sich inhaltlich mit Primärquellen und analysieren und interpretieren diese. Ein Fachbuch, in dem die zentralen Theorien aus einem Fachbereich der letzten Jahre zusammengestellt werden, ist daher ein klassisches Beispiel für eine Sekundärquelle. Diese Quellen eignen sich gut, um einen ersten Überblick zu einem Thema zu bekommen und werden daher häufig auch in den ersten Semestern als Grundlagenliteratur empfohlen, um den eigenen Studienbereich besser kennenzulernen. Auch ein Artikel, der eine Studie beschreibt ist eine Sekundärquelle. Hier folgt eine Übersicht über die häufigsten wissenschaftlichen Quellen.

Tabelle 18: Quellenarten und ihre Merkmale.

Art der Quelle	Merkmale
Fachzeitschriften/ Journals	Fachspezifische Zeitschriften, in denen Forscher ihre aktuellen Forschungsergebnisse in Form von Artikeln veröffentlichen können (erscheinen regelmäßig gedruckt und digital)
Fachdatenbanken	Allgemeine Datenbanken, die eine Vielzahl an Zeitschriften katalogisieren und sammeln
Fachbücher	Fachpublikationen, die in der Regel einen allgemeinen Überblick zu zentralen Theorien und Erkenntnissen bieten
Bibliothekskataloge (z.B. EZB)	Liefern eine Übersicht verschiedener Journals, Fachdatenbanken etc.
Veröffentlichte Abschlussarbeiten	Zusammenstellung von veröffentlichten Abschlussarbeiten (z.B. durch die Hochschule in der Hochschulbibliothek)
Statistische Datenbanken	Zugang zu (quantitativen) Datensätzen, z.B. zu Kennzahlen wie BIP, Bevölkerungswachstum, Einkommensverteilung etc.

OPAC

Für einen ersten Überblick eignet sich der OPAC (Online Public Access Catalogue). Bei einer Recherche dort wird nicht das weite Internet durchsucht, sondern der digitale Katalog der eigenen

Hochschulbibliothek. So verlierst Du Dich nicht am Anfang der Recherche in den Weiten der Regale Deiner Bibliothek, sondern kannst vom Rechner aus eine erste Suche starten, um Deine Suchkriterien festzulegen und Deinen Suchbereich weiter einzuschränken. Mit OPAC hast Du in der Regel Zugang zum gesamten Bestand Deiner Hochschulbibliothek. Daher musst Du i.d.R. einen VPN-Client benutzen, um Dich als Student zu verifizieren. Zu finden ist der OPAC über die Website der Hochschulbibliothek. Viele Hochschulen bieten eigene Kurse bzw. Einführungsseminare an, in denen Du Dich mit der Systematik und den Plattformen zur Quellenrecherche vertraut machen kannst. Eine Ergänzung hierzu ist der Karlsruher Virtuelle Katalog (KVK), mit dem Du die Möglichkeit hast, abseits Deiner Hochschulbibliothek auch in anderen nationalen und internationalen Bibliotheken zu recherchieren.

FACHDATENBANKEN

Die wichtigsten Quellen für Abschlussarbeiten sind in der Regel Artikel aus Fachzeitschriften (sogenannte Journals). Wenn Du nicht schon ein genaues Journal im Kopf hast, in welchem Du nach bestimmten Artikeln suchen möchtest, dann helfen Dir Fachdatenbanken bei der ersten Suche. Diese digitalen Datenbanken katalogisieren und ordnen Fachartikel aus verschiedenen Zeitschriften und Journalen, sodass Du nach konkreten Schlagwörtern zu Deinem Thema suchen kannst, ohne Dich dabei schon jetzt auf ein bestimmtes Journal festzulegen. Eine erste Anlaufstelle ist DBIS, das Datenbank-Infosystem der Deutschen Forschungsgemeinschaft (DFG) und des Bayerischen Staatsministeriums für Wissenschaft und Kunst. Die Datenbank umfasst mehr als 10.000 Einträge, wovon knapp 6.000 Datenbanken frei über das Internet verfügbar sind. Weitere Onlinearchive für wissenschaftliche Quellen sind JSTOR, EBSCO und SCOPUS, die eine ähnlich große Auswahl und Übersicht haben. Die Datenbanken bieten in der Regel eine allumfassende Übersicht, geben jedoch nicht immer auch Zugriff auf die Volltexte, da diese häufig kostenpflichtig sind. Damit Du als Student jedoch nicht durch eine Paywall von hochwertigen Inhalten ferngehalten wirst, erwerben Hochschulen Lizenzen der jeweiligen Anbieter, sodass Du über Deine Hochschulbibliothek Zugang zu einer Vielzahl an Fachzeitschriften bekommst. Frei zugängliche Dokumente bekommst Du zum Beispiel bei BASE (Bielefeld Academic Search Engine), was von der Hochschulbibliothek der Universität Bielefeld verwaltet wird.

Nach der Suche in Fachdatenbanken solltest Du ein Gefühl dafür bekommen haben, welche Journals immer wieder in den Ergebnissen vorkommen und somit relevant für Deine Quellenarbeit sind. Je breiter Dein Thema bzw. Deine Suchbegriffe, desto häufiger wirst Du Treffer in allgemeinen Journals finden, wie beispielsweise dem "American Economic Review", welches eine große Breite an Themen der allgemeinen BWL abdeckt. In der akademischen Welt gibt es für so gut wie jedes Thema und jeden (noch so spezifischen und kleinen) Themenbereich ein eigenes oder oft sogar mehrere Jornals, in dem Wissenschaftler ihre neusten Forschungsergebnisse veröffentlichen und mit der Fachwelt teilen können. Bevor ein Artikel in einer solchen Fachzeitschrift veröffentlicht werden kann, wird er von einem Komitee aus Fachexperten bewertet (sog. Peer-Review), sodass eine Veröffentlichung in einem bekannten Journal immer auch ein gewisser Indikator dafür ist, dass es sich um eine hochwertigere Veröffentlichung handelt. Ebenfalls können anhand der geographischen Reichweite eines Journals für gewöhnlich Rückschlüsse auf die Qualität gezogen werden. Ein Artikel im „International Journal of Biosciences" wird normalerweise eine höhere Reichweite haben als ein rein hessische Zeitschrift für Biologie. Beispiele bekannter Journals nach Fachbereich bietet die folgende Tabelle:

Tabelle 19: Ausgewählte Journals nach Fachbereichen.

Fachbereich	Beispiele für hochwertige Journals
Allgemeine BWL	Science American Economic Review Econometrica Academy of Management Journal (AMJ) Journal of Political Economy Administrative Science Quarterly (ASQ) Management Science Journal of Economics & Management Strategy
Marketing	Journal of Marketing Research Journal of Marketing Journal of Consumer Research Marketing Science Journal of Applied Psychology International Journal of Research in Marketing Journal of the Academy of Marketing Science Journal of Product Innovation Management
Finanzen/ Controlling	Abacus Accounting and Business Research The Accounting Review Financial Analysts Journal International Journal of Accounting Journal of Accounting Research Journal of Finance Journal of Money, Credit & Banking Journal of Accounting & Economics
Personalwesen	International Journal of Human Resource Management Human Relations Industrial and Labor Relations Review Journal of Human Resources

Informatik	Information Systems Research (ISR) Management Information Systems Quarterly (MISQ) Mathematical Programming Journal of Information Technology SIAM Journal on Computing
Politikwissenschaften	American Political Science Review British Journal of Political Science International Review of Administrative Sciences Policy Sciences Public Administration Public Administration Review
Psychologie	American Journal of Psychology Psychological Medicine Annual Review of Clinical Psychology American Psychologist Cognitive Psychology Journal of Applied Psychology

Selbstverständlich solltest Du auch hier mit Deinem Betreuer Rücksprache halten, ob er bestimmte Präferenzen hat oder Empfehlungen zu Deinem Themenbereich aussprechen kann. Sollte Dein Betreuer selbst auch im Bereich Deiner Abschlussarbeit forschen, dann lohnt sich ein Blick auf seine Publikationsliste, die Du entweder direkt auf der Website Deiner Hochschule findest oder ansonsten bei ResearchGate bzw. bei der Suche mit einschlägigen Suchmaschinen. So kannst Du herausfinden, in welchen Fachzeitschriften Dein Betreuer bereits Forschungsergebnisse veröffentlicht hat, um zu schauen, ob es dort weitere relevante Literatur für Dich gibt. Manchmal bieten Hochschulbibliotheken auch eine Übersichtsliste von guten Journals für jeden einzelnen Fachbereich an.

EXKURS: INTERNETRECHERCHE

Auch wenn Du viele relevante und hochwertige Quellen in Deiner Bibliothek oder über den Onlinekatalog Deiner Bibliothek finden wirst, ist eine allgemeine Internetrecherche auch immer eine gute Methode, um weitere Quellen zu finden. Wir empfehlen hier vor allem Google Scholar – Googles kostenfreie akademische Datenbank - und das akademische Netzwerk ResearchGate, auf dem viele Professoren und Forscher ihre Studien hochladen oder man sie kontaktieren kann, um einen Zugriff zu bekommen. Beide Seiten sollen selbstverständlich die Suche in Literaturdatenbanken und Fachzeitschriften nicht ersetzen, können diese aber gewinnbringend ergänzen.

6.2 QUELLENSUCHE

Die nächste Frage ist nun, wie und wo man gute Quellen findet. Die Grundkriterien des wissenschaftlichen Arbeitens haben wir bereits in Kapitel 3 behandelt, wo es um die Frage ging, was wissenschaftliches Arbeiten eigentlich ist und was es ausmacht. Daher soll dieses Kapitel Dir vor allem praktische Tipps mit an die Hand geben, die es Dir erleichtern, passende und hochwertige Literatur für Deine eigene Forschungsarbeit zu finden.

Gerade wenn Du noch ganz am Anfang der Literatursuche und -sichtung bist, bieten sich zwei Vorgehensweisen an, um einen guten Überblick über die vorhandene Literatur in Deinem Fachbereich zu bekommen: Das Schneeballprinzip, um schnell und effizient wichtige Quellen zu finden, und eine anschließende systematische Recherche, um mögliche Lücken zu füllen, spezifischere Informationen zu finden um dann anschließend weiter in die Tiefe gehen zu können.

Mit dem Schneeballprinzip kannst Du einen guten Überblick über Deinen Forschungsbereich bekommen und ein Gefühl dafür entwickeln, welche Autoren den Fachbereich prägen, welchen Fragen bereits nachgegangen wurde und wie das methodische Vorgehen aussehen kann. Das Prinzip funktioniert folgendermaßen: Du suchst eine Veröffentlichung, die sich recht genau mit Deinem Themenfeld auseinandersetzt und bestenfalls auch weitere relevante Kriterien Deiner Forschungsfrage umreißt (z.B. eine geografische Spezialisierung). In jedem Paper wird zu Beginn der Forschungsbereich dargestellt in einem Literature Review – also einer Literaturübersicht. Im Literaturverzeichnis des Papers findest Du somit viele weitere Quellen, die sich schon relativ genau mit Deinem Thema beschäftigen. Im Anschluss suchst Du Dir daher weitere Quellen aus dieser Auswahl und gehst wieder nach demselben Prinzip vor. So kannst Du in relativ kurzer Zeit bereits einen sehr guten und breiten systematischen Überblick des Forschungsfeldes bekommen. Du wirst außerdem merken, dass sich vermutlich nach ein paar gelesenen Papern die Quellen doppeln und immer wieder auf dieselben Quellen verwiesen wird. Das ist für Dich ein Hinweis, dass diese Quellen auch in Deiner Abschlussarbeit nicht fehlen sollten, da sie die Grundlage für viele Forschungen in Deinem Bereich gelegt haben. Mit dem Schneeballsystem kannst Du so zentrale Autoren und Veröffentlichungen aus Deinem Bereich finden und erkennst, welchen Forschungsbereichen und Fragen bereits nachgegangen wurde.

Nimm Dir also ein paar Grundlagenpaper zur Hand und erarbeite Dir weitere Literatur mit dem Schneeballprinzip, suche aber auch abseits davon eigenständig nach weiteren Quellen. Hier sei noch erwähnt, dass Du gerade bei fremdsprachigen Autoren darauf achten solltest, dass Du ihre Namen in verschiedenen Schreibweisen eingibst (also z.B. mit und ohne Akzentsetzung), damit Du je nach Verschlagwortung auch alle relevanten Veröffentlichungen findest und nichts übersiehst.

EXPERTENTIPP: DOKTORARBEITEN

Aktuelle Doktorarbeiten aus Deinem Fachbereich (oder angrenzenden Fachgebieten) bieten in der Regel eine sehr fundierte und ausführliche Zusammenstellung der aktuellen Literatur und können damit unheimlich wertvoll für Deine Recherche sein. Wichtig ist hier, dass Du Dich selbstverständlich niemals nur auf die Literaturrecherche von Anderen verlassen solltest, sondern Dir vorherige Arbeiten immer nur als Grundlage und Inspiration dienen sollten.

Wenn Du mit dem Schneeballprinzip die ersten wichtigen Quellen gefunden hast, dann kann eine anschließende systematische Herangehensweise helfen, um thematisch noch tiefer einzusteigen. Dabei geht es nicht darum, zu schauen, was andere Wissenschaftler in ihren Studien und Veröffentlichungen zitiert haben, sondern um einen strukturierten Prozess. Dein erstes Arbeitsziel bei dieser Herangehensweise ist es, dir die Grundlagenliteratur zu erarbeiten. Viele Inhalte wirst Du in den verschiedenen Literaturübersichten beim Schneeballprinzip schon gefunden haben, sodass es jetzt nur noch darum geht, einmal übersichtlich darzustellen, welche zentralen Theorien, Konzepte und Modelle es in der Literatur gibt.

Anschließend legst Du Dich auf einige wenige thematische Schlagworte fest, anhand derer Du vor allem aktuelle Veröffentlichungen suchst. Hier liegt der Fokus und Mehrwert daher vor allem darauf, aktuelle Studienergebnisse zu finden, die möglicherweise nur mit dem Schneeballsystem untergegangen wären, da die ersten Artikel und ihre Literaturverzeichnisse immer nur so aktuell sein können wie der Ausgangsartikel. Wenn Du also beispielsweise beim Schneeballsystem mit einem Artikel aus dem Jahr 2003 angefangen hast, dann kannst du im zweiten Schritt die systematische Herangehensweise nutzen, und explizit nach Veröffentlichungen suchen, die zwischen 2003 und heute erschienen sind. Ein Vorteil dieses systematischen Vorgehens ist es, dass Du nicht nur die beliebtesten (das heißt am häufigsten zitierten) Studien und Quellen findest, sondern einen breiten Überblick über das Fachgebiet bekommst, da Du systematisch auch Studien finden kannst, die nicht so häufig zitiert wurden, weil sie beispielsweise noch sehr neu sind oder sich mit einem sehr spezifischen Nischenthema befassen. Ein Nachteil im Vergleich zur sehr simplen und schnellen Schneeballmethode ist es jedoch, dass systematische Recherchen selbstverständlich mehr Zeit in Anspruch nehmen und man sich für einen wirklich umfassenden Überblick außerdem gut mit Suchoperatoren und Suchmaschinen auskennen sollte.

EXKURS: SUCHOPERATOREN

Um die Suche in Datenbanken möglichst effizient zu gestalten, gibt es verschiedene logische Suchbegriffe. Diese sogenannten Booleschen Operatoren können Dir extrem bei deiner Recherche helfen und eine Menge Arbeit abnehmen. Allerdings können Sie bei falscher Anwendung oder ungenauer Reihenfolge auch dafür sorgen, dass eigentlich für Dich relevante Suchergebnisse nicht mehr berücksichtigt und damit nicht mehr angezeigt werden. Daher ist es wichtig, dass Du Dich mit der Logik und der genauen Wirkungsweise vertraut machst. Boolesche Operatoren müssen in einer Suchanfrage immer großgeschrieben werden, damit das Programm sie als solche erkennt und ihre Befehle korrekt funktionieren. Hier findest Du eine Übersicht der wichtigsten Befehle.

Tabelle 20: Ausgewählte Journals nach Fachbereichen.

Operator	Funktion und Verwendung
AND	Der „AND“ Operator wird zwischen zwei Begriffen verwendet, um Datensätze zu finden, in denen außschließlich beide Begriffe vorkommen.
	„Außenhandel AND Direktinvestment” findet so nur Datensätze, die sowohl „Außenhandel”, als auch „Direktinvestment” beinhalten.
OR	Der „OR” Operator wird zwischen zwei Begriffen verwendet, die beide in die Suche eingeschlossen werden.
	Die Kombination „Außenhandel OR Direktinvestment” findet so Datensätze, die entweder das Wort „Außenhandel” oder das Wort „Direktinvestment”, oder aber beide Begriffe enthält.
NOT	Der „NOT” Operator schließt einen oder mehrere Begriffe aus, die nach dem NOT stehen.
	Die Kombination „Außenhandel NOT Direktinvestment NOT FDI” findet Datensätze, die „Außenhandel” enthalten, jedoch nicht „Direktinvestment” oder „FDI”.
*	Ein Stern, auch Trunkierung genannt, ermöglicht die Suche nach einem Wortstamm. Diese Logik funktioniert auch für den ersten Satzteil. Eine Trunkierung ist sinnvoll, wenn Du zunächst einen Überblick bekommen möchtest.
	Der Befehl „Handel*” zeigt alle Inhalte an, die im Wortstamm das Wort „Handel” haben, also z.B. Handelsbeziehungen, Handelskrieg, Handelsgesetz, Handelspartner, etc.

Diese ersten Operatoren ermöglichen es Dir, schnell und strukturiert Inhalte oder thematische Begriffe ein- oder auszuschließen und so Deine Suche noch feiner zu gestalten. Übrigens kannst Du dabei auch Klammern setzen, um längere Verschachtlungen und Zuordnungen der einzelnen Operatoren klarer zu machen und so Bezugsfehler vermeiden.

Die Verwendung von Operatoren kann vor allem dann helfen, wenn Du bei der Suche nach allgemeinen Begriffen und Suchwörtern zu viele Ergebnisse erhältst und diese folglich nicht alle lesen kannst, um einzuschätzen, ob sie für Deine Arbeit relevant sind oder nicht. Das ist natürlich ärgerlich und kann eine Menge Zeit kosten. Wenn Du zu viele Treffer erhältst, kann das aber an mehreren Gründen liegen. Am häufigsten behebst Du solche Probleme bei der Recherche, indem Du:

- ein möglichst präzises Stichwort wählst und es in Anführungszeichen setzt
- die obenstehenden Operatoren benutzt, um Begriffe miteinander zu verbinden und andere auszuschließen
- Suchbegriffe und Tags benutzt, die in Deiner Literaturrecherche in relevanten Studien/Artikeln aufgetaucht sind
- den Suchzeitraum begrenzt, um so (nur) aktuelle Literatur zu bekommen (z.B. ab 2000 oder 2010) oder auch, um nur einen bestimmten zeitlichen Bereich zu untersuchen (z.B. die Forschung in den 1950er/60er Jahren)
- nach spezifischen Ländern oder Regionen suchst (wenn das ein Kriterium bei der Begrenzung Deiner Forschungsfrage bzw. Deines Themas ist)
- gezielt Fachjournals und Fachzeitschriften durchsuchst und nicht das ‘gesamte’ Internet
- Synonyme benutzt, die in der Fachwelt häufiger verwendet werden, auch wenn sie ggf. in einer Fremdsprache sind.

6.3 QUELLENBEURTEILUNG

In der Quellenarbeit liegt ein entscheidender Schlüssel, der eine nichtwissenschaftliche von einer wissenschaftlichen Arbeit unterscheidet. Es gibt einige entscheidende Kriterien, anhand derer man gute wissenschaftliche bzw. nichtwissenschaftliche Arbeiten erkennen kann.

Nichtwissenschaftliche Texte:

- geben Inhalte anderer Autoren wieder, ohne diese also solche kenntlich zu machen
- verwenden unwissenschaftliche Methoden (z.B. Umfragen mit nur 10 Teilnehmern, Experteninterview mit einem Freund), ohne die Implikationen kritisch zu erläutern
- geben an, die Ergebnisse seien allgemeingültig, ohne Einschränkungen (z.B. hinsichtlich der Repräsentativität) anzugeben
- beschreiben Methoden und Verfahren ungenau oder nur oberflächlich und machen so eine Replikation/Nachvollziehbarkeit unmöglich
- verwenden Informationen aus anderen Quellen unkritisch und unreflektiert.

Wissenschaftliche Literatur hingegen kann man oft (aber natürlich nicht ausschließlich) schon an den Formalia und an der Struktur erkennen, da sich weltweit ein einigermaßen einheitlicher Standard für wissenschaftliche Arbeiten und Veröffentlichungen durchgesetzt hat. Wissenschaftliche Texte erhalten so beispielsweise grundsätzlich immer eine Gliederung, Quellenangaben und ein umfassendes Literaturverzeichnis. Methoden und Vorgehensweisen werden nachvollziehbar und kleinschrittig erklärt und Ergebnisse werden immer kontextualisiert. Auch wird auf Limitationen und Einschränkungen hingewiesen. Gute Quellen schließen außerdem meistens mit einem kurzen Kapitel, was einen Ausblick auf mögliche zukünftige Forschungsfragen und -felder enthält, die sich aus der eigenen Arbeit und der Auseinandersetzung mit der Thematik ergeben. Der Aufbau eines wissenschaftlichen Artikels in Fachzeitschriften folgt dabei immer derselben inhaltlichen Struktur:

1. Einleitung (Introduction)
2. Theorie (Literature Overview/Theoretical Background)
3. Methoden (Methods)
4. Ergebnisse (Results)
5. Diskussion und Fazit (Discussion and Future Research)

Im zweiten Teil des Buches gehen wir auf diese Struktur mit Blick auf den Aufbau Deiner Abschlussarbeit noch einmal genauer ein und erklären, welche Inhalte in welchem Kapitel untergebracht und beschrieben werden sollten. Eine übersichtliche Struktur, angelehnt an das obenstehende Muster, kann ein erster Indikator sein, dass es sich um eine qualitativ hochwertige Arbeit handelt. Selbstverständlich kommt es jedoch neben der Form vor allem auch auf den Inhalt an, der im zweiten Schritt bewertet werden muss.

Wichtige Quellen bei jeder Art der Abschlussarbeit sind immer Fachartikel aus Journals, bei denen das Journal an sich schon Rückschlüsse zur Qualität erlaubt. Alle großen Journals nutzen nämlich sogenannte Peer-Review-Verfahren, bei denen Wissenschaftler ihre Forschungsbeiträge anonymisiert einreichen und zwei Experten im jeweiligen Fachbereich den Beitrag jeweils unabhängig voneinander bewerten. Ist ein Beitrag gut und braucht nur minimale Anpassungen, dann wird das Feedback der Reviewer an den Autor bzw. das Autorenteam mit der Bitte um Änderung zurückgeschickt. Wird auf alle Punkte eingegangen, dann steht einer Veröffentlichung nichts mehr im Weg. Gibt es jedoch gravierende Mängel oder sind die Reviewer der Meinung, der Beitrag genügt nicht dem wissenschaftlichen Anspruch des Journals, dann wird er abgelehnt. Dieses Verfahren sorgt dafür, dass es innerhalb der wissenschaftlichen Community einfacher ist, hochwertige Artikel zu erkennen, da es als allgemein anerkanntes Qualitätssiegel gilt, wenn man es mit seinem Beitrag in ein Journal mit Peer-Review-Verfahren geschafft hat. Da jedoch mittlerweile fast alle Journals mit diesem Verfahren arbeiten, gibt es zusätzlich auch für Journals noch einmal eine Klassifizierung. Je nach System gibt es entweder numerische Bewertungen (i.d.R. von 1-6) oder Bewertungen mit Buchstaben – ähnlich wie bei Energieffizienzklassen –, wobei A+ bzw. A* die Beste ist und dann von A abwärts heruntergestuft wird. Weitere Kriterien können der Impact Factor sein, der die Aufmerksamkeit und einer Publikation bzw. eines Journals klassifiziert, oder der H-Index, welcher auf der Zitierhäufigkeit beruht. Zwei abschließende Hinweise möchten wir noch einmal hervorheben, die wichtig sind, um Quellen gut bewerten zu können:

- Immer kritisch bleiben und Dinge hinterfragen (z.B. beim Interesse verschiedener Gruppen bei der Veröffentlichung und/oder finanziellen Unterstützung von Forschung; z.B. Tabakindustrie, Rüstung, Pharma, Regierungen)
- Gesellschaftlichen und politischen Kontext von Quellen beachten (besonders bei historischen oder zeitlich-/geografisch-vergleichenden Forschungsfragen)
- Wenn Du Dir unsicher bist, sprich mit Deinem Betreuer, der Dir sicher eine fundierte Einschätzung geben kann.

6.4 QUELLEN LESEN

Nachdem Du nun weißt, wie Du Quellen zu Deinem Themenbereich findest und beurteilst, stellt sich noch die abschließende Frage, wie Du diese Quellen liest. Da Du im Laufe Deines Studiums vermutlich schon einige Hausarbeiten geschrieben und Seminare besucht hast, in denen Du wissenschaftlich recherchieren und lesen musstest, möchten wir Dir hier nur einige zentrale Erkenntnisse und Tipps mitgeben, die es Dir erleichtern können, wissenschaftliche Texte zu lesen, ohne sich in Details zu verlieren oder immens viel Zeit zu investieren. Einen Tipp möchten wir Dir von Anfang an daher ans Herz legen: Lies nicht jede Quelle, die Du findest und die thematisch passend sein könnte von vorne bis hinten durch!

Es gibt keine „richtige" Anzahl an Quellen. Grundsätzlich gilt: Je komplexer und ausführlicher die Arbeit, desto umfangreicher sollte auch die Literaturrecherche und Quellenarbeit ausfallen. Das heißt, für eine Masterarbeit wird ein größerer Rahmen an Literatur erwartet als für eine Bachelorarbeit, ebenso wie für eine reine Literaturarbeit eine intensivere Auseinandersetzung mit Quellen gefordert ist als für eine empirische Arbeit mit eigener Datenerhebung. Ganz unabhängig vom Thema oder der Art der Arbeit solltest Du auf eine gute Mischung zwischen Fachbüchern und Journalartikeln, qualitativen und quantitativen Quellen, deutschen und internationalen Inhalten und älteren und neuen Veröffentlichungen achten.

Standardwerke sowie hochschulinterne Richtlinien nennen mindestens 20-30 relevante Quellen als ein Minimum an Literatur. An dieser Zahl kannst Du Dich gerne orientieren, wenn sie Dir einen besseren Rahmen vermitteln kann, grundsätzlich gilt aber hier selbstverständlich auch: Qualität vor Quantität. Du solltest daher nicht nur fünf Quellen nennen – selbst wenn es die wichtigsten Deines Fachbereichs sind –, Du solltest aber auch auf keinen Fall ein möglichst langes Literaturverzeichnis in der Hoffnung anstreben, dass einhundert Quellen Deinen Betreuer beeindrucken werden. Frag ihn gerne auch direkt, ob er Vorgaben oder Empfehlungen hat. So weißt Du am besten, was Du anstreben solltest. Nach einer ersten Literaturrecherche kann es helfen, Deinem Betreuer eine Literaturliste vorzulegen, um eine fachkundige Einschätzung abzuholen und nach Verbesserungspotenzial zu fragen. Vergiss nicht, dass Du bei Deiner Abschlussarbeit bei Fragen immer einen erfahrenen Ansprechpartner hast – der in vielen Fällen auch Deine Abschlussarbeit bewertet –, sodass seine Meinung immer von besonderer Bedeutung sein sollte und ggf. auch andere Ratschläge oder Tipps „übertrumpft".

Für Dich selbst solltest Du vor dem Lesen einer Quelle immer die zentrale Frage beantworten: Warum lese ich gerade diese Quelle jetzt? Diese Frage mag banal klingen, ist allerdings sehr wichtig, damit Du den Fokus nicht verlierst. Mach Dir daher vorher klar, ob es Dir beim aktuellen Stand Deiner Recherche erst einmal nur darum geht, einen Überblick über das Thema zu bekommen. Möchtest Du methodische Vorgehensweisen kennenlernen, eine eigene Forschungsfrage im Themenbereich finden oder suchst Du ganz gezielt nach Antworten oder Informationen zu einem Teilbereich? Außerdem kannst Du mit einer handfesten Frage im Kopf den Artikel wesentlich effektiver durcharbeiten, weil Du weißt, wonach Du genau suchst.

Nachdem Du für Dich geklärt hast, mit welcher Intention Du eine Quelle liest, geht es jetzt darum, zu schauen, wie genau Du diese Quelle am besten liest, um möglichst viele wichtige Informationen mitzunehmen und nichts Wichtiges zu übersehen. Dazu kannst Du Dir zum Beispiel eine Mindmap zeichnen oder mit Clustern vorgehen – wie wir es auch schon beim Finden der Forschungsfrage beschrieben haben – damit Du alles Wichtige auf einen Blick hast. Für diese Übersicht bieten sich drei allgemeine Cluster an:

- Zentrale Begriffe/Konzepte/Theorien
- Zentrale Autoren
- Fragestellungen.

Zusätzlich zu diesen Informationen kannst Du selbstverständlich noch weitere Cluster bilden, je nachdem, mit welchem Hintergrund Du gerade eine Quelle liest. Hier bieten sich zum Beispiel noch Hinweise zur Argumentationsstruktur an, Hinweise zur Datenauswertung oder auch Anmerkungen zu möglichen weiteren Forschungsfragen, die von Forschern erkannt wurden.

Grundsätzlich gilt: Je länger Du Dich mit der Literaturrecherche beschäftigst, desto häufiger wirst Du Artikel in ihrer Gesamtheit lesen. Für einen ersten Überblick und für die Frage, ob eine Quelle relevant ist oder nicht, reicht in der Regel ein „Querlesen" mit Blick auf Titel, Fragestellung und Ergebnisteil, während Du bei der speziellen Suche nach neuen Informationen zu einem Teilbereich schon weite Teile eines Artikels lesen musst, um Zusammenhänge, Konzepte und Kontextualisierungen zu verstehen. Es lohnt sich immer auch ein Blick auf die verwendeten Grafiken und Tabellen, denn diese geben in der Regel die Kerninhalte wieder und sind leichter zu überblicken als seitenweise Text.

EXPERTENTIPP: DIGITAL VS. PRINT

Gerade heutzutage wird im Laufe des Studiums kaum noch mit physischen Büchern und Lehrmaterialien gearbeitet, da ein überwiegender Teil der Literatur online verfügbar ist. Selbstverständlich ist dieses Arbeiten mit PDFs auf Laptops, Tablets oder E-Book-Readern umweltschonender und durch Suchfunktionen auch weitaus effektiver. Dennoch empfehlen wir Dir, dass Du Dir die Grundlagentexte zu Deinem Fachbereich ausdruckst bzw. als physisches Buch/Journal für die Zeit der Bearbeitung heraussuchst. Zum einen kannst Du beliebig Anmerkungen an den Rand schreiben und Dinge farblich markieren, zum anderen kann es Dir aber auch helfen, immer mal wieder einen Seitenblick auf die Standardliteratur zu werfen, während Du auf dem Bildschirm andere Quellen durchsuchst, da Du so nicht ständig zwischen Bildschirmen, Tabs oder Dokumenten hin- und herwechseln musst.

Je mehr Du Dich mit dem Thema Quellenarbeit beschäftigst, desto schneller wirst Du feststellen, dass es unheimlich schwierig werden kann, nicht den Überblick zu verlieren. Wir schließen uns daher dem Tipp jedes Bibliothekars aus Hochschulen an, die Literatur zu sortieren. Für den Beginn kann es da schon reichen, dass Du verschiedene Ordner anlegst, in denen Du Deine Quellen speichern kannst – wenn es sich um digitale PDFs handelt. Hier kann beispielsweise schon eine recht grobe Unterteilung in „Gelesen", „In Bearbeitung" und „Unbearbeitet" helfen. Je nachdem, wie viele Quellen Du sammelst und liest, kann es notwendig sein, dass Du jeweils weitere Unterordner anlegst: z.B. „Passend", „Unpassend" und „Unklar" im Ordner „Gelesen".

EXKURS: LITERATURVERWALTUNGSPROGRAMME

Da die Literaturverwaltung ebenso wichtig ist wie die Literaturrecherche und eine gute Ordnerstruktur Dir viel Zeit – und Nerven! – beim späteren Schreiben der Abschlussarbeit schenken kann, möchten wir Dir gerne kurz Literaturverwaltungsprogramme vorstellen, welche die Ordnung und Übersicht für Dich übernehmen bzw. Dich dabei erheblich unterstützen können. Vorab sei gesagt, dass es Studierende und Professoren gibt, die auf diese Programme schwören, genauso wie solche, die selbst bei der Dissertation noch keine Leidenschaft dafür haben entwickeln können. Es ist in keinem Fall ein Muss, die Abschlussarbeit mit Hilfe eines Literaturverwaltungsprogramms zu schreiben – und gerade bei einer kürzeren Bachelorarbeit muss das auch gar nicht notwendig sein. Doch wir empfehlen Dir auf jeden Fall, Dich mit dem Thema auseinanderzusetzen und zu Beginn Deiner Arbeit zu entscheiden, ob Du diese Art der Verwaltung ausprobieren möchtest oder lieber nicht.

Die bekanntesten Literaturverwaltungssoftwares sind Mendeley, Endnote, Citavi und Zotero. Auch wenn alle Programme ihre eigenen Schwerpunkte und eine eigene Bedienung haben, so haben sie im Kern alle das gleiche Ziel: Die Organisation von Quellen. Mit Hilfe dieser Programme kannst Du Deine Quellen mit Tags und Keywords versehen, Zusammenfassungen schreiben, über Quellen hinweg nach Begriffen suchen und – und das ist ein entscheidender Vorteil – ein automatisiertes Literaturverzeichnis erstellen. Da solche Programme vieles leichter machen können, bieten viele Hochschulen mittlerweile die teils kostenpflichtigen Programme kostenfrei (oder vergünstigt) für ihre Studierenden an.

Mit einem guten und fundierten Literaturverzeichnis kannst Du viele Pluspunkte bei Deinen Betreuern sammeln, denn es zeigt, dass Du Dich intensiv und professionell mit dem Thema Quellenarbeit auseinandergesetzt hast. Wie Du diese Quellen korrekt in Deiner Abschlussarbeit zitierst und im Literaturverzeichnis angibst, zeigen wir Dir im nächsten Kapitel.

KAPITEL 7
RICHTIG ZITIEREN

In diesem Kapitel lernst Du u.a.:

- welche verschiedenen Zitierformate es gibt
- welche Grundlagen diese Formen haben und in welchen Fachbereichen sie angewendet werden
- welche Unterschiede es gibt bei der Zitation verschiedener Quellenarten
- was es mit LaTeX auf sich hat
- welche Tricks es gibt, um Plagiate zu vermeiden

7.1 WARUM ZITIEREN SO WICHTIG IST

Im vorangegangenen Kapitel hast Du bereits einiges über Quellen und Literaturrecherche gelernt. In diesem Kapitel geht es nun darum, wie Du diese Quellen richtig in Deinen Text und in das Literaturverzeichnis einbaust. Sicherlich hast Du im Laufe Deines Studiums bereits viele Quellen zitiert und vermutlich auch schon die ein oder andere Vorlesung zum Thema „Richtiges Zitieren" gehabt, daher möchten wir uns hier gar nicht groß in Details verlieren. Da das Thema aber dennoch unglaublich wichtig ist, und besonders in einer Abschlussarbeit, gibt es hier ein eigenes Kapitel mit den besten Tipps und Hinweisen dazu.

Grundsätzlich gilt: Bei wissenschaftlichen Arbeiten wird eine korrekte Zitierweise vorausgesetzt. Du sollst in Deiner Arbeit zeigen, dass Du nicht nur Inhalte korrekt erarbeiten kannst oder hochwertige Quellen gefunden hast, sondern Du sollst ebenso unter Beweis stellen, dass Du diese fachgerecht in Deinem Text verarbeiten und wiedergeben kannst. Nicht umsonst wird an fast allen Hochschulen jede Abschlussarbeit einem Plagiatscheck unterzogen, um herauszufinden, ob wirklich sauber gearbeitet wurde und ob Du alle fremden Inhalte rechtmäßig gekennzeichnet hast. Unterschätze dieses Thema also nicht!

Ein Hinweis möchten wir Dir hier daher vorab geben: Zitieren und Quellenangaben sind etwas Gutes und Du solltest Dich freuen, sie so häufig wie möglich zu verwenden. Grob zusammengefasst gibt es zwei Arten von Studenten, die am Ende Probleme mit Plagiaten haben:

1. Diejenigen, die es nicht besser wussten, weil ihnen ein Verständnis vom korrekten Zitieren fehlt
2. Diejenigen, die es besser wussten aber bewusst ignoriert haben, weil sie damit besser dastehen wollten.

Bei der ersten Gruppe ist das zentrale Problem ein Informationsmangel, das heißt es gab zu wenig Wissen über den Umgang mit Quellen und fremden Inhalten, sodass unbewusst plagiiert wurde. Daher stellen wir Dir hier die zentralen Regeln und allgemeine Grundsätze noch einmal vor. Bei der zweiten Gruppe liegt das Problem nicht bei mangelndem Wissen, sondern einem falschen Verständnis wissenschaftlicher Arbeit. Bei einigen wenigen Studenten (und gelegentlich sogar bei Promovenden) gibt es die Vorstellung, dass eine Abschlussarbeit nur dann gut ist, wenn möglichst viele Textpassagen ohne Quellenangabe dastehen, da so der Eigenanteil besonders hervorgehoben werden könne. Das ist schlichtweg falsch! Solltest auch Du im Freundeskreis diese Aussagen schon einmal gehört haben, dann hilft Dir dieses Kapitel, gute Argumente und Strukturen kennenzulernen, mit denen Du diese Sichtweise entkräften kannst.

Bei Bachelor- und Masterarbeiten wird von Dir wirklich nicht erwartet, dass Du bahnbrechende neue wissenschaftliche Erkenntnisse gewinnst, neue Theorien aufstellst oder gleich mit den großen Experten in Deinem Fachbereich mithalten kannst. Vielmehr geht es in einer Abschlussarbeit vor allem darum, dass Du Deinem Betreuer (und Deiner Hochschule, die Dir einen akademischen Titel verleiht) zeigst, dass Du verstanden hast, wie Du professionell mit wissenschaftlichen Inhalten umgehst, wie Du diese Inhalte innerhalb eines Themenbereichs und einer Fragestellung sortierst und wie Du ein eigenes kleines wissenschaftliches Projekt in den großen Kontext der vorhandenen Forschung eingliederst. Als Eigenleistung ist es völlig ausreichend, dass Du es schaffst, passende Quellen zu finden und diese sinnvoll miteinander zu verbinden (z.B. im Rahmen einer Literaturarbeit) oder das Du einen eigenen ganz kleinen Themenbereich neu oder aus einer anderen Perspektive durch eigene Datenerhebungen und/oder -auswertungen betrachten kannst (z.B. im Rahmen von empirischen Abschlussarbeiten).

EXKURS: PLAGIATE FINDEN

Wir sind uns sicher, dass Du Dein Bestes tun wirst, um alle fremden Inhalte fachgerecht anzugeben. Dennoch kann es sicherlich vorkommen, dass Du Dir an einzelnen Stellen nicht ganz sicher bist, wie Du mit einer Quelle umgehst, was und wie genau Du zitieren musst oder wie Du Ideen und Gedanken anderer Forscher in Deine eigene Arbeit einbaust. Damit Du am Ende kein ungewolltes Problem mit Plagiaten bekommst, bieten einige Hochschulen kostenfreie Plagiatschecks an. Schau hier also unbedingt, ob Du dazu Informationen findest und frag auch Kommilitonen um Rat.

Auch im Internet gibt es einige Plattformen, die Plagiatschecks anbieten – in der Regel allerdings kostenpflichtig. Wir empfehlen Dir hier, grundsätzlich skeptisch und vorsichtig zu sein, da Du nie weißt, welche Datenbanken im Hintergrund verwendet werden, um Plagiate zu entdecken. Auch hier solltest Du Dich daher bei Interesse zuerst im Freundeskreis umhören, ob bereits jemand positive oder negative Erfahrungen gemacht hat und selbst nach einem solchen Check noch einmal eigenständig und kritisch vor der Abgabe alle Zitate durchgehen. Hier lohnt sich in jedem Fall auch ein Blick auf die Website www.die-bachelorarbeit.de. Wenn Du Dir unsicher bist, kannst Du selbstverständlich auch Deinen Betreuer fragen, denn auch er freut sich garantiert eher über frühzeitiges Nachfragen als das er nachher ungewollte Fehler in Deiner Arbeit entdeckt. Solltest Du Dir an einigen Stellen nicht sicher sein, machst Du in jedem Fall nichts damit falsch, lieber einmal zu viel auf eine externe Quelle verwiesen zu haben, als einmal zu wenig.

Der Umgang mit Plagiaten wird in der Wissenschaft und an Hochschulen sehr ernst genommen. Viele Hochschulen haben mittlerweile eigene Flyer und Dokumente, die darauf hinweisen, dass mehrere schwere Zitierfehler im schlimmsten Fall nicht nur zu einer durchgefallenen Prüfung führen können, sondern auch zu einem Verweis von der Hochschule. Das verdeutlicht noch einmal, dass Du dieses Thema in jedem Fall ernst nehmen solltest!

DAS RICHTIGE ZITAT FINDEN

Informationen aus anderen Quellen kannst Du in verschiedenen Formen in Deine Abschlussarbeit einbringen. Die drei wichtigsten Zitierformate und ihre korrekte Anwendung haben wir Dir in der folgenden Tabelle zusammengestellt:

Tabelle 21: Zitierformate und ihre Zitierweise.

Format	Inhalt	Zitierweise
Direktes Zitat	Du möchtest einen Inhalt aus einer Quelle 1:1 wiedergeben	*„Das richtige Zitieren und Angeben von Quellen ist entscheidend“* (Liebknecht, 2019, S. 89).
Sekundärzitat	Du hast keinen Zugriff auf die originale Quelle und hast die Informationen durch eine andere Quelle bekommen	*„Das richtige Zitieren und Angeben von Quellen ist entscheidend“* (Schmidt, 2018, zitiert nach Liebknecht, 2019, S. 89)
Indirektes Zitat	Du gibst den Inhalt bzw. die Kernidee aus der Quelle wieder, aber nicht im originalen Wortlaut, sondern in eigenen Worten	Liebknecht (2019) hebt hervor, dass bei der Arbeit mit fremdem geistigem Eigentum eine richtige Zitierweise und ein Quellenverzeichnis wichtig sind.

In wissenschaftlichen Arbeiten wird vorrangig indirekt zitiert, d.h. die zentralen Erkenntnisse und Inhalte aus einer Quelle werden in eigenen Worten und unter Nennung der Autoren zusammengefasst. Direkte Zitate finden vor allem bei Definitionen oder persönlichen Anmerkungen zu Themen Anwendung, sowie bei der Arbeit mit qualitativen Daten, wenn beispielsweise auf Passagen aus einem Interview oder einer Diskussion verwiesen wird (da es hier oft auf den exakten Wortlaut eines interviewten Teilnehmers ankommt).

7.2 ZITATIONSFORMEN/-STILE

Neben den verschiedenen Ansätzen, wie Du Inhalte aus fremden Quellen einarbeiten und benutzen kannst, gibt es ebenfalls verschiedene Methoden, nach welchem Schema und Format Du im Text bzw. grundsätzlich in Deiner Abschlussarbeit auf sie verweist. Wir möchten Dir hier die drei zentralen Zitierformate APA, Harvard und IEEE vorstellen, die einen großen Bereich der Wirtschaftswissenschaften, Geistes- und Sozialwissenschaften und Ingenieurwissenschaften abdecken.

Auch hier gilt wie immer: Informiere Dich bei Deiner Hochschule, welche Vorgaben es gibt und welche Empfehlungen ausgesprochen werden. In der Regel bieten außerdem die Hochschulbibliotheken regelmäßig Kurse für Interessierte an, in denen die Grundlagen des Zitierens (noch) einmal erklärt und mit Beispielen veranschaulicht werden. Es kann durchaus auch sein, dass sich die jeweils bevorzugte oder vorgeschriebene Zitationsform/-stil von Fachbereich zu Fachbereich unterscheidet und damit verschiedene Vorgaben existieren. Wenn Du z.B. auf der Website deiner Universität suchst, achte also auch darauf, von wem diese Angaben kommen und für wen sie gelten.

Tabelle 22: Zitierformen, Fachbereiche und Quellenangaben.

APA* (v.a. Sozialwissenschaften)	
Direktes Zitat	„Zitat“ (Schmidt, Müller & Meier, 2018, S.89).
Indirektes Zitat	Schmidt, Müller und Meier (2018, S. 89) bemerkten...
Hinweise	Bei 3-5 Autoren ab der zweiten Quellenangabe in Text in der Kurzform „Schmidt et al., 2018, S.89”. Ab sechs Autoren auch in der ersten Quellenangabe schon. Bei Internetquellen keine Seitenangabe.
Harvard (v.a. Wirtschaftswissenschaften)	
Direktes Zitat	„Zitat“ (Schmidt/Müller 2018: 89) bei zwei Autoren. „Zitat“ (Schmidt et al. 2018: 89) ab drei Autoren.
Indirektes Zitat	Schmidt, Müller und Meier (2018: 89) bemerkten...
IEEE (v.a. Ingenieur- und Naturwissenschaften)**	
Hinweise	Im Text werden Zahlen in eckigen Klammern verwendet, um auf Quellen im Literaturverzeichnis hinzuweisen; z.B: [1], wobei die Quellen im Literaturverzeichnis entsprechend durchnummeriert werden.

** American Psychological Association; heute am meisten verbreitet.*
***Institute of Electrical and Electronical Engineers.*

Für alle Elemente im Text (u.a. Tabellen, Abbildungen, Formeln, Symbole etc.), die Du aus anderen Quellen entnimmst oder auf der Grundlage externer Quellen zusammenstellst, musst Du ebenfalls Quellen angeben. Hierfür gibt es innerhalb jedes einzelnen Zitierform eigene Vorgaben, über die Du Dich an Deiner Hochschule oder online (z.B. unter www.apastyle.apa.org) informieren kannst. Wichtig ist, dass Du einheitlich arbeitest und im Verlauf Deiner Abschlussarbeit ausschließlich eine Form verwendest.

EXPERTENTIPP: LATEX

Im vorangegangenen Kapitel hast Du bereits Literaturverwaltungsprogramme kennengelernt. Mit diesen Programmen kannst Du Dir nicht nur die Sortierung und Ordnung Deiner Literatur einfacher machen, sondern auch unkompliziert Literaturverzeichnisse erstellen. Ein weiterer Expertentipp ist eine Auseinandersetzung mit LaTeX. Hinter diesem Begriff verbirgt sich eine Software zur Verarbeitung von Texten und Formeln. Wissenschaftliche Arbeiten lassen sich in diesem Programm übersichtlich und einheitlich gestalten. Vor allem in den Natur- und Ingenieurwissenschaften oder in der Mathematik bietet sich eine Arbeit mit LaTeX an, da hier Formeln und Daten sehr einfach dargestellt werden können. Es lässt sich detailliert einstellen, wie Texte, Elemente, Grafiken oder Formeln im Dokument dargestellt werden sollen, was vor allem die Lesbarkeit von zahlenlastigen Arbeiten erleichtert. Wenn Du zuvor immer mit Textbearbeitungsprogrammen gearbeitet hast, dann wird Dich die LaTeX Oberfläche sicherlich beim ersten Benutzen herausfordern, da hier alles mit Befehlen organisiert wird. Daher empfehlen wir das Programm niemandem, der unter Zeitdruck steht oder generell auch mit Word & Co. gut klarkommt. Wenn Du jedoch auch in Zukunft weitere wissenschaftliche (oder mathematik-/zahlenlastige) Texte schreiben willst, kann es sich lohnen, sich einmal mit dem Programm auseinanderzusetzen. Falls Du grundsätzlich Interesse daran hast, solltest Du unbedingt bei der IT-Abteilung Deiner Hochschule, an Deinem Lehrstuhl oder auch im Freundeskreis fragen, ob bereits jemand mit LaTeX arbeitet.

7.2 QUELLEN IM LITERATURVERZEICHNIS

Alle Quellen, auf die Du im Text Deiner Abschlussarbeit verweist, müssen sich auch im Literaturverzeichnis wiederfinden. Hier listest Du alphabetisch sortiert auf, welche Quellen Du benutzt hast und zitierst, um Deine Arbeit mit wissenschaftlichen Theorien und Argumenten zu unterstützen. So wie für die Zitate und Textbausteine im Text gibt es auch für das Literaturverzeichnis Vorgaben, wie verschiedene Quellen angegeben werden müssen. Auch hier richtet sich das Schema nach der gewählten Zitierweise. Quellenangaben im Text und im Literaturverzeichnis müssen daher im Format desselben Zitierstils angegeben werden. Hier findest Du eine Übersicht der verschiedenen Zitationen.

Tabelle 23: Quellenangaben im Literaturverzeichnis.

Stil	Quellenangabe
	Buch
APA	Nachname, V. (Jahr). *Titel: Untertitel* (Auflage). Verlagsort: Verlag. Bonfadelli, H. & Friemel, T.N. (2011). *Medienwirkungsforschung: Grundlagen und theoretische Perspektiven* (10. Aufl.). Stuttgart, Deutschland: UTB.
Harvard	Nachname, Vorname und Nachname, Vorname (Jahr): *Titel. Untertitel*, XY. Aufl., Ort: Verlag. Bonfadelli, H. und Friemel, T. N. (2011). *Medienwirkungsforschung: Grundlagen und theoretische Perspektiven*, 10 Aufl. Stuttgart: UTB.
IEEE	V. Nachname and V. Nachname, *Titel: Untertitel.* Ort: Verlag, Jahr.

	H. Bonfadelli und T. N. Friemel, *Medienwirkungsforschung: Grundlagen und theoretische Perspektiven.* Stuttgart: UTB, 2011.
Journalartikel	
APA	Nachname, V. (Jahr). Titel: Untertitel. *Zeitschriftenname*, *Band*(Heftnummer), Seitenzahlen. Houwer, J. D., Gawronski, B., & Barnes-Holmes, D. (2013). A functional-cognitive framework for attitude research. *European Review of Social Psychology, 24*(1), 252-287.
Harvard	Nachname, V. (Jahr): Titel Artikel, in: *Titel der Zeitschrift*, Jg. Jahrgang, Nr. X, S.Y. Houwer, J. D., Gawronski, B. & Barnes-Holmes, D. (2013). A functional-cognitive framework for attitude research, in: *European Review of Social Psychology*, Jg. 24, Nr. 1, S. 252-287.
IEEE	V. Nachname, „Titel", *Titel der Zeitschrift*, Vol. X, Nr. Y, S.Z, Jahr. J. D. Houwer, B. Gawronski und D. Barnes-Holmes, „A functional-cognitive framework for attitude research," *European Review of Social Psychology,* Vol. 24, Nr. 1, S. 252-287, 2013.
Kapitel aus einem Herausgeberwerk/Sammelband	
APA	Nachname, V. (Jahr). Beitragstitel: Untertitel. In V. Nachname des Herausgebers (Hrsg.), *Titel des Sammelbandes: Untertitel* (Auflage/Band, S. Seitenzahlen). Verlagsort: Verlag.

	Bitner, M.J., & Obermiller, C. (1985). The elaboration likelihood model: Limitations and extensions in marketing. In E.C. Hirschman, & M.B. Holbrook (Hrsg.), *NA Advances in Consumer Research* (12. Aufl., S.420-425). Provo: Association for Consumer Research.
Harvard	Nachname, Vorname (Jahr): Titel des Artikels. In Vorname Nachname des Herausgebers (Hrsg.), *Titel des Gesamtwerks*, XY. Aufl. Ort: Verlag, S.Seitenzahlen. Bitner, M. J. & Obermiller, C. (1985). The elaboration likelihood model: Limitations and extensions in marketing. In. M. B. Holbrook & E. C. Hirschman, Hrsg., *NA Advances in Consumer Research*, 12 Aufl. Provo: Association for Consumer Research, S. 420-425.
IEEE	V. Nachname, „Titel des Artikels", in *Titel Sammelband*, XY Aufl. V. Nachname Herausgeber, Hrsg. Ort: Verlag, Jahr, S. Seitenzahlen. M. J. Bitner und C. Obermiller, „The elaboration likelihood model: Limitations and extensions in marketing," in *NA Advances in Consumer Research*, 12 Aufl. M. B. Holbrook und E. C. Hirschman, Hrsg. Provo: Association for Consumer Research, 1985, S. 420-425.
Internetquelle	
APA	Nachname V. oder Institution (Jahr). *Titel: Untertitel.* Abgerufen am Datum, von URL. Innofact AG (2007). *Das Deutsche Marketing-Ent-*

	scheiderpanel. Testimonialbefragung 2007. Abgerufen 15. August 2020, von http://www.absatzwirt schaft.de/pdf/testimonials2007.pdf
Harvard	Nachname, Vorname oder Institution (Jahr): *Titel*, [online] URL [Datum des Abrufs]. Innofact AG (2007). *Das Deutsche Marketing-Entscheiderpanel. Testimonialbefragung 2007*, [online] http://www.absatzwirt schaft.de/pdf/testimonials2007.pdf [15.08.2020].
IEEE	V. Nachname./Institution (Jahr, Monat Tag). Titel. (Auflage) [Online]. Verfügbar unter: URL. Innofact AG (2020, August 15). Das Deutsche Marketing-Entscheiderpanel. Testimonialbefragung 2007. [Online]. Verfügbar unter: http://www.absatzwirt schaft.de/pdf/testimonials2007.pdf.

EXKURS: EIGENPLAGIAT

Bei der Abschlussarbeit ist es wichtig, dass Deine Inhalte nicht bereits für eine andere Prüfungsleistung erbracht wurden (d.h. Du darfst nicht einfach Teile aus einer alten Hausarbeit übernehmen). Selbstverständlich kannst Du Inhalte, die Du bereits in einem anderen Rahmen veröffentlicht hast, in Deiner Abschlussarbeit verwenden, Du musst dies jedoch entsprechend kenntlich machen, indem Du Deine eigene Quelle zitierst. Tust Du das nicht, kann Dir Deine Hochschule genau wie bei einer nicht genannten externen Quelle vorwerfen, dass Du plagiiert hast.

KAPITEL 8
AUFBAU UND GLIEDERUNG

In diesem Kapitel lernst Du u.a.:

- welche administrativen Dinge Du noch vor dem ersten geschriebenen Wort beachten solltest
- die zentralen Elemente einer Abschlussarbeit kennen
- was sich hinter dem Akronym IMRAD verbirgt
- wie eine exemplarische Gliederung aussehen kann
- wie Du Deine Ideen und Gedanken vor dem Schreibprozess am besten sammelst

8.1 ERSTE SCHRITTE ZU EINER STRUKTUR

Du hast jetzt im ersten großen Teil des Buches viele wichtige Dinge gelernt, die sich mit der Planung Deiner Abschlussarbeit befassen. Auch wenn es sich vielleicht anders anfühlt: Einen großen Teil der Arbeit hast Du schon hinter Dich gebracht, auch wenn Du noch nicht viel zu Papier gebracht hast. Die Vorbereitung ist ein essentieller Teil Deiner Abschlussarbeit, denn wenn Du hier an den richtigen Stellen Zeit investiert hast – zum Beispiel bei der Auswahl einer geeigneten Forschungsfrage oder bei den Absprachen mit Deinem Betreuer – dann geht es jetzt „nur" noch darum, all das Wissen in einen passenden Rahmen zu gießen. Die Vorbereitung macht ca. 70% der gesamten Arbeit aus, sodass sich dieser zweite Teil nun mit den verbleibenden 30% befasst, nämlich dem konkreten Schreibprozess.

Bevor es losgeht, möchten wir Dir noch fünf nützliche administrative Schritte mit auf den Weg geben, die es erleichtern können, mit dem Schreiben zu starten.

1. Entscheide Dich für ein Schreibprogramm
   - Informiere Dich frühzeitig, ob es ein bestimmtes Format gibt, in dem bei Dir an der Hochschule Abschlussarbeiten abgegeben werden müssen (z.B. in Microsoft Word). Sollte dies nicht der Fall sein, bzw. solltest Du digital eine PDF einreichen müssen, dann kannst Du Dich frei entscheiden, ob Du Word, Pages, Open Office oder andere Alternativen benutzt.
   - Stell auf jeden Fall sicher, dass Du bei kostenpflichtigen Programmen (z.B. Microsoft 365) über den gesamten Bearbeitungszeitraum Deiner Abschlussarbeit einen Zugang hast, damit Du nicht mitten im Arbeitsprozess das Programm wechseln musst.

2. Nutze Formatvorlagen
   - An vielen Hochschulen gibt es für den eigenen Fach- oder Studienbereich Dokumentvorlagen, die man nutzen kann, um damit eine Abschlussarbeit zu schreiben. Diese Chance solltest Du auf jeden Fall nutzen, da Du so zum Schluss eindeutig weniger Aufwand mit Formatierungen und Anpassungen haben wirst.

3. Erstelle eine eigene Vorlage
   - Sollte es bei Dir keine Vorlagen geben, dann erstelle Dir zu Beginn in Deinem ausgewählten Programm eine eigene Vorlage. In diesem Masterdokument kannst Du alle wichtigen Formatvorgaben bereits vorab einstellen (z.B. Seitenabstände, Silbentrennung, Schriftgröße, Zeilenabstand etc.).

4. Speicher- und Backup Optionen kennen
   - Nichts ist ärgerlicher als gelöschte oder verloren gegangene Teile Deiner Arbeit. Damit ein Systemupdate, ein Absturz oder ein falscher Klick nicht auf einmal tagelange Arbeit zunichte machen, solltest Du Dir vorher überlegen, wie, wo und in welchen Abständen Du Sicherheitskopien anstellst. Neben cloudbasierten Lösungen ist ein USB-Stick eine einfache Alternative. Der Stick sollte dann aber nach jedem Arbeiten aus dem USB-Slot entfernt werden, damit PC/Laptop und Stick auch wirklich unabhängige Speichermedien sind.

5. Wörter zählen üben
   - Vermutlich wirst Du für Deine Abschlussarbeit eine Vorgabe haben, wie viele Wörter sie umfassen darf. Nachdem Du die ersten Absätze und Seiten geschrieben hast, solltest Du schon einmal die Wörter zählen, um ein Gefühl dafür zu bekommen, wie viele Wörter

im Schnitt auf einer A4 Seite in Deiner Arbeit sind bzw. wie viele Wörter ein gewöhnlicher Absatz bei Dir ungefähr hat. So bekommst Du schnell ein Gefühl für das Verhältnis von Textseiten zu Wörtern und hast am Ende nicht das Problem, einzelne Passagen oder sogar ganze Kapitel nochmal komplett neu überarbeiten zu müssen, weil beispielsweise Deine Einleitung aus Versehen doppelt so lang geworden ist wie Dein Methodenteil.

8.2 DER TATSÄCHLICHE AUFBAU

Wenn Du Dir über die ersten vier Punkte Gedanken gemacht hast und den fünften Punkt im Hinterkopf behältst, dann kannst Du jetzt damit starten, Dich um den Aufbau und die Gliederung Deiner Abschlussarbeit zu kümmern. Natürlich könntest Du auch „einfach so" drauf losschreiben – Schließlich hast Du Dir bei der Themenwahl und bei einem möglichen Exposé schon Gedanken über den Inhalt gemacht. Doch wie bei vielen Dingen gibt es auch mit Blick auf den Aufbau einige Vorgaben in der wissenschaftlichen Welt. Sieh diese Vorgaben jedoch nicht als Hindernis und Einschränkung, sondern als Chance. Tausende von Forschern vor Dir haben sich über Jahrzehnte hinweg auf eine allgemeingültige Struktur geeinigt, die auch als Standard für Abschlussarbeiten gesehen wird. Du bekommst somit eine klare Struktur an die Hand gegeben, die Du nun im Schreibprozess Schritt für Schritt abarbeiten kannst, ohne Dir selbst noch große Gedanken machen zu müssen, in welcher Reihenfolge Du welche Dinge schreibst.

Unabhängig vom Fachbereich oder der gewählten Methoden (z.B. qualitativ vs. quantitativ) besteht eine wissenschaftliche Arbeit in der Regel immer aus den folgenden fünf Kapiteln:

Kapitel 1: Die Einleitung
Kapitel 2: Die Theorie
Kapitel 3: Die Methodik
Kapitel 4: Die Ergebnisse
Kapitel 5: Die Diskussion und das Fazit

Je nach Fachbereich, Hochschule oder auch Journal haben diese Kapitel leicht abweichende Bezeichnungen, im Kern behandeln die jedoch alle dieselben Inhalte in derselben Reihenfolge. Ein Verständnis für diesen standardisierten Aufbau von wissenschaftlichen Texten hilft Dir nicht nur bei der Strukturierung Deiner eigenen Abschlussarbeit, sondern ist auch eine hilfreiche Unterstützung beim Lesen und Recherchieren von Quellen. Wenn Du verstanden hast, in welchem Kapitel welche Inhalte vorkommen und in welcher Reihenfolge ein Paper grundsätzlich aufgebaut ist, dann kannst Du nämlich potenziell relevante Quellen schneller und effizienter „querlesen".

IMRAD

Aus dem englischen übernommen gibt es das Akronym IMRAD, welches diese Struktur noch einmal zusammenfasst (Day & Gastel, 2006). IMRAD steht dabei für:

1. Introduction (Einleitung)
2. Methods (Methoden)
3. Results (Ergebnisse) and
4. Discussion (Diskussion)

Wie Du siehst, ist hier der Theorieteil nicht extra mit abgebildet, da sich in einem üblichen Artikel in einem Fachjournal die allgemeine theoretische Einführung, die wichtigsten Autoren, Begriffe, Konzepte und Theorien ebenfalls in der Einleitung befinden. Im Kern ist es jedoch derselbe Aufbau wie bereits oben beschrieben, sodass sich dieser zweite Teil des Buches folglich an fünf Kapiteln orientiert. Hier findest Du schon einmal ein Beispiel, wie die Gliederung einer empirischen Abschlussarbeit mit den fünf Kapiteln aussehen kann und was sich hinter den Kapiteln an Inhalten verbirgt. Wie genau die einzelnen Kapitel aufgebaut sind erfährst Du im Detail auf den kommenden Seiten – dieses Beispiel soll Dir nur einen ersten Eindruck von der Idee vermitteln.

Tabelle 24: Beispielhafte Gliederung einer Abschlussarbeit*.

Gliederung/Kapitel	Umfang
1. Einleitung • Ausgangssituation • Kurzüberblick bisheriger Studien • Forschungsfrage • Ziel der Arbeit • Vorgehensweise • Aufbau der Arbeit	2,5 Seiten
2. Theorie • Theorieübersicht und Begriffsklärung ○ Theorie/Begriff 1 ○ Theorie/Begriff 2 ○ Theorie/Begriff 3 ○ Ggf. Kritische Bewertung • Aktueller Forschungsstand ○ Auflistung aller verwendeten Studien inkl. Begründung der Studienauswahl ○ Ergebnisse und Erkenntnisse aus bisherigen Studien ○ Forschungslücke ○ Resultat: Intention dieser Arbeit	10 Seiten

3. Methodik • Hypothesen/weitere Forschungsfragen • Methodik • Daten (u.a. Auswahl, Einschränkungen) • Durchführung (u.a. Teilnehmer, Rekrutierung, Auswahl)	5-10 Seiten
4. Ergebnisse • deskriptive Ergebnisse (Beschreibend, allgemeine Kennzahlen, Alter, Geschlecht der Teilnehmer etc.) • detailliertere Ergebnisse (inferenzstatistische Auswertungen etc.)	10 Seiten
5. Diskussion • Ergebnisüberblick (Zusammenfassung) • Diskussion • Methodenkritik • ggf. Implikationen/Empfehlungen (vor allem bei Praxisarbeiten in Unternehmenskooperation) • Future Research/Ausblick • Abschlusskritik der eigenen Arbeit	10-20 Seiten

**empirische Arbeit, Vorgabe ca. 50 Seiten, exklusiv Verzeichnisse/Anhang.*

ABWEICHUNGEN BEI EINEM LITERATURE-REVIEW

Selbstverständlich kannst Du statt einer empirischen Arbeit auch eine Literaturarbeit schreiben. Die allgemeine Kapitelstruktur bleibt die Gleiche, ab dem Methodenteil geht es hier jedoch nicht darum, wie Du eigene Daten erhoben und ausgewertet hast, sondern darum, verständlich und nachvollziehbar zu beschreiben, wie und nach welchen Kriterien Du Deine Literatur ausgewählt hast, welche Quellen in die Abschlussarbeit aufgenommen wurden und welche zentralen Themen, Theorien und Forschungsrichtungen es in Deinem Fachbereich gibt bzw. wie Deine Forschungsfrage in der bisher existenten Literatur beantwortet wird.

8.3 KAPITELÜBERGÄNGE

Ganz egal, was für eine Art von Abschlussarbeit Du schreibst; Du solltest beim Aufbau und bei der Gliederung immer darauf achten, dass es auch für fachfremde Leser einen erkennbaren roten Faden gibt. Aus dem Inhaltsverzeichnis sollte hervorgehen, was in den jeweiligen Kapiteln behandelt wird und wie sie strukturiert sind. In der Einleitung kannst Du dann noch einmal einen gesamten Überblick geben und kurz darauf eingehen, wie die Kapitel angeordnet sind und welche Inhalte in welchem Teil der Arbeit abgedeckt werden. Gerade bei längeren Abschlussarbeiten kann es außerdem helfen, wenn Du zu Beginn eines jeweils neuen Kapitels kurz aufzählst, was auf den folgenden Seiten folgt. Wenn Du Dich an der oben beschriebenen Struktur orientierst, hast Du schon einen wichtigen Grundstein gelegt.

EXPERTENTIPP: PLATZ ZUM BRAINSTORMING

Wir empfehlen Dir, dass Du zu Beginn des Schreibprozesses neben der bereits eingangs erwähnten Masterdatei mit passender Formatierung auch zu jedem der fünf Kapitel ein separates Dokument anlegt. Hier kannst Du alle Inhalte und Ideen sammeln, die Dir zu diesem Bereich in den Kopf kommen. Das können Stichworte sein, Autoren oder Theorien, auf die Du verweisen möchtest, Ideen für Unterkapitel oder ein Hinweis von Deinem Betreuer, worauf Du in diesem Kapitel besonders achten solltest. Mit diesen Dokumenten schaffst Du es, eigene Ideen und Ideen aus Gesprächen mit Deinem Betreuer oder anderen Außenstehenden strukturiert zu sammeln, sodass Du im Schreibprozess immer wieder auf diese Dokumente zurückgreifen kannst.

Mit diesem Expertentipp hast Du so bestenfalls zum Ende Deiner Schreibphase fünf Kapitel, die Du dann nur noch zusammenfügen musst. Hierbei ist es besonders wichtig, dass Du darauf achtest, nicht einfach nur fünf Kapitel hintereinander zu schreiben, sondern diese auch inhaltlich stimmig miteinander zu verbinden. Wie bei der Gliederung sollte nämlich auch Deine inhaltliche Argumentation logisch und gut strukturiert sein. Eine Abschlussarbeit sollte ohne große Verständnisfragen flüssig zu lesen sein.

Als Hilfe stell Dir folgende Situation vor: Ein Leser, der deine Arbeit zum ersten mal liest, sollte idealerweise am Ende eines Kapitels schon mehr oder weniger genau vorhersagen können, wie es in dem nächsten Kapitel weitergeht und was in dort erwartet. Wie genau das innerhalb der jeweiligen Kapitel geht, erklären wir im weiteren Verlauf noch. Ganz grundsätzlich solltest Du versuchen, zwischen den verschiedenen Kapiteln inhaltliche Brücken zu bauen. Am Ende jedes Kapitels kannst Du so beispielsweise kurz das wichtigste zusammenfassen und dem Leser erklären, was als nächstes folgt. Am Ende ist eine gute Abschlussarbeit vor allem so eine, die sich als Gesamtwerk lesen lässt und die nicht nur aus fünf lose zusammenhängenden Einzelkapiteln besteht. Auch wenn Du vermutlich die einzelnen Kapitel jeweils in sich selbst abgeschlossen schreibst, solltest Du daher zum Schluss vor allem noch einmal einen Blick auf die Übergänge werfen und schauen, ob sich für einen externen Leser logisch nachvollziehen lässt, warum auf den einen Textteil nun der nächste folgt. Ein zielgerichteter Aufbau und eine klare Gliederung bringen gleich zwei große Vorteile mit sich: Sie erleichtern es Dir, beim Schreiben Deine Argumentation im Blick zu behalten und Schritt für Schritt voranzugehen, und sie sorgen beim Leser (und Bewerter) für ein besseres Verständnis und einen besseren Lesefluss.

Neben den fünf inhaltlichen Kapiteln gibt es jedoch noch weitere Bausteine in der Gliederung einer Abschlussarbeit, die wir Dir im kommenden Kapitel kurz vorstellen möchten. Dazu gehören das Deckblatt und Verzeichnisse wie ein Tabellenverzeichnis, ein Abbildungsverzeichnis oder das Literaturverzeichnis, der Anhang und weitere Bestandteile, wie ein Abstract, Danksagungen sowie ggf. Sperrvermerke oder eine Eidesstattliche Erklärung.

KAPITEL 9
VERZEICHNISSE UND ANHÄNGE

In diesem Kapitel lernst Du u.a.:

- alle Bausteine der Abschlussarbeit kennen, die nicht in den fünf zentralen Kapiteln eingebaut werden
- welche Verzeichnisse es gibt und wie Du sie aufbereitest
- wie Du mit Abbildungen und Tabellen Ordnung und eine Struktur schaffst
- welche Inhalte in den Text gehören und welche in den Anhang
- was es mit einem Sperrvermerk auf sich hat

9.1 AUCH FORMELL ÜBERZEUGEN

Empfehlungen aus der Fachliteratur schlagen die folgende Gewichtung bei der Bewertung von Abschlussarbeiten bzw. von wissenschaftlicher Arbeit generell vor:

- Inhalt (ca. 70%)
- Stil (ca. 20%)
- Form (ca. 10%)

Da nur ein perfektes Zusammenspiel aller Punkte zu einer guten und runden Abschlussarbeit führt, möchten wir in diesem Buch alle drei Punkte beleuchten. Deshalb möchten wir Dir auf ein paar Seiten einige Hinweise zur Form von Abschlussarbeiten geben. Bevor wir also mit dem inhaltlichen Kapitel starten, zeigen wir Dir auf den nächsten Seiten, welche Elemente es in einer Abschlussarbeit abseits der zentralen fünf Kapitel gibt. Hier folgt zunächst eine grobe Übersicht dieser zusätzlichen Elemente.

Tabelle 25: Weitere Elemente einer Abschlussarbeit.

Element	Kurzbeschreibung
Elemente *vor* dem Textteil	
Deckblatt	Das Wichtigste zur Abschlussarbeit auf einen Blick, insbesondere Titel, Untertitel, Matrikel-Nr., Universität/Fachbereich, Betreuer.
Zusammen-fassung/ Abstract	Kurzvorstellung der zentralen Elemente der Abschlussarbeit (Hintergrund, Forschungsfrage, Methodik, zentrale Erkenntnisse, Bedeutung), ggf. zusätzlich auf englisch.
Vorwort/ Danksagung	*Optional*: Kurze einleitende Wort und Danksagung an beteiligte Personen/Institute/Lehrstühle.

Sperrvermerk	*Optional*: Hinweis zur Geheimhaltung bei Abschlussarbeiten mit sensiblen Unternehmensdaten.
Inhaltsverzeichnis	Übersichtliche Darstellung aller zentralen Kapitel und Unterkapitel der Arbeit
Abbildungsverzeichnis	Übersicht aller Abbildungen inkl. Titel und Seite.
Tabellenverzeichnis	Übersicht aller Tabellen inkl. Titel und Seite.
Abkürzungsverzeichnis	*Optional:* Übersicht aller verwendeten Abkürzungen und ihrer Bedeutungen
Elemente *nach* dem Textteil	
Literaturverzeichnis	Alphabetische Übersicht aller verwendeten Quellen.
Anhang	Möglichkeit, ergänzende Informationen hinzuzufügen (z.B. Fragebögen aus Umfragen, detaillierte statistische Ergebnisse, Hintergrundfakten).
Eidesstattliche Erklärung	Bestätigung, dass die vorliegende Arbeit eigenständig (ohne weitere Hilfe) unter Angabe/Kennzeichnung aller externen Ideen verfasst wurde.

9.2 DIE EINZELNEN ELEMENTE

DECKBLATT

Das Deckblatt umfasst alle wichtigen Informationen zu Dir und Deiner Abschlussarbeit. In der Regel gibt es eine Vorlage Deiner Hochschule oder sogar ein Musterdeckblatt, in welchem Du lediglich die Platzhalter durch Deine eigenen Daten austauschen musst. Sollte es keine Vorgabe geben, dann hilft ein Blick in veröffentlichte Abschlussarbeiten aus Deinem Fachbereich an Deiner Hochschule, denn hier kannst Du schauen, wie Studierende vor Dir ihr Deckblatt gestaltet haben. Die zentralen Bestandteile des Deckblatts sind in der Regel:

- Titel und Untertitel
- Name und Logo der Hochschule
- Vor- und Nachname
- Matrikelnummer/Studien-ID
- Vor- und Nachname Deines Erstbetreuers
- Vor- und Nachname Deines Zweitbetreuers
- ggf. mit Zusatz einer externen Hochschule oder eines Partnerunternehmens
- Name des Studiengangs (ggf. Fachbereich und/oder Fachschaft)
- Abgabedatum
- ggf. Hinweis auf einen Sperrvermerk

Ein wichtiger Bestandteil Deines Deckblatts sind Titel und Untertitel Deiner Abschlussarbeit. Wenn Du mit den Recherchen zu Deiner Abschlussarbeit beginnst, hast Du meist noch keinen Titel, da Du noch nicht einschätzen kannst, in welche Richtung sich Deine Arbeit genau entwickeln wird. Selbst nach einer soliden Vorbereitung und einigen Gesprächen mit Deinem Betreuer ist es häufig der Fall, dass Du noch keinen Titel für Deine Abschlussarbeit hast – und das ist auch gar kein Problem. Meist arbeitest Du mit einem Arbeitstitel, also einem vorläufigen Titel, der schon einmal eine Richtung vorgeben soll, aber im Nachhinein immer noch angepasst oder verändert werden kann. Es wird jedoch der Zeitpunkt kommen, an dem Du Deine Arbeit offiziell beim Prüfungsamt anmelden musst, wobei Du dort in den meisten Fällen einen Titel angeben musst. Hier solltest Du Dich vor der Anmeldung unbedingt mit Deinem Betreuer kurzschließen, auf welchen Titel ihr Euch einigt. Es bietet sich an einen möglichst breiten Titel zu wählen, der eher vage ist und noch nicht zu tief ins Detail geht. So lässt Du Dir die Option offen, die genaue inhaltliche Ausrichtung Deiner Arbeit noch im Verlauf des Arbeitsprozesses anzupassen, ohne am Ende eine Abschlussarbeit zu haben, die nicht mehr zum festgelegten Titel passt. Außerdem hast Du immer die Möglichkeit noch einen Untertitel zu ergänzen, nachdem Du den Großteil der Arbeit geschrieben hast, in dem Du genauer ins Detail gehst, da Du jetzt weißt, welche Inhalte abgedeckt werden und wo der Fokus der Arbeit liegt.Ein guter Titel bzw. Untertitel sollten:

- das zentrale Thema der Arbeit nennen
- mögliche Schwerpunkte aufgreifen (z.B. regionale/geografische Schwerpunkte, zeitliche Beschränkungen)
- einfach und eindeutig verständlich sein
- keine unnötigen Fach- oder Fremdwörter enthalten
- keine Frage stellen.

ZUSAMMENFASSUNG/ABSTRACT

Direkt nach dem Deckblatt kommt eine Seite mit dem sogenannten Abstract – in der Regel auf deutsch und auf englisch. Im Abstract wird die Abschlussarbeit in einem festgelegten Rahmen von Wörtern zusammengefasst. Den Großteil des Abstracts verfasst Du im Präsenz (z.B. „Die vorliegende Arbeit untersucht..." oder „In der Wissenschaft beschäftigt man sich mit..."). Lediglich, wenn Du auf vergangene Ereignisse verweist, wechselst Du ins Perfekt (z.B. „Der wissenschaftliche Diskurs hat vor fünf Jahren begonnen..." oder „Es wurde dabei untersucht, ob..."). Im Abstract müssen die zentralen Inhalte Deiner Arbeit enthalten sein, wie die Forschungsfrage, die gewählte Methodik, erhobene/verwendete Daten, die wichtigsten Ergebnisse und mögliche Einschränkungen. Ein Abstract sollte beantworten, was das Kernthema ist, was genau untersucht wurde, welche Methode/Daten dafür gewählt wurden, was die zentralen Ergebnisse sind und was diese Ergebnisse bedeuten (können). Das Abstract ist zu verstehen als das Twitter der Wissenschaft: Hier geht es darum, alles Wichtige mit möglichst wenig Zeichen zu beschreiben. Das Abstract schreibst Du klassischerweise zum Schluss Deiner Abschlussarbeit, da Du hier den gesamten Inhalt noch einmal zusammenfassen sollst. Wenn Du Dir unsicher bist, wie ein Abstract aufgebaut ist oder welche Inhalte Du aufnehmen sollst, wirf einen Blick in die Studien und Quellen, die Du im Literaturteil verwendet hast. Jede wissenschaftliche Veröffentlichung in Fachzeitschriften hat ein Abstract – welches in der Regel unabhängig vom Volltext frei zugänglich ist. Hier kannst Du Dir Inspiration holen bezüglich gängiger sprachlicher Formulierungen und der Schwerpunktsetzung im Abstract.

VORWORT/DANKSAGUNG

Bevor es mit Deiner Abschlussarbeit inhaltlich losgeht, hast Du die Möglichkeit, ein Vorwort mit einer Danksagung zu verfassen. Selbstverständlich ist dies kein Pflichtbestandteil einer Abschlussarbeit, wird aber immer häufiger auch von Studenten gewählt. In einem Vorwort und in der Danksagung hast Du die Möglichkeit, die vorliegende Abschlussarbeit zu kontextualisieren und Deine Arbeitszeit zu reflektieren. Außerdem kannst Du – wie der Name schon sagt – den Raum nutzen, um Dich bei Deinen Wegbegleitern zu bedanken. Dieser Dank kann grundsätzlich an alle Personen gehen, beispielsweise an Deine Familie, Partner und Freunde, die Dich im Arbeitsprozess unterstützt haben. Besonders bei externen Abschlussarbeiten bzw. bei Praxisarbeiten wird hier ebenfalls dem Partnerunternehmen oder der Partneruniversität sowie den dortigen Betreuern gedankt. Solltest Du finanzielle Unterstützung bekommen haben, beispielsweise von einem Stipendienwerk, aus einer Unternehmensförderung oder als Forschungsförderung, kannst Du Dich ebenfalls an dieser Stelle bei den Institutionen bedanken. Selbstverständlich kannst Du hier auch Deinem eigenen Betreuer Deinen Dank aussprechen – was, wenn eine Danksagung gewählt wurde, relativ üblich ist und Dir daher nicht seltsam erscheinen muss.

SPERRVERMERK

Wenn Du Deine Abschlussarbeit in einem Unternehmen schreibst und dort mit sensiblen internen Daten arbeitest, dann kann ein Sperrvermerk verhindern, dass Deine Abschlussarbeit einfach so veröffentlicht oder vervielfältigt wird. Ein Sperrvermerk ist ein Schutz für Unternehmen vor dem Verlust oder der Freigabe interner Firmendaten und bietet Dir als Student die Möglichkeit, auch über geheime oder streng vertrauliche Betriebsthemen eine Abschlussarbeit zu verfassen. In der Regel ist ein Sperrvermerk mit einer zeitlichen Dauer versehen, die frei vom Unternehmen festgesetzt werden kann. Ein Sperrvermerk ist formlos und wird der Abschlussarbeit noch vor dem Inhaltsverzeichnis vorangestellt. Wir empfehlen Dir, den Sperrvermerk auf eine eigene Seite zu setzen, sodass er definitiv nicht übersehen und gleich wahrgenommen werden kann.

INHALTSVERZEICHNIS

Das erste Verzeichnis in einer Abschlussarbeit ist das Inhaltsverzeichnis. Hier gibst Du dem Leser einen ersten Überblick über Deine Arbeit und zeigst, mit welcher Struktur Du eine Fragestellung bearbeitet hast. Das Inhaltsverzeichnis listet alle Kapitel und Unterkapitel sowie die dazugehörigen Seitenzahlen auf. Außerdem sind hier alle weiteren Inhalte Deiner Arbeit erfasst, wie beispielsweise alle anderen Verzeichnisse, damit der Leser direkt einen Gesamtüberblick bekommt. Damit Du schon mit dem Inhaltsverzeichnis punkten kannst, gibt es einige Punkte, die Du beachten solltest.

Für das Inhaltsverzeichnis gilt:

- Alle Überschriften müssen mit den Überschriften im Text übereinstimmen
- Die Nummerierung beginnt bei 1 und wird fortlaufend weitergeführt
- Hinter Überschriften gibt es keine Satzzeichen
- Das Inhaltsverzeichnis selbst muss nicht als Punkt in das Inhaltsverzeichnis aufgenommen werden
- Abkürzungen wie "Seite/S." müssen nicht mit aufgenommen werden; es reicht die Seitenzahl
- Seitenzuweisungen sind immer eindeutig (nicht S.8/9)
- Zu jedem Gliederungspunkt sollte mindestens eine halbe Seite Text geschrieben werden.

Zur Übersichtlichkeit ist zu empfehlen (nur Richtwerte):

- Nicht mehr als vier Teilgliederungspunkte pro Hauptpunkt
    - d.h. maximal 1.1, 1.2, 1.3 und 1.4
- Nicht zu viele einzelne Gliederungsebenen
    - d.h. maximal bis beispielsweise 1.1.2.1
- Jedoch mindestens zwei Unterpunkte für jeden neuen Gliederungspunkt
    - d.h. wenn es irgendwo 1.1 gibt, kommt immer auch (mindestens) 1.2 dazu

- Abgestimmtes und ausgeglichenes Gesamtbild
  - d.h. nicht ein Gliederungspunkt mit acht Unterkapiteln und ein anderer Gliederungspunkt mit nur zwei Unterkapiteln.

Grundsätzlich sollte die Schwerpunktsetzung der Arbeit schon mit Blick auf das Inhaltsverzeichnis erkennbar sein, zum Beispiel durch sinnvolle Auswahl von Gliederungspunkten und nachvollziehbare Längen einzelner Kapitel bzw. Unterkapitel. Ein Inhaltsverzeichnis kann in Textverarbeitungsprogrammen wie Word automatisch erstellt werden, wenn Du alle Überschriften und Unterüberschriften (unter „Formatvorlagen") als solche kennzeichnest.

ABBILDUNGS- UND TABELLENVERZEICHNIS

Im Anschluss an das Inhaltsverzeichnis folgen ein Abbildungs und Tabellenverzeichnis. Selbst wenn ein Verzeichnis recht wenig Inhalt hat, weil Du beispielsweise nur zwei bis drei Abbildungen verwendest hast, ist es wichtig, dass jedes Verzeichnis einzeln und korrekt dargestellt wird. Auch hier geht es darum, neben dem Inhalt mit einer korrekten und professionellen Form zu punkten. Die Nummerierung der Darstellungen erfolgt ohne Unterbrechung, d.h. die erste Abbildung oder Tabelle im Text muss zwingend mit „Abbildung 1" bzw. „Tabelle 1" beginnen, und es darf auch keine Zahl übersprungen werden. Im Verzeichnis selber erfolgt keine Quellenangabe, sondern ausschließlich die Nummer der Abbildung oder Tabelle, der Titel und die entsprechende Seitenzahl. Auch wenn Du hier immer noch einmal einen Blick in die Vorgaben Deiner Hochschule werfen solltet, gilt allgemein, dass Abbildungen eine Abbildungs*unter*schrift haben und Tabellen für gewöhnlich eine Tabellen*über*schrift. Für Abbildungen (und auch Tabellen) im Text gilt:

- Eindeutige und klare Über- bzw. Unterschrift
- Keine doppelte Verwendung von Über-/Unterschriften
- Inhalte sollten größtenteils selbsterklärend sein
- Wenn nötig Legenden einfügen
- Professionelle Darstellung (z.B. kein verwackelter Scan einer Abbildung, klare Unterscheidung möglich bei Schraffierungen/Farben)
- Einheitliche Darstellung (d.h. Tabellen haben immer einen einheitlichen Aufbau und Stil)
    - Tabellen nicht einfach aus Statistikprogrammen oder Excel entnehmen, sondern einheitlich neu erstellen und einfügen
- Tabellen und Abbildungen werden immer freistehend eingefügt, das heißt es gibt weder links noch rechts weiteren Text
- Im Text muss auf Tabellen und Abbildungen verwiesen werden und zentrale Erkenntnisse müssen im Text aufgegriffen werden
    - Tabellen bzw. Abbildungen und der Fließtext müssen immer miteinander verknüpft sein
- Wenn möglich sollte vermieden werden, dass Tabellen einen Seitenumbruch haben
    - Option: Darstellung einer Tabelle auf einer Seite im Querformat.

UMGANG MIT ABBILDUNGEN

Im Abbildungsverzeichnis werden alle Abbildungen bzw. Grafiken aufgelistet, die Du im Laufe Deiner Abschlussarbeit verwendest. Dazu gehört ihr Titel und einem Verweis auf die Seitenzahl. Alle Abbildungen, die Du benutzt, müssen fortlaufend nummeriert, betitelt und mit einer Quellenangabe im Text versehen werden. Wenn Du eine Abbildung im Text verwendest, kommt zuerst die Abbildung und dann unter dieser die Beschriftung nach dem Muster „Abbildung 1: Kostenstrukturen in der Produktion". Ob ein Doppelpunkt zur Trennung verwendet wird oder nicht, hängt hier ebenfalls von Vorgaben Deiner Hochschule ab. Wichtig ist, dass Du Dinge über Deine gesamte Arbeit hinweg einheitlich machst, das heißt, entweder immer einen Doppelpunkt verwendest oder nie.

Wenn Du eine Abbildung aus einem Fachbuch, einer Studie oder einer anderen externen Quelle übernimmst, dann musst Du diese in der Abbildungsunterschrift angeben. Wie genau Du das machst, wird in der Regel durch die gewählte Zitierweise bzw. durch Vorgaben der Hochschule bestimmt. Wenn Du eine eigene Abbildung erstellt hast, dann kannst Du sie – anstatt eine andere Quelle anzugeben – mit dem Zusatz „Eigene Darstellung" kennzeichnen. Häufig kommt es vor, dass Du die Abbildungen oder Schaubilder anderer Forscher zur Inspiration genommen hast, um aus mehreren Vorlagen eine eigene Abbildung zu erstellen. In diesem Fall, also wenn Du eine vorhandene Abbildung leicht verändert oder angepasst übernimmst, kannst Du sie mit „Eigene Darstellung, in Anlehnung an: XYZ" betiteln.

Bei Grafiken solltest Du besonders darauf achten, dass die Skalierung und Beschriftung der Achsen sinnvoll und nicht verzerrend ist. Selbstverständlich kann eine Skalierung eine Grafik maßgeblich verändern und damit (Fehl-)Interpretationen provozieren. Zu guter wissenschaftlicher Praxis gehört es jedoch, dass Du auf den ersten Blick eindeutige und nicht-manipulierte Grafiken und Abbildungen verwendest, um niemanden bewusst in die Irre zu führen. Ganz grundsätzlich ist es daher wichtig, dass Deine Achsen beschriftet sind, Du eine Legende hast und die Schattierungen und Schraffuren so gewählt sind, dass sie eindeutig voneinander zu unterscheiden sind. Bei der Wahl von verschiedenen Farben oder Mustern solltest Du immer im Hinterkopf behalten, in welchem Format Deine Abschlussarbeit abgegeben wird. Sollte es eine digitale Kopie sein, dann sind Farben in der Regel kein Problem. Solltest Du sie jedoch in schwarz-weiß gedruckt abgeben, dann solltest Du schon jetzt bei der Erstellung von Abbildungen darauf achten, dass nicht Farben das einzige Unterscheidungsmerkmal sind.

UMGANG MIT TABELLEN

Bei Tabellen im Text gilt grundsätzlich, dass nur die wichtigsten Werte aufgeführt werden sollen und nicht einfach alle statistischen Werte, die bei einer Analyse herausgekommen sind. In der Regel erstellst Du noch einmal ausführliche Tabellen für den Anhang, damit so Deine Analyseschritte und Deine Ergebnisse nachvollziehbar sind. D.h., in einer Tabelle in der Arbeit sollte wirklich nur das präsentiert werden, was für ein Verständnis Deiner Argumentation, Ergebnisse oder Interpretationen wichtig ist. Wenn möglich, achte darauf, dass Kopfzeilen bei solchen Tabellen, die über eine Seite hinausgehen, zu Beginn der neuen Seite wiederholt werden, damit ein Leser nicht immer umblättern muss, wenn er die Kategorien, Zeilen- oder Spaltenbeschriftungen ablesen will.

ABKÜRZUNGSVERZEICHNIS UND SYMBOLVERZEICHNIS

Zwei weitere Verzeichnisse, die je nach Themenbereich Anwendung finden oder auch nicht, sind ein Abkürzungsverzeichnis und ein Symbolverzeichnis. Solltest Du diese Verzeichnisse verwenden, so starten sie grundsätzlich auch auf einer neuen Seite.

Das Abkürzungsverzeichnis enthält alle Abkürzungen, die Du im Laufe Deiner Arbeit verwendest, in alphabetischer Reihenfolge. Grundsätzlich gibt es hier nur sehr wenige Abkürzungen, die als bekannt vorausgesetzt werden, sodass es in der Regel bei jeder Abschlussarbeit ein solches Verzeichnis gibt. Bekannt sind beispielsweise die Abkürzungen z.B. (zum Beispiel), d.h. (das heißt), usw. (und so weiter), etc. (et cetera), u.a. (unter anderem), vgl. (vergleiche) oder bzw. (beziehungsweise). Diese Abkürzungen müssen daher nicht aufgenommen und auch nicht im Text eingeführt werden.

Wichtig ist, dass Du jeden weiteren Begriff, für den Du eine Abkürzung verwendest, bei der ersten Nennung im Text ausschreibst und die gewählte Abkürzung in Klammern *hinter* dem Begriff ergänzt. Da die Abkürzung so einmal dem Leser vorgestellt wurde, kann sie ab jetzt verwendet werden. Ist eine Abkürzung einmal eingeführt, solltest Du sie auch konsequent weiterbenutzen und nicht zwischen dem ausgeschriebenen Wort und der Abkürzung hin und herwechseln. Es wird empfohlen, eine Abkürzung nur dann einzuführen, wenn das Wort mindestens drei Mal im weiteren Verlauf des Textes vorkommt, da sich ansonsten das Abkürzen nicht lohnt. Grundsätzlich solltest Du immer die gängigen Abkürzungen nehmen, die Du beispielsweise im Duden findest. Sollte es dort keine Abkürzung geben, dann wähle Abkürzungen so, wie sie in der Fachliteratur Deines Bereichs aufgeführt werden. Auch Abkürzungen, die Du nur in Fußnoten, im Anhang oder im Literaturverzeichnis verwendest, müssen in das Abkürzungsverzeichnis aufgenommen werden.

Ein Symbolverzeichnis ist vor allem in den Natur- und Ingenieurwissenschaften üblich, kann bei einem mathematischen Schwerpunkt jedoch auch in einer wirtschaftswissenschaftlichen Arbeit vorkommen. In diesem Verzeichnis können mathematische und technische Zeichen und Symbole übersichtlich zusammengefasst werden. Solltest Du in Deiner Abschlussarbeit Formeln verwenden, so musst Du sie in der Arbeit mit einer Nummer versehen, damit Du aus dem Text heraus auf sie verweisen kannst. Eine Besonderheit hier ist es, dass Quellenangaben zu Formeln sehr unüblich sind, jedoch klar erkennbar sein muss, ob Du eine bekannte Formel ausgewählt hast, um etwas zu berechnen, oder ob Du als Eigenleistung eine Formel entwickelt, kombiniert oder hergeleitet hast. Variablen, die in der Formel vorkommen, sollten im Fließtext eindeutig beschrieben bzw. zugeordnet werden.

Alle Verzeichnisse können in den gängigen Textverarbeitungsprogrammen automatisch erstellt werden, was viel Arbeit erspart und seltener dazu führt, dass Inhalte aus dem Text in Verzeichnissen vergessen werden. Außerdem stimmt bei den automatisch erstellten Verzeichnissen die Seitenzahl immer, und passt sich bei späteren Änderungen auch automatisch neu an, sobald Du das Verzeichnis mittels Rechtsklick aktualisiert.

LITERATURVERZEICHNIS

Nach diesen Elementen folgen in der Abschlussarbeit nun die fünf Hauptkapitel Einleitung, Theorie, Methodik, Ergebnisse und Diskussion/Fazit. Im Anschluss an das Fazit folgt aber dann noch ein letztes, sehr sehr wichtiges Verzeichnis, nämlich das Literaturverzeichnis. In der Praxis erweist sich gerade das Literaturverzeichnis als eine der größten Fehlerquellen, daher haben wir die Kapitel „Quellenarbeit" und „richtiges Zitieren" extra mit in dieses Buch aufgenommen. Wie genau Du Dein Literaturverzeichnis strukturierst, hängt maßgeblich von der gewählten Zitierweise ab. Grundsätzlich gilt jedoch, dass ein Literaturverzeichnis alphabetisch geordnet ist, alle Quellen, die im Text und in den Fußnoten genannt werden, mit aufgenommen werden und bei Internetquellen immer zusätzlich zur URL das Datum des letzten Zugriffs vermerkt wird. Bei ganz zentralen Internetquellen empfiehlt es sich, eine Kopie der Seite zu machen, sollte sie nachträglich verändert oder gelöscht werden, sodass Du keine wichtigen Informationen verlierst. Dies Erstellung des Literaturverzeichnisses kann, besonders bei literaturlastigen Abschlussarbeiten, einiges an Arbeitszeit verschlingen, sodass Du hier auf jeden Fall großzügig Zeit einplanen solltest. Wenn Du Dich dafür entschieden hast, mit einem Literaturverwaltungsprogramm zu arbeiten, dann kannst Du Dir ein Literaturverzeichnis automatisch erstellen lassen. Falls dies nicht der Fall ist, wirst Du alle Quellen aus dem Text markieren und sie manuell in das richtige Zitierformat bringen müssen. Immerhin kannst Du die Quellen anschließend automatisch nach Alphabet sortieren lassen.

EXPERTENTIPP: ZITIEREN MIT GOOGLE SCHOLAR

Die Website Google Scholar bietet die Möglichkeit, für viele Quellen automatische Quellenangaben für das Literaturverzeichnis zu erstellen. Dafür musst Du auf der Hauptseite Deine Quelle eingeben – hier reichen in der Regel die Namen der Autoren, der Titel und/oder das Erscheinungsjahr – und dann die richtige Quelle aus der Liste der Suchergebnisse auswählen. Mit einem Klick auf die beiden Anführungszeichen unter der Kurzbeschreibung der Quelle öffnet sich ein neues Fenster, in welchem Dir die korrekte Zitation für das Literaturverzeichnis nach MLA, APA und ISO 690 angezeigt wird. Diese kannst Du direkt in Dein Literaturverzeichnis kopieren. Selbstverständlich solltest Du im Anschluss alle Angaben trotzdem noch einmal prüfen, doch die Vorarbeit von Google Scholar kann Dir trotzdem enorm viel Zeit ersparen.

ANHANG

Nach dem Literaturverzeichnis, was schnell mehrere Seiten einnehmen kann, folgt noch ein Anhang. Der Anhang ist die Garage bzw. der Keller Deiner Abschlussarbeit, denn hier kannst Du Inhalte lagern, die zwar wichtig sind, jedoch nicht direkt in den Text übernommen werden sollen. Die Nummerierung aller Dinge im Anhang (und auch der Seiten) beginnt noch einmal von vorne, sodass es sich je nach Länge des Anhangs anbietet, ein separates Inhaltsverzeichnis für den Anhang zu erstellen. Viele Studenten nutzen den Anhang, um dort alles abzulagern, was nicht mehr in den Hauptteil passt, weil dort beispielsweise schon das Wortlimit erreicht ist. Da auch Hochschulen und Betreuer erkannt haben, dass der Anhang so etwas zweckentfremdet wurde, gibt es an vielen Hochschulen mittlerweile auch für den Anhang eine Begrenzung, die dafür sorgen soll, dass Du Dir auch hier Gedanken machst, was wirklich relevant ist und was nicht. Typischerweise besteht ein Anhang aus ergänzenden Materialien wie Fragebögen bei empirischen Umfragen, umfangreiche Ergebnistabellen von statistischen Analysen oder Hintergrundinformationen zu technischen Verfahren oder Programmen, die verwendet wurden. Auf alle Informationen, die Du im Anhang aufführst, muss im Haupttext verwiesen werden, beispielsweise durch den folgenden Hinweis „Der vollständige Fragebogen für die Probanden wird in Anhang A1 aufgeführt“ oder „Hintergrundinformationen zum chemischen Testverfahren werden in Anhang C2 erläutert“.

EIDESSTATTLICHE ERKLÄRUNG

Zuletzt folgt die Eidesstattliche Erklärung. Hier erklärst Du, dass Du die vorliegende Arbeit eigenständig, ohne fremde Hilfe, unter Nutzung wissenschaftlicher Zitierweisen und mit klarer Kennzeichnung aller fremden Ideen geschrieben hast. In den meisten Fällen hat Deine Hochschule eine Vorlage, die Du einfach am Ende Deiner Abschlussarbeit einfügen kannst. Ganz wichtig ist es, dass Du die Eidesstattliche Erklärung mit Ort, Datum und einer Unterschrift versiehst, da sie sonst nicht gültig ist. Wenn Du Deine Arbeit in gedruckter Form abgeben musst, dann solltest Du unbedingt darauf achten, dass Du alle gebundenen Ausgaben eigenhändig unterzeichnest, bevor Du sie im Prüfungsamt abgibst. Solltest Du Deine Arbeit ausschließlich digital einreichen, dann gibt es in der Regel im Laufe des Upload-Prozesses einen Punkt, an dem Du digital bestätigen musst, dass Du Deine Arbeit eigenständig geschrieben hast.

KAPITEL 10
DIE FÜNF HAUPTKAPITEL

In diesem Kapitel lernst Du u.a.:

- die fünf großen Kapitel einer Abschlussarbeit kennen
- wie Du eine überzeugende Einleitung schreibst
- was in einer Literaturübersicht nicht fehlen darf
- welche qualitativen und quantitativen Methoden es gibt und welche Chancen und Herausforderungen sie mit sich bringen
- wie Du Deine Ergebnisse überzeugend präsentierst
- wie Du in der Diskussion auf Forschungsfrage und Hypothesen eingehst
- was ein gutes Fazit beinhaltet

10.1 EINEN ROTEN FADEN ENTWICKELN

Im ersten Teil des Buches sind wir bereits auf viele wichtige Grundlagen zum Thema Vorbereitung eingegangen, die für diesen zweiten Teil von Bedeutung sind. Im Gegensatz zu allen vorbereitenden Inhalten soll dieser kürzere zweite Teil Dich nun ganz klar durch die einzelnen Kapitel einer Abschlussarbeit führen und Dir spezifische Hinweise mit auf den Weg geben, wie Du eine passende Struktur innerhalb der einzelnen Hauptkapitel findest. Auch zeigen wir Dir hier, welche Inhalte Du in welchen Kapiteln behandeln solltest, damit für Dich und weitere Leser ein nachvollziehbarer roter Faden entsteht. In diesem Teil findest Du daher vor allem Checklisten und Fragesammlungen, die Dir helfen sollen, nach der erfolgreichen Vorbereitung Dein Wissen strukturiert zu verschriftlichen und zielgerichtet darzustellen.

Schwerpunkt dieses zweiten Teils ist das Methodenkapitel. Wir gehen davon aus, dass besondere bzw. sehr spezifische Methoden aus Deinem Fachbereich bereits aus dem Studium bekannt sind. Daher soll dieses Kapitel keinen vollständigen Überblick aller Methoden darstellen (was auch nicht zielführend wäre), sondern exemplarisch Standardmethoden aus der qualitativen und quantitativen Forschung vorstellen.

EXPERTENTIPP: STARTE FRÜH MIT EINER ERSTEN VERSION

Der Beginn des tatsächlichen Schreibens der Abschlussarbeit wird gerne vor sich hergeschoben. Daher ist es unser Tipp, dass Du Dich genau diesem Problem direkt stellst, indem Du schon sehr früh anfängst, erste Entwürfe und Absätze zu schreiben. Es hilft, wenn Du Deine Arbeit dabei als „Minimum Viable Product" (MVP) verstehst, also beim Schreiben in Teilabschnitten denkst, die immer wieder durch Feedback und Korrekturschleifen überarbeitet und verbessert werden. Wie bei allem im Leben ist der erste Entwurf niemals perfekt, und vor allem eine wissenschaftliche Arbeit wird mit jeder Überarbeitung besser. Daher raten wir Dir, dass Du früh beginnst, erste Kapitel oder Teilabschnitte zu schreiben und sie mit Deinem Betreuer zu besprechen. Wichtig ist, dass Du mit Deinem Betreuer auch speziell dieses Vorgehen besprichst, damit er weiß, wann Du zu welchen Teilen Feedback erwartest und wie Du beim Schreiben vorgehst. Wenn Dein Betreuer einverstanden ist, dann kannst Du ihn im gesamten Schreibprozess als Feedbackpartner sehen und wertvolle Hinweise und Tipps bekommen, um so mit jedem Überarbeiten einzelner Passagen besser zu werden.

Noch ein letzter Hinweis, bevor wir mit den Kapiteln starten: Die Vorstellung der Kapitel erfolgt hier in der Reihenfolge, in welcher sie auch in Deiner Abschlussarbeit aufeinanderfolgen. Dennoch wird eine Abschlussarbeit in der Regel nicht in genau dieser Reihenfolge geschrieben. Wir empfehlen Dir, die Einleitung zu überspringen und erst ganz zum Schluss zu schreiben. Das hängt damit zusammen, dass Deine Einleitung vor allem auch einen Überblick über die kommenden Kapitel und Inhalte geben soll – die Du jedoch zu Beginn Deiner Arbeit an der Abschlussarbeit noch gar nicht kennst. Du kannst im Dokument zur Einleitung daher schon einmal Ideen und Inhalte sammeln, die Du gerne mit aufnehmen möchtest, solltest aber noch nichts konkret ausformulieren. Zum Beginn eignen sich vor allem der Theorie- und Methodenteil (Kapitel 2 und 3), da das Wissen und die Inhalte hierfür jetzt schon vorhanden sein sollten und für das Ausformulieren noch keine Ergebnisse nötig sind. Für die Themenfindung und ein mögliches Exposé hast Du Dich vermutlich schon intensiv mit der Literatur in Deinem Fachbereich auseinandergesetzt, sodass Du diesen Teil schon einmal schreiben kannst und auch Deinen Betreuer direkt um Feedback bitten kannst. Sobald Du Dich mit Deinem Betreuer auf eine Forschungsmethode bzw. ein Vorgehen geeinigt hast, kannst Du auch schon einmal damit starten, einen ersten Entwurf für das Methodenkapitel zu formulieren. Nachdem Du bei einer Literaturarbeit die zentralen Erkenntnisse strukturiert hast bzw. nachdem Du Deine eigenen Daten erhoben hast, kannst Du die Ergebnisse zusammenstellen (Kapitel 4) und sie anschließend interpretieren, diskutieren und zu einem Fazit kommen (Kapitel 5). Erst dann lohnt es sich, eine Einleitung zu schreiben (Kapitel 1), da Du erst jetzt tatsächlich weißt, welche Inhalte Du genau in Deiner Abschlussarbeit abdeckst.

Um Dir einen Überblick zu geben, wie die Gewichtung (bezogen auf den gesamten Seitenumfang einer Arbeit) der einzelnen Kapitel ungefähr seien sollte, liefert Dir die folgende Tabelle Richtwerte dafür.

Tabelle 26: Gewichtung der fünf Hauptkapitel.

Kapitel	Gewichtung	Kurzbeschreibung
1. Einleitung	10%	Der Kontext des Themas wird beschrieben, die Forschungslücke genauer definiert und das Ziel der Abschlussarbeit beschrieben. Ein Gesamtüberblick über den Forschungsbereich nennt dem Leser die wichtigsten Eckpunkte als Orientierung. Grundsätzlich fängt die Einleitung eher etwas allgemeiner an und wird dann aber schnell präziser.

2. Theorie & Literaturübersicht	30%	Relevante Theorien und Modelle, sowie aktuelle Studien zum Thema werden vorgestellt und kritisch beleuchtet. Aufbauend auf bisherigen Erkenntnissen und Forschungsschwerpunkten, wird die eigene Forschungsfrage hergeleitet.
3. Methodik	30%	Die Methoden der Datenerhebung werden detailliert beschrieben, ebenso wie Kriterien zur Datenauswahl und mögliche Implikationen, die sich aus der Datengrundlage ergeben. Der Leser wird Schritt für Schritt durch die Methode geführt.
4. Ergebnisse	20%	Die zentralen Ergebnisse werden vorgestellt – meist mit Hilfe von Ergebnistabellen, Diagrammen oder weiteren Grafiken zur Veranschaulichung.
5. Diskussion & Fazit	10%	In der Diskussion werden die zuvor beschriebenen Ergebnisse interpretiert und in Bezug zur Forschungsfrage und möglichen Hypothesen gesetzt. Die Arbeit wird kritisch gewürdigt und eine eigene Methodenkritik findet statt. Aufbauend darauf wird ein Ausblick zu möglichen zukünftigen Forschungsthemen und -gebieten gegeben. Das Fazit fasst die zentralen Erkenntnisse und mögliche Implikationen (z.B. für die Praxis) zusammen.

10.2 DIE EINLEITUNG

Nach einer Einführung zur Form und zum Aufbau einer Abschlussarbeit starten wir jetzt in den inhaltlichen Teil und beginnen mit dem ersten Kapitel Deiner Abschlussarbeit: der Einleitung. Die Einleitung ist wie der erste Eindruck beim Kennenlernen einer neuen Person: Er prägt maßgeblich die Erwartungshaltung und das erste Gefühl. In der Einleitung geht es vor allem um zwei Dinge: sie soll Interesse wecken und einen Überblick geben.

Der erste Punkt des Interesses mag für Dich vielleicht trivial klingen, da schließlich ein Betreuer oder Prüfer Deine Abschlussarbeit vor allem deshalb liest, weil sie Pflichtbestandteil Deines Studiums ist und Du sie für einen erfolgreichen Studienabschluss verfassen musst. Dieser Punkt ist jedoch nicht zu unterschätzen, denn mit einer Abschlussarbeit sollst Du zeigen, dass Du zu eigenständigem wissenschaftlichen Arbeiten fähig bist und dazu gehört es eben auch, seine Ideen, Projekte und Ergebnisse anregend darstellen zu können. Eine gute Einleitung sollte es schaffen, den Leser neugierig zu machen und für Dein Thema zu begeistern. Du kannst davon ausgehen, dass alle Leser schon ein grundsätzliches Interesse (und Hintergrundwissen) mitbringen aus Deinem Fachbereich, daher geht es bei der Neugierde vor allem darum, neue Perspektiven, Erkenntnisse oder Daten zu präsentieren, die sie so noch nicht kennen und die Du ihnen in Deiner Abschlussarbeit näher bringen kannst.

Gleichwertig zum Interesse soll eine Einleitung auch einen Überblick über die nachfolgende Arbeit geben. Inhaltlich wird in einer guten Einleitung klar, welcher genaue Themenbereich behandelt wird, welcher Forschungsfrage oder -idee nachgegangen wird und wie das methodische Vorgehen konzipiert ist. Kernelemente einer guten Einleitung sind dabei:

- Thematische Einordnung (in den Fachbereich oder ein bestimmtes Teilgebiet)
- Relevanz (und Aktualität) des Themas
- Zielsetzung und konkrete Forschungsfrage(n)
- Bei empirischen Arbeiten: Hypothesen
- Methodische Vorgehensweise.

Besonders wichtig in der Einleitung ist es ebenfalls, dass klar wird, warum Du den gewählten Themenbereich eingegrenzt hast. Hier geht es darum, dass der Kontext der Forschung genannt und ausgeführt wird. Wenn Du Dich beispielsweise mit Steuerpolitik für Mittelständler im Vergleich zwischen Deutschland und Frankreich beschäftigst, dann musst Du begründen können, warum genau diese Länder interessant sind. Wenn Du in den Ingenieurwissenschaften ein bestimmtes Verfahren im Bereich regenerativer Energien genauer untersuchst, dann musst Du klar machen, warum Du genau hier einen Erkenntnisgewinn erwartest oder wie diese technische Entwicklung in politische bzw. gesellschaftliche Debatten eingebunden ist. Grundsätzlich gilt: Bei jeder Spezifikation Deines Themas – z.B. geographisch oder zeitlich – wirst Du Dir etwas gedacht haben. Dieser Gedankengang sollte in der Einleitung deshalb einfach von Außenstehenden nachvollzogen werden können. In der Einleitung solltest Du auch kurz darauf eingehen, was in der bisherigen Forschung bereits bekannt ist und wo es noch Lücken, Unklarheiten oder Kontroversen gibt. Hier kannst Du gerne die zentralen Autoren und/oder Theorien nennen, um Deine Arbeit in einen bestehenden wissenschaftlichen Kontext und Diskurs einzuordnen.

Aufbauend auf dem Forschungskontext ist anschließend die Forschungsfrage ein zentraler Bestandteil der Einleitung. An die Forschungsfrage ist automatisch immer ein erwarteter Erkenntnisgewinn mit der Frage geknüpft: „Welcher Mehrwert wurde durch diese Abschlussarbeit geschaffen?" Bei einer Praxisarbeit kann es einen ganz konkreten Mehrwert für das Unternehmen geben, doch auch bei Literaturarbeiten musst Du hervorheben, welches neue Wissen oder welche neuen Perspektiven geschaffen wurden und welchen Beitrag Du mit Deiner Arbeit zur Forschung geleistet hast. Dieser Punkt mag auf den ersten Blick kompliziert klingen, er ist aber sehr wichtig, da Du hier zeigen kannst, dass Du eigenständig neues Wissen geschaffen hast.

Wie und wo Deine Erkenntnisse relevant sind wird sich Dir erst im Laufe der Bearbeitung Deiner Abschlussarbeit ergeben, daher wird die endgültige Fassung der Einleitung erst ganz zuletzt geschrieben. Bei empirischen Arbeiten folgt ein kurzer Abschnitt zur Methodik und den verwendeten Daten, sowie ggf. zu Kooperationen mit Partnerunternehmen (bei einer Praxisarbeit) oder externen Forschungseinrichtungen (wie Partnerhochschulen im Ausland).

Am Ende der Einleitung folgt in der Regel ein kurzer Blick auf die Gesamtstruktur der Arbeit, wobei hier die Reihenfolge der Kapitel beschrieben werden kann, sodass sich für den Leser ein nachvollziehbarer roter Faden ergibt. Da viele zentrale Bestandteile und Inhalte Deiner Abschlussarbeit in der Einleitung aufgegriffen werden sollten, ist es zu empfehlen, diese als letztes zu verschriftlichen. Nur, wenn Du selbst bereits einen Gesamtüberblick über Deine Arbeit hast, kannst Du einem Leser in der Einleitung die Struktur und die zentralen Inhalte erklären. Wichtige Inhalte aus den folgenden Kapiteln oder Ideen für Formulierungen kannst Du während des gesamten Schreibprozesses schon in einem Dokument für die Einleitung festhalten, sodass Du zum Schluss nur noch verschiedene Fäden zusammenbringen musst, um eine schlüssige Einleitung zu schreiben. Wichtig ist, dass Du in der Einleitung nicht nur eine Verschriftlichung und Nacherzählung des Inhaltsverzeichnisses ablieferst. Der Leser hat sich in der

Regel das Inhaltsverzeichnis bereits angeschaut (da es vor der Einleitung steht) und fragt sich nun, warum Du Dich für genau dieses Thema entschieden hast und wie die aufgelisteten Kapitel und ihre Unterthemen miteinander verknüpft sind und aufeinander aufbauen. Diese Fragen (sowie die untenstehenden) sollte eine gute Einleitung beantworten können. Um das zu testen, kann es hilfreich sein, am Ende der Schreibphase der Abschlussarbeit einen fachfremden Freund zu bitten, die Einleitung zu lesen. Wenn ihm klar ist, was Du in Deiner Abschlussarbeit vorhast, wenn er die Themensetzung versteht und nachvollziehbar findet und wenn er vielleicht sogar Lust hat, weitere Teile zu lesen, dann hast Du alles richtig gemacht.

Da Einleitungen besonders schwierig zu schreiben sind, kann es hier sehr hilfreich sein, von Experten zu lernen. Schau Dir daher gerne auch bereits publizierte Abschlussarbeiten an oder lies noch einmal die Einleitungen von Studien, die Du recherchiert hast und schau, wie es andere Wissenschaftler und Forscher gelöst haben, die Fülle an Informationen und Wissen in einer Einleitung zusammenzufassen.

Die Einleitung sollte im Vergleich zu den anderen Kapiteln ca. 10% des Gesamtumfangs ausmachen. Hier geht es „nur“ darum, einen ersten Eindruck zu vermitteln und die wichtigsten Aspekte der Kapitel abzudecken. Die tatsächliche inhaltliche Ausarbeitung und Argumentation kommen in den folgenden Teilen, daher sollte eine Einleitung trotz allen Inhalten immer noch „kurz und knapp“ sein. Folgende Fragen sollten in der Einleitung beantwortet werden:

- Welches Thema und welcher Themenschwerpunkt werden behandelt?
- Wie und warum grenzt Du den Fach-/Themenbereich ein?
- Was ist das Ziel der Arbeit?

- Warum (und für wen/in welchem Rahmen) ist die Fragestellung der Arbeit relevant?
- Was ist bekannt aus der bisherigen Literatur, was ist unbekannt?
- Welcher Erkenntnisgewinn wird erwartet?
- Welcher methodische Ansatz wurde gewählt (qualitativ/quantitativ/Mixed-Methods)?
- Wie ist die Arbeit strukturiert?

10.3 DIE THEORIE

Nachdem in der Einleitung bereits in das Thema eingeführt wurde und der Leser ein erstes Verständnis davon erhalten hat, was ihn in den kommenden Kapiteln erwartet, folgt mit dem zweiten Kapitel der große Überblick über Theorien und die bestehende Literatur. Der Theorieteil ist die wissenschaftliche Basis, auf der Deine Abschlussarbeit mit Deinen Argumenten und Deiner Methodik aufbaut. Dabei erreicht ein guter Theorieteil die folgenden drei Ziele:

Ziel 1:
Fundierte Übersicht der bisherigen Forschung

Ziel 2:
Aufzeigen einer Forschungslücke („research gap")
bzw. den Bedarf für neue Forschung

Ziel 3:
Herleitung der eigenen Forschungsidee bzw. -frage

Abbildung 3: Drei Ziele des Theorieteils.

ZIEL 1: ÜBERSICHT DER BISHERIGEN FORSCHUNG

Das erste und vorrangige Ziel des Theorieteils ist es, einen fundierten Überblick über die bisherige Forschung zu geben. Dabei geht es darum, den aktuellen Forschungsstand in Deinem Fachbereich zu erörtern und zu zeigen, welche Themen und Forschungsfragen bisher vordergründig beantwortet wurden, welche zentralen Erkenntnisse es gibt und welche Theorien und Modelle entwickelt wurden. Im Theorieteil klärst Du die Grundlagen und Definitionen, das heißt Du machst klar, welche Texte und Veröffentlichungen die Grundlagenliteratur in Deinem Fachbereich darstellen, welche Fachbegriffe es gibt, wie diese definiert werden und welche großen Diskussionen oder Kontroversen es möglicherweise unter Experten gibt.

Mit Blick auf Diskussionen und Kontroversen ist Wissenschaft als permanenter Dialog zwischen Forschern auf der ganzen Welt zu verstehen. Da jede Publikation in Fachzeitschriften einen Literaturteil enthält, steht eine Veröffentlichung niemals „einfach so" im Raum, ohne in die vorherige Forschung und vorherigen Ergebnisse eingebettet zu sein. Forscher arbeiten an neuen Projekten und publizieren neue Studien als Antwort auf das, was bisher erforscht wurde. Sie bauen ihre Argumente auf bestehenden Theorien auf, hinterfragen Modelle und beleuchten bisher unerforschte Teilbereiche. Dabei geht es immer darum, unbeantwortete Fragen von Kollegen zu beantworten, ihre Ideen zu verifizieren (z.B. durch ähnliche Forschungsprojekte in anderen Ländern) oder auch Ansätze zu widerlegen (z.B. durch Datenauswertungen, die zu gegenteiligen Ergebnissen kommen). Dieser wissenschaftliche Dialog unter Forschern funktioniert jedoch nur, wenn man den Kollegen vorher gut zugehört hat, ihre Argumente kennt und weiß, welche Fragen sie beantworten und welche sie noch stellen. Dieses „Zuhören" ist hier ein Synonym für eine fundierte Recherche. Du kannst Deine Abschlussarbeit nur dann einen größeren wissenschaftlichen Kontext stellen, wenn Du weißt, was bisher in diesem Bereich erforscht wurde, was zentrale Thesen sind und welche Trends es in der Forschung gibt. Bei der Verschriftlichung solltest Du versuchen, die verschiedenen Positionen aus der Literatur gegenüberzustellen und miteinander zu vergleichen, sodass klar wird, in welchem Diskurs sich die Wissenschaft gerade befindet und welche Themen diskutiert werden.

Der Literaturteil ist das Kapitel Deiner Arbeit, in dem Du Deinen Prüfern zeigen kannst, dass Du die zentralen Autoren, Theorien und Konzepte eines Themenbereichs erarbeiten kannst, diese miteinander verknüpfen und auch einen soliden Überblick des Forschungsbereichs geben kannst.

Um Ziel 1 zu erreichen solltest Du in Deiner Abschlussarbeit:

- deinen Fachbereich erklären und eingrenzen können
- die zentralen Autoren und ihre Thesen nennen
- wichtige Theorien und Modelle erklären
- Fachbegriffe einführen und definieren
    - bei verschiedenen Definitionen bzw. Interpretationen eines Begriffs klarstellen, welche Du als Grundlage Deiner Arbeit benutzt und warum
- Trends in der Forschung erkennen (z.B. eine Fokussierung auf eine bestimmte geografische Region, die Einigung auf ein zentrales Rechenmodell oder das Anwenden einer bestimmten Analysemethode)
- Kontroversen und Diskurse abbilden können.

In vielen Fachbereichen gibt es „traditionelle“ Methoden und Modelle, die zum Goldstandard geworden sind und immer wieder in den verschiedensten Publikationen verwendet werden (z.B. Porters 5 Forces oder die 4P (bzw. 7P) des Marketings in der BWL). Im Theorieteil solltest Du sowohl diese Methoden und Modelle kurz vorstellen (die in der Regel keine detailreiche Erklärung brauchen), als auch neue und noch unbekannte Ideen aus aktuellen Publikationen. Ein Literaturüberblick kann nur dann umfassend und vollständig sein, wenn er neben bekannten und viel zitierten Veröffentlichungen auch neuere Ideen aus Fachzeitschriften aufnimmt. So kannst Du hier zeigen, dass Du sowohl die Standardliteratur Deines Fachbereichs beherrscht als auch einen Blick für neue Trends, Themen und Methoden hast, welche die Zukunft und weitere Forschung prägen können.

Bei der Darstellung der bisherigen Forschung in Deinem Fachbereich gibt es zwei grundlegend verschiedene Aufteilungen, die Du wählen kannst: Eine thematische Aufteilung und eine chronologische Aufteilung. Die folgende Tabelle stellt die wichtigsten Aspekte dieser beiden Vorgehen gegenüber.

Tabelle 27: Thematische vs. chronologische Literaturaufteilung.

Vorgehen	Thematisch	Chronologisch
Kernidee	Zusammenfassung von Autoren und Theorien, die ein Argument unterstützen; Sortierung nach Standpunkten, Meinungen und inhaltlichen Grundlagen	Nachvollziehbarkeit der Entwicklung des Forschungsfeldes sowie Verdeutlichung von Forschungstrends im Verlauf der Zeit
Vorteil	Kontroversen und verschiedene Standpunkte/Perspektiven werden durch die direkte Gegenüberstellung sofort klar und bauen inhaltlich aufeinander auf	Der Leser kann die Weiterentwicklungen im Fachbereich und Trends im Zeitverlauf einfach nachvollziehen

Nachteil	Es ist schwieriger, dem Leser zu vermitteln, welche Forschung aktuell ist und wie verschiedene Studien aufeinander aufbauen	Komplexe Debatten, Kontroversen und Positionen sind schwieriger hervorzuheben, wenn sie nicht zeitlich unmittelbar aufeinander folgen
Empfehlung	Ist vor allem bei „neueren" Themen sinnvoll, die keine langjährige Forschungstradition haben (z.B. Einfluss von Influencern, Anwendung von KI in Industrieunternehmen)	Ist vor allem sinnvoll, wenn es um die Darstellung von Entwicklungen und Trends in einem Forschungsbereich geht (z.B. Akzeptanz von LGBTQ-Rechten in Osteuropa oder Präsentation von Frauen in DAX-Vorständen in deutschen Leitmedien)
Darstellung	Als Darstellungsform bietet sich eine Tabelle an, die Position A und Position B und ihre jeweiligen Verfechter gegenübergestellt	Unterteilung in Unterkapitel nach Jahreszahlen (z.B. 1970er/80er, Forschung 1990er/2000er, Forschung 2000-2010, Forschung 2010-2020).

Auf die Frage, welche von beiden Arten besser für Dich geeignet ist, gibt es also leider keine eindeutige Antwort. Stattdessen entscheiden Fachbereich und Forschungsfrage in der Regel darüber, welche Art der Darstellung Du für Dein Literaturkapitel wählst. Wenn Du Dir unsicher bist, halte auf jeden Fall Rücksprache mit Deinem Betreuer, der hier nicht nur fachliche Expertise mitbringt, sondern auch einen Blick von außen auf die Struktur werfen kann und klarer sieht, welcher Argumentation mal als unbefangener Leser einfacher folgen kann.

EXKURS: QUELLEN BESCHREIBEN

Du hast in Deinem bisherigen Studienleben voraussichtlich schon viele Quellen gelesen und die Informationen in Hausarbeiten oder anderen schriftlichen Projekten verarbeitet, sodass wir Dir hier nur zur Auffrischung der Erinnerung noch einmal die wichtigsten Bestandteile vorstellen. Wenn Du Inhalte aus einer Quelle in Deiner Abschlussarbeit im Literaturteil beschreiben möchtest, dann sind die folgenden vier Punkte wichtig:

- Autor: Welche Einzelperson oder welches Forschungsteam hat die Ergebnisse veröffentlicht?
- Kernaussage: Was ist die zentrale Aussage bzw. das zentrale Ergebnis der Studie?
- Methodik: Mit welcher Methode wird die Forschungsfrage untersucht?
- Veröffentlichung: Wann wurden die Ergebnisse veröffentlicht (und ggf. wo)?

ZIEL 2: AUFZEIGEN EINER FORSCHUNGSLÜCKE BZW. BEDARF AN NEUER FORSCHUNG

Nachdem Du dargestellt hast, was der aktuelle Status Quo der Forschung in Deinem Themenbereich, geht es bei Ziel Nummer 2 darum, dem Leser aufzuzeigen, welche Fragen bisher noch nicht beantwortet wurden, welche Probleme noch von einer neuen Seite beleuchtet werden können und welche neue Perspektive einen weiteren Erkenntnisgewinn bringen können. Kurzum: Es geht darum, eine Forschungslücke zu identifizieren. Bei einer Abschlussarbeit gilt es, schlüssig und nachvollziehbar darzustellen, warum genau die eine gewählte Forschungsfrage genommen wurde und warum man sie mit genau dieser Methode untersuchen möchte. Hier ist das simple Argument „Mehr Forschung und mehr Daten sind immer gut" leider nicht ausreichend, denn wie bereits oben erwähnt geht es in der Wissenschaft um einen Dialog und darum, seine eigene Arbeit auf den Arbeiten vorangegangener Forscher aufzubauen. Du solltest in Deiner Abschlussarbeit daher nicht einfach eine Forschungsfrage auswählen, die bereits durch eine Studie beantwortet wurde, da Du so keine Eigenleistung erbringst und Deine Abschlussarbeit keinen nennbaren Mehrwert bietet. Jedoch musst du das Rad auch nicht neu erfinden und Dir komplett unbearbeitete Felder suchen. Selbstverständlich wird jeder Betreuer (und Leser) sich freuen, wenn Du ein komplett unbearbeitetes Feld als Forschungslücke identifizieren konntest, das ist jedoch gerade in einer Bachelorarbeit eher ungewöhnlich und wird auch nicht gefordert. Die nachfolgenden Beispiele sollen Dir zeigen, wie Du bereits bekannte Ideen oder Themen aus der Literatur nutzen kannst, um eine neue Forschungslücke zu identifizieren bzw. um den Bedarf für neue Forschung zu rechtfertigen.

Bedarf für neue Forschung kann gerechtfertigt werden durch:

- einen neuen geografischen Kontext
  - Beispiel: In einer Ursprungsstudie wurde der Erfolg von einer Marktstrategie in England untersucht und Du möchtest diese Strategie nun in Deutschland testen
- einen neuen Anwendungsbereich
  - Beispiel: In einer Ursprungsstudie wurde ein mechanisches Verfahren in der Stahlproduktion verwendet und Du möchtest untersuchen, inwiefern es sich auch in der Metallverarbeitung anwenden lässt
- eine neue Gruppe von Probanden
  - Beispiel: In einer Ursprungsstudie wurden Interviews zum Thema Stress im Studium mit kinderlosen Studierenden geführt und Du möchtest nun untersuchen, wie sich ein Kind auf den Stress auswirkt

- eine neue Methode
    - Beispiel: In einer Ursprungsstudie wurden qualitative Interviews mit Mitarbeitern zur Effizienz in der Produktion geführt und Du möchtest mit einem neu entwickelten quantitativen Fragebogen nun ebenfalls die Effizient in der Produktion untersuchen
- eine neue zeitliche Perspektive
    - Beispiel: In einer Ursprungsstudie wurde das Zusammenspiel zweier Pflanzenarten im Ökosystem Wald über eine Woche beobachtet und analysiert und Du möchtest nun im Rahmen einer Langzeitstudie das Zusammenspiel über ein Jahr hinweg beobachten
- die Überprüfung alter Ergebnisse
    - Beispiel: In einer älteren Ursprungsstudie wurde der Einfluss von Agrarsubventionen auf das BIP untersucht und Du möchtest das aktuelle Zusammenspiel dieser beiden Faktoren untersuchen
- Uneinigkeit und Kontroversen in der Forschung
    - Beispiel: Autor A geht in seiner Theorie davon aus, dass der Eigentumsmarkt nach einer Wirtschaftskrise wächst, während Autor B davon ausgeht, dass er schrumpfen wird. Du möchtest in einer Literaturarbeit beide Perspektiven gegenüberstellen und anhand von Studien zeigen, welche Theorie fundierter ist.

EXPERTENTIPP: FUTURE RESEARCH

Inspirationen für Forschungslücken, sowie deren Herleitung findest Du in so gut wie jeder veröffentlichten Studie. Im letzten Kapitel in der Diskussion und dem Fazit findest Du in der

Regel einen Abschnitt, der einen Blick auf zukünftige Forschungsbereiche und noch unbeantwortete Forschungsfragen gibt. In diesem „Future Research"-Bereich würdigen Autoren ihre Arbeiten kritisch und geben einen Ausblick auf Inhalte, die noch weiter erforscht werden sollten, da die eigene Arbeit diese Teile nicht mit abdecken konnte oder noch keine zufriedenstellenden Ergebnisse produziert hat. Hier kannst Du zum einen bei aktuellen Publikationen lernen, welche Themen und Trends es gerade gibt und worauf Du Dein Augenmerk legen kannst. Zum anderen kannst Du hier aber vor allem sehen, wie Forschungslücken begründet und hergeleitet werden.

Um Ziel 2 zu erreichen solltest Du in Deiner Abschlussarbeit:

- ein klares Verständnis vom aktuellen Stand der Forschung in Deinem Fachbereich als Grundlage haben
- dem Leser nachvollziehbar zeigen, welche Teilbereiche noch nicht ausreichend erforscht wurden
- aufzeigen, welchen Mehrwert das Schließen einer Forschungslücke im größeren akademischen (und praktischen) Kontext mit sich bringt.

Die Forschungslücke, die Du identifiziert hast, wird voraussichtlich nur einen ganz kleinen und sehr spezifischen Teilbereich Deines Forschungsbereiches abdecken, denn alle großen und offensichtlichen Fragen werden in der Regel schon durch die Standardwerke oder die aktuelle Forschung abgedeckt. Die Forschungslücke ist ein kleiner, klar abgegrenzter Teilbereich, der noch gar nicht oder nicht ausreichend erforscht wurde und wo Du mit einer passgenauen Forschungsfrage Licht ins Dunkel bringen kannst. Wie Du diese Forschungsfrage herleitest, ist das dritte und letzte Ziel des Theoriekapitels.

ZIEL 3: HERLEITUNG DER EIGENEN FORSCHUNGSIDEE/-FRAGE

Das Erreichen der ersten beiden Ziele schafft die Legitimation Deiner Forschung, da so nachvollziehbar ist, dass Deine Arbeit in den aktuellen Kontext der Literatur eingebettet ist und sich eine Forschungslücke aufzeigen lässt, die bisher noch keine (ausreichende) Beachtung gefunden hat. Im dritten Schritt geht es nun abschließend darum – aufbauend auf der bestehenden Literatur und dem Erkennen des Bedarfs neuer Forschungsergebnisse – den eigenen Forschungsansatz und die eigene Forschungsfrage zu formulieren. Wichtig ist, dass Du hier nicht nur Deine Forschungsfrage nennst, sondern den Leser auf den Weg zur finalen Forschungsfrage mitnimmst. Vermutlich hast Du einige Zeit überlegt, wie genau Du Dein Thema eingrenzen möchtest, welche Literatur sich dafür eignet und wie Du von einem ausgewählten Themenbereich zu einer Forschungsfrage kommst. Diesen Prozess – den wir bereits im ersten Teil in Kapitel 5.3 detailliert beschrieben haben – solltest Du hier im Literaturteil in einer übersichtlichen Art und Weise darstellen. Der Leser bzw. Deine Prüfer müssen nachvollziehen können, was die grundlegende Literatur Deiner Abschlussarbeit ist, wo sich noch Platz für weitere Forschung ergibt und welche konkrete Frage Du stellst, um die gefundene Forschungslücke zu schließen oder zu verkleinern.

HYPOTHESEN

Ein mögliches viertes Ziel ist zum Abschluss des Theorieteils das Formulieren von Hypothesen, wenn Du mit quantitativen Methoden arbeiten möchtest bzw. eigene Daten erheben willst. Hier geht es darum, dass Du, aufbauend auf der Literatur, die Du zu Deinem Thema recherchiert hast, begründete Annahmen über die

Realität triffst und diese anschließend quantitativ testen willst. Hypothesen stellen die Verbindung zwischen der Theorie aus dem Literaturteil und der Praxis der Forschungsmethode her. Du formulierst Deine Hypothesen, indem Du theoretisch fundierte Aussagen über den Einfluss einer unabhängigen Variable (UV; Ursache) auf eine abhängige Variable (AV; Wirkung) aufstellst. Mögliche Hypothesen könnten z.B. lauten:

- Je länger Mitarbeiter in der Produktion arbeiten, desto unproduktiver sind sie
    - UV: Arbeitszeit in der Produktion
    - AV: Produktivität
- Je häufiger Feedbackgespräche mit dem Chef geführt werden, desto zufriedener sind die Mitarbeiter
    - UV: Anzahl der Feedbackgespräche
    - AV: Mitarbeiterzufriedenheit.

Grundsätzlich wird zwischen gerichteten und ungerichteten Hypothesen unterschieden. Bei einer ungerichteten Hypothese gehst Du zwar davon aus, dass eine UV Einfluss auf eine AV hat, gibst aber nicht an, wie dieser Einfluss aussehen soll. Bei einer gerichteten Hypothese hingegen gibst Du eine klare Beziehung und damit eine Wirkungsrichtung an. Wenn möglich, solltest Du aus Deiner Theorie gerichtete Hypothesen ableiten, da sie eine höhere Aussagekraft haben.

- Ungerichtete Hypothese: Die Motivation der Mitarbeiter hat einen Einfluss auf den ROI des Unternehmens.
- Gerichtete Hypothese: Die Motivation der Mitarbeiter hat einen *positiven* Einfluss auf den ROI des Unternehmens.

Damit Du diese Hypothesen messbar machen kannst, musst Du alle einzelnen Dinge, die Du messen möchtest, operationalisieren. Nur wenn Dinge messbar sind, kannst Du sie später miteinander vergleichen und sie in statistischen Auswertungen nutzen. Dieser

Prozess wird auch Quantifizierung genannt, da es darum geht, qualitative Dinge in messbare Zahlenwerte umzuwandeln. Bei manchen Dingen liegt ein Zahlenwert auf der Hand (z.B. Arbeitszeit in der Produktion gemessen in Stunden und Minuten oder Produktivität gemessen in gefertigter Stückzahl pro Stunde). Bei anderen Dingen brauchst Du jedoch externe Hilfe, zum Beispiel durch standardisierte Fragebögen zu einem Thema (z.B. Mitarbeiterzufriedenheit auf einer Skala von 1 bis 10). Am Ende musst Du alle Teile Deiner Hypothesen so operationalisiert haben, dass Du die Hypothesen durch Messungen und Auswertungen annehmen (d.h. sie sind zumindest plausibel und können beibehalten werden) oder widerrufen (d.h. sie scheinen nicht zu stimmen) kannst. Wenn Du mehrere Hypothesen aufstellst, sollten sie sich gegenseitig nicht widersprechen, und jede einzelne sollte im Zuge Deiner Datenauswertung widerlegbar sein, das heißt Du solltest nur Hypothesen zu Dingen aufstellen, die Du auch tatsächlich misst und auswertest.

Folgende Fragen sollten im Theorieteil beantwortet werden:

- Was ist die Grundlagen- bzw. Standardliteratur im Fachbereich?
- Welche Autoren bzw. Forschergruppen haben die Ausrichtung in den letzten Jahren geprägt?
- Welche grundlegenden Theorien und Modelle gibt es?
- Welche Schlüsselbegriffe und Definitionen gibt es?
- Herrscht Uneinigkeit über bestimmte Themen oder werden Themen kontrovers diskutiert? Wenn ja, wie?
- Welche Teilbereiche Deines Themengebiets wurden bisher noch nicht behandelt?
- Welche Forschungslücke hast Du gefunden und welche möchtest Du versuchen zu schließen?
- Bei empirischen Arbeiten: Welche Forschungshypothesen lassen sich aus der Literatur ableiten?

10.4 DIE METHODIK

HINWEIS

Dieses Kapitel ist der Schwerpunkt des zweiten großen Teils in diesem Buch, da wir Dir hier die zentralen empirischen Methoden noch einmal im Detail vorstellen möchten. Bei der Bewertung Deiner Abschlussarbeit wird der Methodenteil von Prüfern besonders unter die Lupe genommen, da Du hier zeigen musst, dass Du einer wissenschaftlichen Fragestellung mit passenden Methoden nachgehen kannst. Wenn Du wissen willst, wie Du aus dem Methodenteil das Beste für Deine eigene Arbeit rausholst, dann ist dieses Kapitel genau richtig für Dich. Wir fokussieren uns hier bewusst auf empirische Methoden aus der qualitativen und quantitativen Forschung, da wir reine Literaturarbeiten bereits im ersten Teil thematisiert haben und hierzu auch ein separates Kapitel zur Quellenarbeit geschrieben haben. Daher folgt zu Beginn dieses Kapitels lediglich ein kleiner Exkurs, wie das Methodikkapitel bei einer literaturbasierten Arbeit geschrieben wird und was dort zentrale Inhalte sind.

EXKURS: LITERATURARBEIT

Bei einer Literaturarbeit geht es darum, den aktuellen Stand der Forschung innerhalb eines Themenbereiches darzustellen. Da Du hier ausschließlich mit anderen Quellen arbeitest, ist die Recherche in Datenbanken der Kern Deiner Methodik. Im Gegensatz zum Methodenkapitel bei empirischen Arbeiten fällt der Methodenteil kleiner aus, weshalb Du unbedingt mit Deinem Betreuer klären solltest, welcher Umfang hier gewünscht ist. Auch bei einer Literaturarbeit sollte der Methodenteil so geschrieben sein, dass es für außenstehende Leser grundsätzlich möglich ist, die

Studie zu replizieren. Das Vorgehen bei der Literaturrecherche und das Zusammenstellen der benutzen Quellen sollte daher transparent dargestellt werden. Zentrale Fragen, die Du bei einer Literaturarbeit im Methodenkapitel beantworten solltest, sind:

- In welchen Datenbanken hast Du nach Quellen gesucht?
- Welche Suchkriterien hast Du herangezogen (hier u.a. den Suchbefehl („search string“, d.h. die Verkettung von Keywords, Themen und Operatoren erklären)?
- Nach welchem Prinzip habe ich Quellen in meine Analyse ein- oder ausgeschlossen (v.a. Kriterien zur Bewertung der Qualität von Studien, Eingrenzung des Zeitraums der Veröffentlichungen, Auswahl bestimmter Länder)?

Der Ergebnisteil einer Literaturarbeit beschreibt im Anschluss die hinzugezogenen Quellen und ihre zentralen Ergebnisse und vergleicht auf einer Metaebene, welche Trends es gibt, welche zentralen Erkenntnisse gewonnen wurden und welche Methoden dafür vorrangig benutzt wurden.

DIE STRUKTUR DES METHODENTEILS

Im Schwerpunkt stehen Methoden, die vor allem in den Wirtschaftswissenschaften, Sozialwissenschaften und Ingenieurwissenschaften vorkommen. Eine Abschlussarbeit in einem naturwissenschaftlichen Fach – beispielsweise in Chemie, Biologie oder Physik – hat viel häufiger einen praktischen Teil durch die Arbeit im Labor oder durch Feldexperimente. Je nach fachlicher Vertiefung kommen hier wie auch in den Ingenieurwissenschaften eine Vielzahl an Methoden in Frage, sodass eine genaue Betrachtung im Rahmen dieses Buches leider den Rahmen sprengen würde. Wenn Du Deine Abschlussarbeit in einer dieser Fächer schreibst, kann Dir dieses Kapitel dennoch zahlreiche Tipps und

Tricks mit an die Hand geben, denn ganz unabhängig vom Studienfach steht im Methodikteil eines im Vordergrund: Die nachvollziehbare und eindeutige Beschreibung der von Dir durchgeführten Untersuchung. Das kann eine Umfrage für eine Bachelorarbeit in der VWL sein, aber eben auch ein Laborversuch mit Tieren oder Bakterienstämmen im Bereich Biologie.

An vielen Hochschulen gibt es vom Fachbereich oder vom Betreuer selbst Vorgaben und Hinweise zur Methodik der Abschlussarbeit. In manchen Fällen wird es auf Grund sehr strikter Zeitvorgaben empfohlen, für die Abschlussarbeit keine eigenen Daten zu erheben, also beispielsweise keine eigene quantitative Umfrage durchzuführen oder qualitative Experteninterviews zu planen. In anderen Fachbereichen (oder auf Masterniveau) kann jedoch auch genau das Gegenteil der Fall sein, also dass erwartet wird, dass eigene Experimente und Versuche durchgeführt werden. Da es hier keinen allgemeingültigen Vorgang gibt, empfehlen wir Dir unbedingt frühzeitig Erfahrungswerte einzuholen.

Im Methodikteil führst Du den Leser Schritt für Schritt durch den Prozess Deiner eigenen Datenanalyse. Er erfährt dabei, was Du gemacht hast und warum genau so. Die folgenden Unterkapitel bieten eine grobe Orientierung, welche Inhalte auf jeden Fall in diesem Kapitel enthalten sein sollten. Die zentralen Inhalte des Methodenteils sind die Forschungsmethode, die Datenquellen und das Analyseverfahren, wie die folgende Tabelle zeigt.

Tabelle 28: Struktur und Unterkapitel im Methodenteil.

Unterkapitel	Inhalte
Auswahl und Begründung der gewählten Methode	Darstellung, wie Forschungsfrage und Methode zusammenhängen, d.h. warum sich die gewählte Methode zur Beantwortung der Forschungsfrage eignet

Auswahl und Beschreibung der Datenquellen	Die geplante Stichprobe zur Rekrutierung wird beschrieben (Zielgruppe; d.h. Probanden für Umfragen/Interviews) bzw. die vorhandene Datenbasis (d.h. Datensätze und Statistiken zur quantitativen Analyse)
Auswahl der Erhebungsinstrumente	Beschreibung der verwendeten Hilfsmittel zur Datenerhebung (z.B. Fragebögen, Interviewleitfaden, Versuchsplan)
Vorgehen der Datenerhebung	Zeitplans zur Datenerhebung und Auswertung (d.h. nachvollziehbare Schritt-für-Schritt Anleitung, wie und in welchem Rahmen die Daten erhoben wurden)
Vorgehen der Datenanalyse	Beschreibung der Durchführung der Analysen (z.B. mit Hilfe von Versuchsskizzen oder Verlaufsplänen)

Das vorangegangene Kapitel zur Literaturübersicht schließt in der Regel mit der hergeleiteten Forschungsfrage Deiner Abschlussarbeit ab. Das dritte Kapitel zur Methodik greift genau diesen Schluss auf und beginnt mit einer Herleitung von möglichen Detailfragen und Forschungshypothesen, die sich aus der zentralen Forschungsfrage ergeben. In manchen Arbeiten werden die Hypothesen und deren Herleitung auch noch in das Ende des Theorieteils untergebracht. Hier fragst Du am besten Deinen Betreuer einfach direkt, ob er eine bestimmte Struktur präferiert. Wenn es abseits davon keine Vorgaben Deiner Hochschule, Deines Prüfers oder eines möglichen Partnerunternehmen gibt, dann steht Dir nun ein weiten Feld an ganz unterschiedlichen Methoden offen, mit deren Hilfe Du der Forschungsfrage und den Hypothesen in Deiner Arbeit nachgehen kannst. Sich hier zu entscheiden ist durchaus komplex, daher begleiten wir Dich in diesem Kapitel in vier einfachen Schritten durch diesen Prozess:

- Schritt 1: Ziel der Arbeit klären
- Schritt 2: Qualitativ vs. quantitativ unterscheiden
- Schritt 3: Übersicht über die Methoden gewinnen
- Schritt 4: Methode anwenden.

Schritt zwei und drei können auch in umgekehrter Reihenfolge durchlaufen werden. Meist hast Du im Laufe Deines Studiums bereits eine Präferenz für eher qualitative oder eher quantitative Projekte ausgebaut, oder einer von beiden Forschungsansätzen ist in Deinem Fachbereich wesentlich weiter verbreitet als der andere. Wenn Du schon eine Vorstellung davon hast, dass Du entweder qualitativ oder quantitativ forschen willst, dann kannst Du Dir direkt die Methodenvorstellung des jeweiligen Bereiches anschauen. Wenn Du Dir noch nicht sicher bist, in welchem Forschungsfeld welcher Ansatz am meisten Sinn macht oder ob Deine Forschungsfrage sich grundsätzlich qualitativ und quantitativ bearbeiten lässt, dann kannst Du Dir im zweiten Schritt die Übersicht zu Vor- und Nachteilen beider Methoden anschauen, bevor Du ins Detail gehst.

SCHRITT 1: ZIEL DER ARBEIT KLÄREN

Bevor Du Dir überhaupt einzelne Methoden genauer anschaust oder überlegst, ob Du lieber qualitativ oder quantitativ forschen möchtest, solltest Du Dir klarmachen, was das Ziel Deiner Abschlussarbeit sein soll. Damit meinen wir hier nicht das inhaltliche Forschungsziel, sondern Dein ganz persönliches Ziel. Das Ziel, welches Du mit Deiner Arbeit verfolgst, kann nämlich schon ein guter erster Richtungsweiser sein und indizieren, welche Methoden für Dich in Frage kommen könnten und welche eher nicht. Persönliche Ziele einer Abschlussarbeit könnten beispielsweise sein:

- bestehendes Wissen vertiefen
    - Möglicher Ansatz: Wiederverwenden einer empirischen Methode, die bereits in einer Hausarbeit oder einem Praxisprojekt gewählt wurde oder Verfassen einer literaturbasierten Arbeit, zu einem Thema, zu dem bereits in einem anderen Kontext recherchiert wurde
    - Beispiel: Du hast bereits im vierten Semester mit einer chemischen Methode gearbeitet oder bist im Rahmen Deines Praktikums schon dabei, Interviews mit Mitarbeitern zu führen – dieses Vorwissen kannst Du nutzen und im Zuge einer Abschlussarbeit noch einmal mit einem neuen Forschungsthema vertiefen

- Neues lernen und sich ausprobieren
    - Möglicher Ansatz: Wahl einer bisher unbekannten oder weniger bekannten Methode
    - Beispiel: Bisher hast Du vor allem qualitativ geforscht und möchtest jetzt in einem bekannten Fachbereich eine quantitative Abschlussarbeit schreiben
    - Hinweis: Bei diesem Vorgehen kannst Du sehr viel Neues lernen, musst aber auch darauf gefasst sein, dass Du langsamer vorankommst, an vielen Stellen noch einmal etwas nachlesen musst, externen Rat brauchst und auch mal etwas schief gehen kann. Eine neue Methode bietet sich daher vor allem bei einem längeren Projekt an, bei dem Du keinen großen Zeitdruck durch eine Abgabefrist hast

- sich für den Arbeitsmarkt/Anschlussstudium vorbereiten
    - Möglicher Ansatz: Wahl einer gängigen Methode, eines Verfahrens oder Software (R, STATA, SPSS, Fokusgruppeninterviews etc.), die auch im zukünftig angestrebten Arbeitskontext relevant ist

- Beispiel 1: Durchführung einer quantitativen Datenauswertung von Sekundärdaten, da Du später einen Arbeitsplatz im Controlling oder der Unternehmenssteuerung anstrebst, wo Du voraussichtlich viel mit großen und komplexen Datensätzen arbeiten wirst
- Beispiel 2: Fundierte Literaturanalyse innerhalb eines Literature Reviews zu einem bestimmten Themenbereich, da Du in diesem Teilbereich ein Masterstudium anstrebst und so schon eine solide Wissensgrundlage mit in den nächsten akademischen Schritt bringst.

Grundsätzlich gibt es zwei zentrale Richtungen, die Du in der empirischen Forschung einschlagen kannst. Zum einen können durch empirische Abschlussarbeiten Hypothesen geprüft werden, wobei Du aus der bestehenden Literatur und aus bestehenden Modellen und Theorien Hypothesen ableitest und diese dann testest (Hypothesentestung). Auf der anderen Seite kannst Du jedoch auch empirisch vorgehen, um von der Empirie auf die Theorie zu schließen, also um Hypothesen zu bilden (Hypothesenentwicklung). Du hast in diesem Fall zuerst die Ergebnisse Deiner Forschung und versuchst dann aufbauend darauf neue Modelle oder Theorien zu formulieren.

SCHRITT 2: QUALITATIV VS. QUANTITATIV

Empirische Forschung kann qualitativ oder quantitativ sein. Im zweiten Schritt geht es darum, herauszufinden, welche Art der Forschung für Deine Forschungsfrage am besten geeignet ist. Beide empirischen Forschungsansätze bringen ihre eigenen Vor- und Nachteile mit und sind je nach Forschungsfrage und Thema einer Arbeit besser oder schlechter geeignet. Um Dir einen ersten Überblick zu verschaffen, haben wir die zentralen Punkte beider Ausrichtungen kurz zusammengestellt.

Kennzeichen qualitativer Forschung:

- Häufig explorative Fragestellungen, die sich mit neuen Themenbereichen beschäftigen, zu denen es noch keine Grundlagenforschung oder breit akzeptierte Modelle und Theorien gibt
  - Ziel ist es, neue Bereiche kennenlernen und darauf aufbauend neue Theorien entwickeln, ein Themengebiet neu zu verstehen oder neue Sichtweisen von bestimmten Personen(-gruppen) zu bekommen
- Im Vordergrund steht die Analyse eines Phänomens
- Induktiv, d.h. Hypothesen werden durch statistische Verfahren überprüft
- Die Forschung ist nicht standardisiert und ergebnisoffen, das heißt es gibt keine Erwartung an die Ergebnisse und keine fundierte Vorhersage
- Die Auswertung beruht häufig auf der Interpretation des Forschers bzw. einer Forschergruppe
- Im Fokus stehen Einzelfallbetrachtung oder die Betrachtung einer relativ kleinen Gruppe.

Im Kern geht es darum, mit qualitativer Forschung ein relativ breites Abbild zu erhalten, ein Thema im Ursprung zu verstehen und neue Themenfelder und Zusammenhänge zu entdecken. Qualitative Forschung ist gut geeignet für Deine Abschlussarbeit, wenn:

- es in Deinem Themenbereich noch keine breite Masse an veröffentlichten Ergebnissen oder Wissen gibt
- Du ein Thema breitgefächert entdecken möchtest und Dich für die Perspektiven, Meinungen und Blickwinkel einzelner Personen interessierst
- Du komplexe Zusammenhänge erkennen möchtest, die sich möglicherweise nicht einfach in Zahlen und Daten abbilden lassen.

- Du möglichst individuelle und aussagekräftige Daten sammeln möchtest

Nachteile qualitativer Forschung:

- Du bist auf Teilnehmer angewiesen, die sich länger Zeit nehmen (z.B. im Rahmen von Interviews)
- Relevante und spannende Gesprächspartner sind schwierig zu finden (z.B. für Experteninterviews)
- Du hast einen hohen Koordinationsaufwand (z.B. für Gruppendiskussionen)
- Du bist geografisch – zumindest bei persönlichen Gesprächen – beschränkt, wenn Du nicht weit reisen möchtest/kannst
- Die Ergebnisse bilden die Realität nur eingeschränkt ab und es lässt sich i.d.R. keine Repräsentativität herstellen

Weiter unten wirst Du die drei Gütekriterien der quantitativen Forschung kennenlernen, die sich in der akademischen Fachwelt als Standard etabliert haben. Im Bereich der qualitativen Forschung gibt es derzeit noch keine allgemeingültigen Gütekriterien, jedoch drei Dinge, die Du berücksichtigen solltest, damit Du eine hochwertige Arbeit ablieferst. Diese drei Kriterien sind:

Tabelle 29: Gütekriterien qualitativer Forschung.

Kriterium	Beschreibung
Transparenz	Alle Arbeitsschritte bei der Durchführung und Auswertung sind transparent und nachvollziehbar beschrieben/dokumentiert, sodass die Arbeit wiederholt werden könnte
Reichweite	Sollten andere Personen Deine Forschung wiederholen, so würden sie zu ähnlichen bzw. vergleichbaren Ergebnissen kommen

Intersubjektivität	Das von Dir beschrieben Subjekt (d.h. der Forschungsgegenstand) wird anhand von subjektiv gewonnen Daten reflektiert und kritisch diskutiert

Kennzeichen quantitativer Forschung:

- Im Vordergrund steht das Hypothesentesten, also das Testen von bereits existenten Hypothesen, Theorien und Ideen der Wirklichkeit
- Es geht um die Abbildung der Realität durch statistische Verfahren
- deduktiv, d.h. neue Hypothesen werden mit den Ergebnissen aufgestellt
- Es wird mit standardisierten Messungen und bestehenden Messverfahren gearbeitet
- Es erfolgt eine statistische Auswertung nach mathematischen Modellen
- Ziel ist es, mit einer geeigneten Stichprobe Repräsentativität zu schaffen und Aussagen und Schlussfolgerungen für die Gesamtpopulation treffen zu können.

Quantitative Forschung ist gut geeignet für Deine Abschlussarbeit, wenn:

- es bereits bestehende Theorien und Modelle gibt, die Du in der Wirklichkeit testen möchtest
- es in Deinem Themenfeld viele (quantifizierbare) Daten gibt bzw. Du möglichst viele Daten erheben möchtest
- Du gerne mit Daten und statistischen Verfahren arbeitest
- Du Aussagen über die Allgemeinheit treffen möchtest (d.h. über eine Gruppe von Leuten, die über Deine Probanden hinausgeht).

Nachteile quantitativer Forschung:

- Du brauchst eine relativ große Anzahl an Teilnehmern bei Umfragen, um repräsentative Aussagen über die Gesamtbevölkerung treffen zu können
- Du brauchst bei Sekundäranalysen Zugriff auf große und vollständige Datenbanken (z.B. von der EU)
- Du brauchst solide Kenntnisse statistischer Methoden und musst wissen, wie Du große Datenmengen mit Statistikprogrammen analysieren kannst
- Du brauchst (v.a. in den Naturwissenschaften) einen Zugang zu relevanten Stoffen und Materialien sowie zu Untersuchungsgeräten im Labor.

Ganz unabhängig von der konkreten Methode gibt es in der quantitativen Forschung drei zentrale Gütekriterien, die erfüllt werden müssen, damit es sich um eine wissenschaftlich hochwertige Arbeit handelt:

Tabelle 30: Gütekriterien quantitativer Forschung.

Kriterium	Beschreibung
Objektivität	Die Ergebnisse sind unabhängig vom Forscher (d.h. auch wenn eine andere Person Deine Untersuchung durchführt, kommt sie zu gleichen Ergebnissen) Negativbeispiel: Du als Forscher schätzt, wie hoch die Arbeitslosenquote ist, anstatt in das statistische Jahrbuch zu schauen.
Reliabilität	Die Ergebnisse sind zuverlässig, genau und unabhängig von externen Einflüssen (d.h. die Untersuchung kann zu einem beliebigen Zeitpunkt ohne große Verzerrungen bzw. Streuung der Ergebnisse) wiederholt werden

	Negativbeispiel: Eine Umfrage zum Thema Stressverhalten beim Einkaufen wird an einem Wochenende in der Vorweihnachtszeit durchgeführt. Es ist sehr unwahrscheinlich, dass dieselbe Umfrage an einem Dienstag im Frühling genauso ausfällt.
Validität	Die Ergebnisse beantworten die zuvor gestellte Forschungsfrage bzw. die Methode ist geeignet den Forschungsgegenstand zu erfassen (d.h. die Untersuchung misst tatsächlich das, was sie messen soll und sorgt für glaubwürdige Ergebnisse) Negativbeispiel: Du benutzt einen (zwar sehr objektiven und auch reliablen) Intelligenztest, um damit aber herauszufinden, wie schnell jemand am Computer tippen kann.

Mit der Übersicht zu qualitativen und quantitativen Methoden möchten wir Dir zeigen, dass es immer einen Zusammenhang zwischen Fragestellung und Methodik gibt, das heißt es gibt Fragestellungen, die sich nur mit einer bestimmten Methode beantworten lassen können und andersherum Methoden, die sich nur für bestimmte Arten von Fragen eignen. Möchtest Du einen Themenbereich neu erkunden, in dem es noch nicht so viel Forschung und feste Theorien gibt und in dem Du auch noch kein großes Hintergrundwissen mitbringst, dann eignen sich vor allem qualitative Methoden. Möchtest Du hingegen eine Frage beantworten, die ein breites Theoriefundament hat und zu der es bereits einige Ansätze in der Literatur gibt, dann eignen sich vor allem quantitative Methoden. Im Methodenteil geht es darum, zu beschreiben, wie Du methodisch vorgegangen bist, aber auch, warum Du Dich für eine Methode entschieden hast und in welchem Rahmen sie Deine Forschungsfrage beantworten kann. Sei daher bei der Auswahl der Methoden kritisch, indem Du Dich fragst, ob die ausgewählte oder präferierte Methode wirklich eine zufriedenstellende Antwort auf Deine Forschungsfrage liefern kann.

EXKURS: MIXED-METHODS-ANSÄTZE

Wenn Du im Studium bereits weiter fortgeschritten bist, dann kannst Du auch beide methodische Ansätze kombinieren, das heißt sowohl qualitative als auch quantitative Methoden in Deinem Forschungsprojekt anwenden. Dieses Vorgehen nennt man Mixed-Methods-Ansatz, da beide Ansätze vermischt werden. Du könntest beispielsweise eine qualitative Gruppendiskussion durchführen, um zentrale Motive innerhalb eines Themenbereichs zu erkennen (z.B. Gründe für Rechtsextremismus in Schulen), um anschließend quantitativ mit Befragungen herauszufinden, wie verbreitet diese Motive sind (z.B. durch Online-Fragebögen in Schulen in Bayern). Eine Kombination qualitativer und quantitativer Methoden setzt ein gewisses Maß an Vorwissen und Erfahrung mit diesen Methoden voraus und ist daher frühestens auf Masterniveau, wenn nicht sogar ausschließlich für Dissertationen zu empfehlen. Solltest Du einen solchen Ansatz verfolgen wollen, solltest Du auf jeden Fall mit Deinem Betreuer die Vor- und Nachteile detailliert durchsprechen.

SCHRITT 3: ÜBERSICHT ÜBER DIE METHODEN GEWINNEN

Nachdem Du Dich ganz grundlegend für einen qualitativen oder einen quantitativen Forschungsschwerpunkt entschieden hast, möchten wir Dir nun aus beiden Bereichen jeweils drei Standardmethoden vorstellen, die Du sicherlich bereits aus den Studien der Literaturrecherche kennst. Noch einmal zur Wiederholung:

Bei qualitativer Forschung geht es vor allem darum, neue Theorien aufzustellen, während es bei quantitativer Forschung eher darum geht, bestehende und bekannte Theorien zu testen.

QUALITATIVE METHODEN

Bei qualitativen Methoden stehen vor allem Meinungen, individuelle Perspektiven und Motive im Vordergrund, weniger reine Zahlen und standardisierte Daten. Daher werden qualitative Studien in der Regel auch durch Interpretation des Forschers ausgewertet und nicht mit Hilfe von statistischen Programmen oder mathematischen Formeln. Du als Forscher bist hier auch im Zuge einer Abschlussarbeit bei allen Methoden zentraler Bestandteil der Datenerhebung, da Du bei Experteninterviews oder Gruppendiskussionen und Fokusgruppen immer zentraler Gesprächspartner bist oder bei der Analyse von Dokumenten und Schriftstücken oder einer Beobachtung derjenige bist, der das Gelesene und Gesehene einordnen kann und so einen Kontext gibt. Die folgende Tabelle beschreibt die wichtigsten Methoden.

Tabelle 31: Übersicht qualitativer Methoden.

Methode	Beschreibung
Interview	Im Fokus stehen das subjektive Denken, Handeln, Fühlen und die Vorstellungen eines Einzelnen. Experteninterviews werden vor allem dann verwendet, wenn ein einzelnes Phänomen (z.B. eine unternehmerische Entscheidung) im Detail aus einer Perspektive beleuchtet werden soll oder wenn zu einem sehr speziellen Fachthema oder einer sehr speziellen Situation (z.B. Führungsentscheidungen in der Finanzbranche während der Bankenkrise) geforscht werden soll.

Gruppendiskussion/ Fokusgruppe	Wird vor allem verwendet, wenn Meinungsbildungen in Gruppen, soziale Konstrukte, gegenseitiges Beeinflussen oder kollektive Strukturen untersucht werden sollen
Beobachtung (z.B. Produkttest)	Kommen zum Einsatz, wenn Phänomene aus der Realität nicht einfach in Worte gefasst werden können oder es um einen Themenbereich geht, der nur sehr schwer zugänglich ist. Im Vordergrund stehen hier häufig Beobachtungen bei sozialen Interaktionen (z.B. Verhalten während eines Verkaufsgesprächs) oder Interaktionen mit einem Produkt (z.B. Umgang mit einem maschinellen Prototyp aus der Industrie).

DAS QUALITATIVE INTERVIEW

Hierbei möchtest Du bestimmte Lebenswelten, Meinungen und Eindrücke einer einzelnen Person genauer kennenlernen und ihre Sichtweise auf Dein Thema oder bezüglich Deiner Forschungsfragen kennenlernen. Hier gibt es kein richtig oder falsch, da es einzig und allein auf das Erleben und die Denkwelt des Interviewpartners ankommt. Das Interview ist eine der am häufigsten gewählten Methoden in der qualitativen Forschung, da es sehr effektiv ist, um einzelne Themen detaillierter kennenzulernen und neue Impulse zu bekommen. Es gibt verschiedene Arten, Interviews vorzubereiten und zu führen:

- Hochstrukturierte Interviews
  - Alle Fragen sind in einem Fragenkatalog festgehalten, werden immer in derselben Reihenfolge gestellt und für jede Antwort gibt es vorgegebene Antwortmöglichkeiten

- Hochstrukturierte Interviews werden in der Regel eher den quantitativen Verfahren zugeordnet, da sie Befragungen durch Umfragen o.ä. gleichen und die Antworten durch die Standardisierung recht einfach miteinander verglichen werden können
- Vorteil: Du kannst schnell und effizient Antworten zu Deinen Fragen bekommen und sie anschließend miteinander vergleichen
- Nachteil: Du kannst keine neuen Themenfelder kennenlernen, da keine Rückfragen, offene Antworten oder tiefergehende Erklärungen vorgesehen sind

- Semistrukturierte/Halbstrukturierte Interviews
  - Alle Fragen sind in einem Fragenkatalog festgehalten, die Reihenfolge, in der sie gestellt werden, ist jedoch flexibel und die Antwortmöglichkeiten sind nicht vorab festgelegt
  - Alle Fragen sollten offen gestellt werden, damit sie interpretativ ausgewertet werden können und den Befragten keine Richtung vorgeben oder sie in ihren Antwortmöglichkeiten einschränken
  - Du kannst Dich während des Interviews an einem Leitfaden orientieren, musst ihn aber nicht Frage für Frage nacheinander abarbeiten, sondern kannst freier auf die Antworten eingehen und auch ganz neue Fragen oder Zwischenfragen stellen, die sich auf dem Kontext ergeben
  - Vorteil: Du kannst in einem vorgegebenen Rahmen neue Erkenntnisse gewinnen und Perspektiven kennenlernen. Du kannst die Unterhaltung durch einen Leitfaden in einem gewissen Maß lenken, um so nicht vom Thema abzukommen. Du kannst Dich gut vorbereiten und trotzdem offen für Neues bleiben

  - Nachteil: Die Ergebnisse verschiedener Interviews lassen sich nicht miteinander vergleichen und Du kannst durch Nachfragen bzw. die Reihenfolge der Fragen (ungewollten) Einfluss auf die Antworten des Befragten haben und ihn so unbeabsichtigt lenken.

- Unstrukturierte Interviews
  - Lediglich ein zentrales Thema und Stichpunkte hierzu sind vorgegeben
  - Unstrukturierte Interviews bieten sich vor allem an, wenn es bisher wenig Literatur zu einem Bereich gibt, Du wenig Hintergrundwissen mitbringst oder Du eine ganz bestimmte Person (und ihre Erfahrungen in Bezug zu Deiner Forschungsfrage) ganzheitlich kennenlernen möchtest
  - Fragen ergeben sich im Gesprächsverlauf flexibel und spontan
  - Vorteil: Möglichkeit, spontan und ungebunden auf Gesagtes einzugehen, wenig Beeinflussung der Befragten durch geringe Vorgaben oder Rahmensetzung, geringer Druck für den Befragten, da die Situation sehr alltagsnah ist und weniger eine wissenschaftliche Versuchssituation darstellt
  - Nachteil: Wenig Kontrolle über die Entwicklung des Gesprächsverlaufes. Gefahr, das eigentliche Forschungsthema aus den Augen zu verlieren, hohe Konzentration beim Interview gefordert, da Du spontan neue Fragen bilden musst, die sich in der Regel erst aus den vorangegangenen Antworten ergeben.

Bei der tatsächlichen Durchführung von Interviews kannst Du auf verschiedene Varianten zurückgreifen. Face-to-Face Interviews bieten sich vor allem an, wenn Dein Gesprächspartner in der Nähe ist, da Du während persönlicher Interviews auch auf nonverbale Signale am besten reagieren kannst und hier am schnellsten eine Vertrauensbasis herstellen kannst – was gerade bei sensiblen oder kontroversen Themen wichtig ist. Sollten Deine Gesprächspartner nicht persönlich erreichbar sein, kannst Du Interviews selbstverständlich auch per Telefon oder über Tools zur Videotelefonie führen. Sollten all diese Varianten nicht möglich sein, kannst Du bei einem strukturierten Interview Deine Fragen auch per Mail mit der Bitte um Antwort verschicken. Da es bei qualitativen Methoden jedoch vor allem um explorative Ansätze und subjektives Empfinden geht, ist ein persönlicher Kontakt immer am zielführendsten und daher zu bevorzugen.

Für ein Interview – und auch die nachfolgend vorgestellte Gruppendiskussion – ist es wichtig, dass Du als Interviewpartner nie eine inhaltliche Position einnimmst. Achte also schon bei der Gestaltung des Fragebogens und auch im Gesprächsverlauf darauf, dass Du keine eigene Meinung mit einbringst oder die Gesprächspartner versuchst, in eine bestimmte Richtung zu lenken.

EXPERTENTIPP: INTERVIEWS MIT EXPERTEN

Eine besondere Form des Interviews ist das Experteninterview. Wer genau als Experte gilt, hängt selbstverständlich maßgeblich von Deinem Fachbereich und Deiner Forschungsfrage ab. Möchtest Du in einer Praxisarbeit erfahren, wie das neue Einstellungsverfahren entwickelt wurde, dann kann der Personalleiter ein Experte sein. Geht es darum, herauszufinden, wie die Bankenregulierung in der Praxis während der Finanzkrise angewendet wurde, dann kann ein Jurist der richtige Ansprechpartner für ein Experteninterview sein. Grundsätzlich bieten sich Experteninterviews an, wenn Du zu einem Thema oder einer Frage forschst, zu der es noch nicht viel Literatur oder Hintergrundwissen gibt. Auch wenn Du Dir besondere Nischen anschaust, können Perspektiven von Experten wertvolle Einblicke sein. Im Experteninterview geht es nicht darum, einen breiten Überblick über das Thema zu bekommen, sondern darum, an gezielten Stellen das bisherige Wissen in der Literatur durch individuelle Einblicke und Erfahrungen von Experten zu erweitern und zu ergänzen. Für ein Experteninterview solltest Du daher bereits ein sehr gutes Wissen zu Deinem Bereich mitbringen bzw. Dir im Zuge Deiner Abschlussarbeit angelesen haben. Du solltest auf jeden Fall mit Deinem Betreuer absprechen, welche Experten sich in Deinem Bereich anbieten, denn möglicherweise kann er Dir hier direkt Kontakte herstellen, wenn er in einem ähnlichen Bereich forscht oder arbeitet. Gerade, wenn Du Personen, die in der Öffentlichkeit stehen, für ein Experteninterview gewinnen möchtest, solltest Du versuchen, bei der Ansprache eine Win-Win-Situation zu schaffen und einen klaren Mehrwert für diese Person kommunizieren (z.B. stellst Du ihr Deine Forschungsergebnisse nach Abschluss der Arbeit zur Verfügung).

Tabelle 32: Vor- und Nachteile von Experteninterviews.

Vorteile	Nachteile
Die direkte subjektive Wahrnehmung einer einzelnen Person kann ausführlich erfasst werden und mit Nachfragen konkretisiert werden.	Hoher Zeitaufwand, um passende Interviewpartner zu finden (die in die Zielgruppe zum Thema passen). Viele Absprachen nötig (zur Organisation von Interviewterminen).

Flexibilität in den Fragen, um auf genannte Antworten des Interviewpartners noch genauer einzugehen (v.a. bei unstrukturierten bzw. semi-strukturierten Interviews).	Schaffung von Vertrauen nötig, damit ausführlich geantwortet wird und nicht eine Situation des „Ausfragens“ entsteht.
Vergleichbarkeit mehrerer Interviews bei strukturierten Interview bzw. Interview mit Leitfaden in Teilen möglich.	In der Regel keine direkte Vergleichbarkeit möglich, wenn offen geantwortet werden kann.
Möglichkeit, neue Perspektiven und Themen zu entdecken, die vorher nicht im Zentrum standen oder übersehen wurden.	Möglicher Einfluss vom Interviewer durch Art der Fragestellung oder nonverbale Signale (die die Meinung des Gesprächspartners verzerren).
Exklusive Einblicke von einer Person, die besonderes Wissen zum Forschungsbereich mitbringt.	Hoher Rechercheaufwand nötig, um richtige Experten zu finden und möglicherweise viel Überzeugungsarbeit nötig, um Experten von einem Interview zu überzeugen.

In einer Gruppendiskussion führst Du Interviews zu Deinem Forschungsthema mit mehreren Personen gleichzeitig. Dabei geht es explizit darum, Raum für Interaktionen zu schaffen, sodass sich die Teilnehmer gegenseitig zustimmen, kontroverse Punkte diskutieren, selber neue Ideen einbringen und ein Gesprächsfluss entsteht. Bei Gruppendiskussionen – die auch Fokusgruppen genannt werden – geht es darum, Meinungen und Erfahrungen von Personen kennenzulernen und zusätzlich zu einem Einzelinterview herauszufinden, wie Menschen verschiedene Themen in einer Gruppe diskutieren, wie sozial interagiert wird und welche neuen Themenbereiche und Perspektiven sich ergeben. Da es bei qualitativer Forschung explizit darum geht, explorativ und erwartungsoffen neue Themenbereich zu erforschen, ist es bei einer Gruppendiskussion vor allem spannend zu sehen, wie sich Diskussionen eigenständig entwickeln, welche Themenschwerpunkte gewählt werden und welche Dinge im Fokus der Teilnehmer stehen. Bei einer Gruppendiskussion geht es nicht darum, individuelle Meinungen abzufragen – dafür ist das Einzelinterview gedacht –, sondern darum, die Meinung und Meinungsfindung einer Gruppe als Gesamtgefüge aufzunehmen.

Eine solche Diskussion bedarf einer guten und sorgfältigen Planung und sollte nicht länger als 90 Minuten dauern, um die Aufmerksamkeit und Motivation der Gruppe aufrecht zu erhalten. Gerade, wenn Du in Deiner Abschlussarbeit zum ersten Mal mit Gruppen arbeitest, empfiehlt es sich, nicht zu viele Gesprächsteilnehmer einzuladen. Für den Anfang empfehlen wir 4 bis 6 Personen und für Fortgeschrittene maximal 8 bis 10. Für Gruppendiskussionen bietet es sich wie beim Einzelinterview an, einen Interviewleitfaden vorzubereiten. Hier brauchst Du in der Regel jedoch nicht so viele und nicht so spezielle Fragen, da Du davon ausgehen kannst, dass die Gruppe sich selber Schwerpunkte setzt und auch eigene Fragen an die anderen Mitglieder mit reinbringt.

Über folgende Fragen solltest Du Dir bei einer Gruppendiskussion Gedanken machen, damit alles optimal laufen wird:

- Welche Personen lade ich ein, um möglichst verschiedene (ggf. sogar gegensätzliche) Perspektiven in der Gruppe zu haben?
- Wie viele Informationen zu meinem Forschungsprojekt und meiner Forschungsfrage lasse ich den Teilnehmern vor der Diskussion zukommen?

   - Tipp: Hier solltest Du selbstverständlich den groben Rahmen Deiner Abschlussarbeit skizzieren, aber auf keinen Fall Deine Erwartungen oder eigene Meinungen kommunizieren, da Du an den unverfälschten und unvoreingenommenen Meinungen der Teilnehmer interessiert bist.
- Welche (Gesprächs-)Regeln möchte ich aufstellen und mit den Teilnehmern abstimmen?
   - Tipp: Auch wenn es klar sein sollte, dass respektvoll miteinander umgegangen wird und man den Anderen aussprechen lässt, solltest Du diese Grundlagen des Miteinanders zu Beginn noch einmal nennen, damit alle Teilnehmer auf dem gleichen Stand sind und es keine Missverständnisse gibt.
- Wie gestalte ich die Vorstellung der Teilnehmer und wie leite ich in die Diskussion ein?
- Welche Fragen möchte ich auf jeden Fall stellen? Welche Fragen sind optional?
   - Tipp: In Gruppendiskussionen kann sich schnell eine eigene Dynamik entwickeln. Du solltest Du also vorher Gedanken machen, welche Fragen essentiell für die Beantwortung Deiner Forschungsfrage sind, sodass Du sie in jedem Fall stellen kannst.
- Wie reagiere ich, wenn sich die Diskussion in eine andere Richtung als geplant entwickelt? Wie führe ich die Teilnehmer wertschätzend, aber bestimmt wieder zurück zu meinem Forschungsthema?
- Wie gehe ich mit Schweigen um oder mit Situationen, in denen sich niemand mehr zu Wort meldet und die Diskussion ins Stocken gerät?
   - Tipp: Stille ist per se nichts Schlechtes und Du solltest sie für einige Momente aushalten können, denn so haben die Teilnehmer noch einmal Zeit über das Gesagte

nachzudenken und bringen ggf. nach einer kurzen Pause neue Impulse mit in die Gruppe. Sollte die Diskussion tatsächlich vollkommen stoppen, hilft es, kontroverse Aussagen in die Gruppe zu bringen oder weitere Fragen nach eigenen Erfahrungen zu stellen, da Du so zur weiteren Diskussion animierst.

- Wie moderierst Du den Schluss?

Wenn Du Antworten zu diesen Fragen gefunden hast und einen ersten Interviewleitfaden entworfen hast, solltest Du diesen unbedingt mit Deinem Betreuer besprechen und im Anschluss einen technischen Check-Up machen, denn nichts ist ärgerlicher als eine tolle Diskussion oder ein gutes Interview, welches aufgrund eines technischen Defektes leider nicht aufgezeichnet wurde. Gerade bei externem Equipment solltest Du vorher einen Test durchführen und nicht nur schauen, ob das Gerät einwandfrei funktioniert und aufzeichnet, sondern auch, ob alle Personen klar und deutlich zu verstehen sind. Vor allem bei Gruppendiskussionen bietet es sich an, mehrere Diktiergeräte zu nutzen, sodass Du zum einen den gesamten Raum abdecken kannst, zum anderen aber auch immer ein Backup hast, falls ein Gerät ausfällt. Wenn inhaltliche und technische Fragen geklärt sind, dann kannst Du Dir zum Schluss noch Gedanken darüber machen, wie Du eine nette Atmosphäre schaffen kannst. Vor allem bei längeren Diskussionen bietet es sich zum Beispiel an, Getränke wie Wasser und Kaffee oder Kekse und kleine Snacks bereitzustellen.

EXKURS: MITSCHNEIDEN UND TRANSKRIBIEREN

Damit Du Dich voll und ganz auf die jeweiligen Gespräche einlassen kannst, passende Nachfragen stellen und einem möglichen Interviewleitfaden folgen kannst, werden Einzel- und Gruppeninterviews in der Regel aufgenommen. Du musst Dir vor Audio-

oder Videoaufnahmen unbedingt die Zustimmung aller Beteiligten einholen und solltest sie klar darüber informieren, in welchem Rahmen die Mitschnitte im weiteren Verlauf Deiner Abschlussarbeit verwendet werden. Diese Zustimmung ist ein wichtiger Punkt, mit dem Du zeigst, dass Du auch die ethischen Standards des wissenschaftlichen Arbeitens beherrscht und weißt, wie man korrekt mit Aufzeichnungen umgeht. Nach dem Interview bzw. der Gruppendiskussion wird die Aufnahme in der Regel transkribiert (d.h. sie wird verschriftlicht), sodass Du mit Hilfe der Transkripte eine interpretative Auswertung durchführen kannst. Hier solltest Du auf jeden Fall mit Deiner Hochschule abklären, ob Euch eine Transkriptionssoftware zur Verfügung gestellt wird oder ob es Einführungskurse und Ansprechpartner gibt. Möglicherweise kannst Du diese Arbeit auch an professionelle Anbieter geben, was Du jedoch unbedingt zuerst mit Deinem Betreuer abklären solltest, damit sichergestellt ist, dass hier nicht unerlaubt Hilfe von Externen in Anspruch genommen wurde, welche die Eigenständigkeit der Arbeit verletzt. Vergiss nicht, alle Transkripte in den Anhang Deiner Abschlussarbeit aufzunehmen, denn nur so ist für einen fremden Leser nachvollziehbar, auf welchen Rohdaten Deine Interpretationen beruhen.

Tabelle 33: Vor- und Nachteile von Gruppendiskussionen.

Vorteile	Nachteile
Zeiteffiziente Variante der Datensammlung, da mehrere Probanden gleichzeitig befragt werden können.	Hoher organisatorischer Aufwand in der Vorbereitung (z.B. Erstellung von Leitfäden, Rekrutierung von Teilnehmern, Terminabsprache, Raumbuchung, technisches Setup).
Gute Möglichkeit, um Interaktionen und Dynamiken in Gruppen abzubilden.	Komplexe und zeitintensive Auswertung durch lange Transkripte.

Teilnehmer fühlen sich oft weniger als „Versuchsperson“, da eine Gruppendiskussion einer alltäglichen Gesprächssituation sehr nahekommt (z.B. im Vergleich zu einem 1-zu-1 Interview mit klaren Fragen).	Erfahrung nötig im professionellen Moderieren und Leiten von Diskussionen in einer Gruppe, damit der Themenfokus gewahrt wird, Deine Forschungsfrage beantwortet werden kann und respektvoll miteinander umgegangen wird.
	Herausforderung, dass Teilnehmer in einer Gruppe vor Anderen sozial erwünscht antworten, das heißt die Antworten geben, von denen sie erwarten, dass Du und die anderen Gruppenmitglieder sie hören wollen.

Wenn Du einen Bereich untersuchst, bei dem man Ergebnisse oder Erkenntnisse nicht ohne weiteres verbalisieren kann, dann ist eine Beobachtung als qualitative Methode Deiner Abschlussarbeit gut geeignet. Auch wenn Du einen neuen Bereich kennenlernen möchtest oder es zu Deinem Forschungsbereich bzw. Deiner Forschungsfrage noch nicht so viele Daten und Informationen gibt, kann eine Beobachtung helfen, einen ersten Eindruck des Forschungsfeldes zu bekommen.

Bei einer Beobachtung kannst Du soziale Zusammenhänge und Interaktionen kennenlernen und dann aufgrund Deiner Beobachtungen diese Situationen interpretieren. Ein mögliches Umfeld für eine Beobachtung kann zum Beispiel ein Unternehmen sein, in welchem Du eine Praxisarbeit schreiben möchtest. Vor allem, wenn Du befürchtest, dass Personen sich in einem Interview zu sehr in der Rolle der Versuchsperson sehen und möglicherweise nicht ehrlich oder verzerrt antworten, kann eine Beobachtung realistischere Einblicke bieten. Hier kannst Du verschiedene Abteilungen oder Schichten beobachten, um einzelnen Fragen auf den Grund zu gehen. Bei einer Beobachtung versuchst Du als Forscher möglichst nah an die Untersuchungsobjekte zu kommen und an einer alltäglichen Situation teilzuhaben. Beobachtungen sind vor allem dann sinnvoll, wenn es auch auf nonverbale Reaktionen ankommt, also auf Gestik und Mimik von Personen, die Du so in einem Interview nicht abdecken könntest.

Wie auch beim Interview gibt es verschiedene Formen der Beobachtung, die sich in den Details unterscheiden:

- Verdeckte Beobachtung vs. nicht verdeckte Beobachtung
    - Bist du als Beobachtender klar für die Probanden erkennbar oder nicht (z.B. da Du hinter einem verdeckten Spiegel oder durch Kameras beobachtest)?
- Natürliche Beobachtung vs. unnatürliche Beobachtung
    - Beobachtest Du Personen in einer natürlichen Umgebung (z.B. an ihrem Arbeitsplatz, in einem Park oder in der Schule) oder findet die Beobachtung in einem gesonderten Raum statt (z.B. bei Dir in einem Raum der Hochschule)?
- Teilnehmende Beobachtung vs. nicht teilnehmende Beobachtung
    - Bist Du als Beobachtender Teil der sozialen Interaktion, die Du beobachtest, oder stehst Du nicht-teilnehmend am Rand und schaust zu?
- Systematische Beobachtung vs. unsystematische Beobachtung
    - Hast Du als Beobachter klare Vorgaben und Strukturen im Kopf, was Du zu welchem Zeitpunkt beobachten und protokollieren sollst, oder bist Du offen für alle Eindrücke und hast keine genauen Vorgaben?

Wenn Du eine Beobachtung als Forschungsmethode wählst, solltest Du auf jeden Fall mit Deinem Betreuer einmal über das Thema der kritischen Distanz sprechen, das heißt der Distanz, die Du zu Deinem Untersuchungsgegenstand wahren solltest. Die Erkenntnisse, die Du aus einer Beobachtung ziehst, sind in der Regel begrenzt, daher solltest Du hier frühzeitig absprechen, inwiefern dies eine Limitation Deiner Arbeit darstellt und wie Du diesen Punkt in der Arbeit schriftlich festhältst.

Ein Beispiel für eine Beobachtung sind Produkttests, wobei Du Menschen dabei zuschaust, wie sie ein neues Produkt benutzen und welche Kommentare sie dabei abgeben. Im unternehmerischen Kontext bieten sich ebenfalls Beobachtungen an, zum Beispiel wenn ein neues Werk oder eine neue Produktionsstätte eingeweiht wird und geschaut werden soll, wie sich die Mitarbeiter in ihrer neuen Umgebung verhalten. Beobachtungen findet man vor allem in Studiengängen der Sozialwissenschaften, wenn beispielsweise Kinder in Kitas oder Schulen beobachtet werden oder wenn es um interkulturelle Beobachtungen geht. Wie bei allen Methoden gibt es auch bei der Beobachtung Vor- und Nachteile:

Tabelle 34: Vor- und Nachteile von Beobachtungen.

Vorteile	Nachteile
Natürliche Umgebung für Teilnehmer kann schneller zu Vertrauen und Offenheit führen.	Einfluss des Beobachters kann (v.a. bei teilnehmenden Beobachtungen) sehr hoch sein und damit Einfluss auf die Ergebnisse haben.
Möglichkeit, auch nonverbale Signale wie Gestik und Mimik aufzunehmen.	Teilnehmer können sich als Versuchspersonen beobachtet fühlen und daher unnatürlich reagieren und handeln.

Reduzierung von falschen oder verzerrten (d.h. sozial erwünschten) Antworten der Teilnehmer.	Hohe Aufmerksamkeit und Detailtreue erforderlich, da sonst komplexe Zusammenhänge übersehen oder falsch eingeordnet werden können.
Interessante und ganzheitliche Erkenntnisse aus komplexen Situationen möglich, die so nicht verbal abgebildet werden könnten.	In manchen Forschungsbereichen mit hohen Hürden verbunden, da Beobachtungen nicht ohne weiteres möglich sind (z.B. bei besonders schützenswerte Personen wie Kindern).
Möglichkeit, Forschungsfelder zu untersuchen, bei denen Interviews nicht funktionieren würden (z.B. in der Arbeit mit Kindern, Personen mit psychischen Erkrankungen, Personen, die andere Sprachen sprechen).	Hoher Organisationsaufwand (u.a. um Teilnehmende zu finden, um ethische Freigaben bei verdeckten Beobachtungen zu bekommen, um ggf. eigene Beobachtungsräume zu finden).

EXKURS: QUALITATIVE INHALTSANALYSE

Neben einer eigenen Datenerhebung durch Interviews oder Beobachtungen, kannst Du selbstverständlich auch bereits vorhandene Quellen (z.B. Zeitungsartikel, Radiointerviews, Forschungsberichte) qualitativ untersuchen. In den Politikwissenschaften kann zum Beispiel die Berichterstattung über den Fall der Mauer 1989 ein spannendes Thema sein oder in den Wirtschaftswissenschaften der Umgang mit Zeitarbeit in Forschungsberichten. Bei einer qualitativen Inhaltsanalyse musst Du keine eigenen Daten erheben, Dir jedoch passende Quellen zusammensuchen, damit Du diese als Grundlage Deiner Analyse verwenden kannst. Philipp Mayring, ein deutscher Psychologe, hat ein allgemeines Modell zur qualitativen Inhaltsanalyse entwickelt und fünf transparente Schritte gefunden, mit denen dieses Verfahren angewandt werden kann. Du bist hier nicht auf die Zusammenarbeit und Abstimmung mit anderen angewiesen und hast eine transparente Auswertungsmethode, die in der Forschung etabliert ist. Jedoch solltest Du den zeitlichen Aufwand des Beschaffens der Quellen nicht unterschätzen und Dir dessen bewusst sein, dass die finale Qualität Deiner Abschlussarbeit auch von der Qualität der untersuchten Quellen abhängt und Du somit genau abwägen solltest, welche Inhalte herangezogen werden können.

Bei allen Methoden, die einen qualitativen Ansatz haben, geht es im Kern darum, dass Du als Forscher möglichst offen bist für neue Ideen, Perspektiven, Anreize und Entwicklungen. Du solltest möglichst unvoreingenommen und ohne eine explizite Erwartungshaltung an die Datenerhebung und Datenanalyse gehen, da es die zentrale Idee qualitativer Ansätze ist, Raum für neue Themen zu schaffen, aus denen sich später Modelle oder Theorien entwickeln lassen. Außerdem solltest Du Dir der Reflexivität dieses Forschungsansatzes bewusst sein, da es eine permanente Beeinflussung gibt und Wechselwirkungen zwischen der Forschungsfrage und dem Gegensatz der Forschung. Auch hier geht es darum, diese Erkenntnis in die Interpretationen in der Auswertung mit einfließen zu lassen.

QUANTITATIVE METHODEN

Neben qualitativen Methoden gibt es die quantitativen Methoden, bei denen es darum geht, Daten zu erheben (oder bereits vorhandene Daten zu bündeln), um sie dann statistisch auszuwerten. In der quantitativen Forschung werden Dinge aus der Realität messbar gemacht (d.h. zu operationalisieren), um sie anschließend auswerten zu können und so bestehende Theorien oder Modelle zu testen. So können Verteilungen von bestimmten Phänomenen gemessen werden und Hypothesen in der Realität getestet werden. Ein zentraler Unterschied zur qualitativen Datenerhebung ist es, dass Du mit quantitativen Methoden die Möglichkeit hast, eine große Gruppe an Menschen zu befragen bzw. große Datenmengen auszuwerten, um dann Schlussfolgerungen über die Allgemeinheit anzustellen. Das ist bei subjektiven und auf eigenen Interpretationen basierenden qualitativen Auswertungen nicht möglich.

Drei zentrale quantitative Methoden sind Umfragen sowie Experimente (bei denen Du selber Daten erhebst) aber auch statistische Datenauswertungen mit bereits vorhandenen Datensätzen. Die folgende Tabelle liefert eine Übersicht.

Tabelle 35: Übersicht quantitativer Methoden.

Methode	Beschreibung
Umfrage	Verwendung eines standardisierten Fragebogens mit geschlossenen Fragen, der an möglichst viele Personen der Zielgruppe verteilt wird. Die Antworten können später miteinander verglichen und statistisch ausgewertet werden.
Experiment	Wissenschaftlicher Versuch (meist im Labor bzw. unter Laborbedingungen), der mit einer Versuchsgruppe und einer Kontrollgruppe durchgeführt wird. Vor allem in den Naturwissenschaften zu finden, jedoch auch zunehmend in de Geistes- und Sozialwissenschaften.

Sekundärdaten-auswertung	Bereits vorhandene Daten (aus einem oder mehrerer Datensätze) werden mit Blick auf eine bestimmte Forschungsfrage statistisch analysiert und ausgewertet. Es findet keine eigene Datenerhebung statt.

Eine Umfrage ist eine der häufigsten quantitativen Methoden, die vor allem in Abschlussarbeiten über fast alle Fachbereiche hinweg angewendet wird. Fragebögen in Umfragen können grundsätzlich sowohl qualitativ als auch quantitativ sein. Wie bereits oben beschrieben sind Fragen in qualitativen Fragebögen (die u.a. Grundlage für ein Interview sein können), in der Regel offen, das heißt es gibt keine möglichen Antwortvorgaben. Bei quantitativen Umfragen wird auf eine standardisierte Befragung zurückgegriffen, das heißt alle Fragen haben vorgegebene Antwortmöglichkeiten, z.B. Ja/Nein oder verschiedene Abstufungen bei der Bewertung von Aussagen von „Stimme gar nicht zu" über „Unentschieden" bis zu „Stimme voll zu".

Eine Umfrage kann schriftlich oder mündlich erfolgen, wobei eine schriftliche Variante immer zu bevorzugen ist, da hier die Daten im Nachhinein schneller und leichter ausgewertet werden können. Besonders bei Abschlussarbeiten bietet es sich an, Umfragen über Onlineportale laufen zu lassen, da sie so einfach zu teilen sind (z.B. über soziale Netzwerke oder per E-Mail) und Du so außerdem die Daten bereits online abrufen kannst (z.B. in Form einer Excel-Tabelle oder in gesonderten Dateiformaten für Statistikprogramme). Bei der Erstellung eines Fragebogens überlegst Du Dir im ersten Schritt, was Du überhaupt herausfinden möchtest, das heißt auf welche Fragen Du Antworten suchst. Das Ziel einer Umfrage ist es nicht, Deine Forschungsfrage direkt zu stellen (das solltest Du vermeiden!) sondern unterschiedliche Indikatoren zu finden, die Du durch verschiedene Einzelfragen abarbeiten kannst, um dann eine Antwort zu Deiner eigentlichen Forschungsfrage ableiten zu können. Im nächsten Schritt geht es daher darum, Deine Fragen möglichst genau und eindeutig zu formulieren, damit die Teilnehmer ohne großes Nachdenken wissen, was gemeint ist. Für jede Frage brauchst Du dann eine passende Skala, das heißt eine Reihe an Antwortmöglichkeiten, aus denen eine ausgewählt werden kann. Zustimmung bzw. Ablehnung zu einer bestimmten Aussage kann auf einer sogenannten Likert-Skala beantwortet werden, die in der Regel fünf oder sieben Antwortoptionen enthält. Durch die ungerade Anzahl ist es möglich, einen Mittelwert zu haben für diejenigen, die sich weder der einen noch der anderen Tendenz zuordnen lassen möchten. Meinungen und Wahrnehmungen können so sehr genau bemessen werden. Solche Skalen könnten unter anderem wie folgt aussehen:

- Zufriedenheit
  - Sehr unzufrieden; Etwas unzufrieden; Unentschieden; Etwas zufrieden; Sehr zufrieden
- Zustimmung
  - Stimme überhaupt nicht zu; Stimme nicht zu; Unentschieden; Stimme voll zu; Stimme zu
  - Stimme gar nicht zu; Stimme eher nicht zu; Unentschieden; Stimme eher zu; Stimme voll zu
- Genauigkeit
  - Trifft nicht zu; Trifft eher nicht zu; Unentschieden; Trifft eher zu; Trifft zu.

Was die ideale Teilnehmerzahl betrifft, so solltest Du Dich auf jeden Fall mit Deinem Betreuer abstimmen, da dieser meist mehr Erfahrung mit Umfragen hat und daher eine fundierte Einschätzung geben kann. Ein ganz entscheidender Einflussfaktor ist hier die Zielgruppe, als die Gruppe derer, die Du befragen möchtest. Solltest Du einer Forschungsfrage nachgehen, bei der es um Studenten geht (Beispiel: Wie beeinflusst die Regelstudienzeit den wahrgenommenen Stress im Studium?), dann wird es Dir sicher leichter fallen, Freunde und Kommilitonen zu rekrutieren, als wenn Du Dich mit Agrarsubventionen, chinesischen IT-Firmen oder Gewerkschaftsverhandlungen beschäftigst, wo es alleine auf Grund der Themenwahl schon eine Einschränkung der Personen gibt, die Du gerne als Umfrageteilnehmer hättest bzw. die Du zur Beantwortung Deiner Forschungsfrage befragen musst. Ganz grundsätzlich sind ca. 30 komplette Datensätze (d.h. 30 Personen aus Deiner Stichprobe, die den Fragebogen komplett ausgefüllt haben) eine eher kleine Stichprobe, 50-70 Datensätze eine mittlere Stichprobe und mehr als 100 verwertbare Datensätze eine große Stichprobe.

Tabelle 36: Vor- und Nachteile einer Umfrage.

Vorteile	Nachteile
Sehr kostengünstig in der Erstellung.	Hoher Vorbereitungsaufwand bei der Erstellung eigener Fragebögen.
Große Reichweite möglich bei online Fragebögen und Umfragen.	Aktive Rekrutierung von Teilnehmern (z.B. durch soziale Netzwerke) nötig.
Daten liegen bereits in digitaler Form vor.	Keine Kontrolle, wie wahrheitsgemäß die Umfrage ausgefüllt wurde.
Erleichterte Auswertung durch Standardisierung und vorgegebene Antwortskalen.	Hohe Abbruchquote (v.a. bei längeren und komplexen Umfragen).
Vielen Bereiche haben bereits standardisierte Fragebögen, die verwendet werden können.	Hohe Abhängigkeit von der Unterstützung und Teilnahme Externer.

	Erstellung von guten Fragebögen setzt viel Hintergrundwissen zum Thema voraus, um passende Fragen zu formulieren.

Wenn Du ein Experiment durchführen möchtest, dann geht es Dir ebenfalls darum, neue empirische Erkenntnisse zu gewinnen. Bei einem experimentellen Setting werden eine oder manchmal auch mehrere unabhängige Variablen manipuliert (das heißt unter kontrollierten Bedingungen verändert), um die Auswirkungen auf eine abhängige Variable zu erforschen. Hier geht es darum, herauszufinden, wie gezielte Veränderungen der unabhängigen Variablen das Verhalten der abhängigen Variable beeinflussen.

In einem Experiment könntest Du beispielsweise untersuchen, wie sich Alkoholkonsum auf die Rechenleistung auswirkt. Damit Du eindeutig belegen kannst, dass es der konsumierte Alkohol war, der die Rechenleistung beeinflusst hat, arbeitest Du mit einer Versuchsgruppe (die Alkohol trinkt) und einer Kontrollgruppe (die keinen Alkohol trinkt). Ein experimentelles Design könnte in diesem Fall so aussehen, dass die Versuchsgruppe nach einer bestimmten Anzahl an Alkohol (z.B. zwei Gläser Wein) unter regelmäßiger Kontrolle des Blutalkoholwertes einen standardisierten Mathetest bearbeitet. Die Kontrollgruppe bearbeitet diesen Test ebenfalls, jedoch ohne vorher Alkohol getrunken zu haben. Mit diesem Forschungsdesign kannst Du herausfinden, welchen Einfluss Alkoholkonsum auf die Rechenleistung hat. Damit Du auch wirklich sicher gehen kannst, dass der Alkohol der entscheidende Faktor ist, versuchst Du, möglichst viele andere Einflussfaktoren auszuschließen. So solltest Du zum Beispiel darauf achten, dass Deine Versuchs- und Kontrollgruppe aus Menschen mit vergleichbaren Merkmalen besteht (z.B. haben alle denselben höchsten Schulabschluss, sind alle im selben Alter und arbeiten alle in vergleichbaren Berufen). In einem echten Experiment werden die Versuchs- und Kontrollgruppen zufällig zugeteilt und den Teilnehmern wird nicht mitgeteilt, in welcher Gruppe sie sich befinden. Im oben genannten Experiment bekommen so beispielsweise beide Gruppen Bier, die Kontrollgruppe jedoch alkoholfreies Bier.

Bei Experimenten kann zwischen verschiedenen Arten unterschieden werden. Ein Laborexperiment findet, wie der Name schon sagt, in einem Labor und unter künstlichen Bedingungen statt – beispielsweise in den Naturwissenschaften bei Versuchen mit chemischen oder biologischen Stoffen oder bei Tierversuchen. Ein Feldexperiment untersucht Verhalten im Alltag, das heißt es wird beispielsweise untersucht, wie Menschen in der Einkaufszone auf eine verletzte Person reagieren, und zwar abhängig davon, ob diese Person gut oder schlecht gekleidet ist. Feldexperimente finden unter „echten" alltäglichen Bedingungen statt, was die Kontrolle von Störfaktoren schwieriger macht, jedoch eher die Verhaltensweisen hervorruft, die im Alltag auch tatsächlich zu finden sind. Hieraus ergeben sich einige Vor- aber auch Nachteile von Experimenten.

Tabelle 37: Vor- und Nachteile eines Experiments.

Vorteile	Nachteile
Hohe Standardisierung und Ausschluss externer Störfaktoren möglich (v.a. im Laborsetting).	Hoher Organisationsaufwand (u.a. Studiendesign, Vorbereitung und Materialbeschaffung, Reservierung von Laborräumen und Analysegeräten)
Gute Kontrolle der abhängigen und unabhängigen Variable möglich.	Mögliche ethische Probleme/Konflikte (z.B. bei Laborversuchen mit Tieren).

Möglichkeit, Reaktionen und Verhalten in der Realität zu messen und zu beobachten (v.a. im Feldexperiment).	Künstliches Setting lässt möglicherweise wenig Rückschlüsse auf Verhalten im echten Leben zu (v.a. bei Laborexperiment).

Eine letzte quantitative Methode, die wir hier vorstellen möchten, ist die statistische Auswertung von Datensätzen. Hier erhebst Du selbst keine Daten, sondern wertest bereits vorhandene Datensätze aus, kombinierst verschiedene Daten oder baust ein eigenes Datenset aus unterschiedlichen Quellen. Diese Methode bietet sich vor allem bei Fragestellungen an, die nicht mit einer eigenen Datenerhebung beantwortet werden können bzw. bei solchen Fragen, die sich gezielt auf Daten beziehen, die bereits vorhanden sind (z.B. Einkommensdaten einzelner Länder, BIP, Forschungsinvestitionen, Staatsverschuldung etc.). Da Du hier voraussichtlich mit vielen bzw. komplexen Datensätzen arbeiten wirst, solltest Du entweder bereits Vorwissen im Bereich der statistischen Analyse mitbringen oder Dir dessen bewusst sein, dass eine neue Einarbeitung viel Zeit (und auch einige Nerven) kosten kann. Insbesondere, wenn Du ein großes Datenset aus mehreren unterschiedlichen Datensets zusammensetzen musst, und Dir dabei auffällt, dass nicht alle Zahlen vorhanden sind, anders erhoben wurden etc., wird dies einiges an zusätzlicher Zeit kosten.

SCHRITT 4: METHODE ANWENDEN

Unabhängig davon, ob Du qualitativ oder quantitativ forschst, ist das Vorgehen im Zuge Deiner Abschlussarbeit mit Blick auf die Anwendung einer Forschungsmethode immer dasselbe. Wir führen Dich daher durch die Gliederung der zentralen Unterkapitel, die Du in einem Methodenteil einer Abschlussarbeit verfasst:

Tabelle 38: Gliederung des Methodenteils.

Unterkapitel	Inhalt
Studiendesign	• Anzahl AVs und UVs und sich daraus ergebende Versuchspläne (z.B. Einfluss mehrerer UVs auf eine AV) • Begründung, warum genau diese AVs und UVs gewählt wurden • Aufbau: Einfache Untersuchung, Vergleich von mehreren Gruppen, Vorher-Nachher-Vergleich, Versuchs- und Kontrollgruppe, Langzeituntersuchung...
Stichprobe	Zusammensetzung und Auswahl der geplanten Stichprobe (z.B. Gesamtpopulation Deutschland)
Datengrundlage	Bei Analyse von Datensätzen: • Auswahl von Ländern, Auswahl von Quellen, Auswahl von Zeitperioden... Bei qualitativen Studien: • Auswahl von Berichten, Studien, Literaturdatenbanken...
Erhebungs-/ Messinstrumente	Beschreibung von Pretest und Hauptuntersuchung: • Fragebogenaufbau • Mögliche Randomisierung von Fragen oder Gruppenzuteilung • Beschreibung AV und Operationalisierung • Beschreibung UV und Operationalisierung • Erklärung der Antwortmöglichkeiten (z.B. Likert-Skalen, offene qualitative Fragen)

	Bei qualitativen Studien: Kriterien, nach denen Quellen ein- oder ausgeschlossen wurden (z.B. Keywordrecherche, Suchparameter für Datenbanken, Impact Factor)
Methodisches Vorgehen	Beschreibung der Durchführung: • Verwendete Hilfsmittel (z.B. online Umfragetool, technische Hilfsmittel/ Maschinen, Laborgeräte) • Rekrutierung und Ansprache von Probanden • Übersicht verschiedener Phasen
Statistische Auswertung	Die Auswertung wird Schritt für Schritt beschrieben, jedoch werden hier **KEINE** Ergebnisse genannt • Einschluss und Ausschluss von Daten (z.B. nur vollständige Fragebögen) • Verwendete Hilfsmittel (z.B. Transkriptionssoftware, Statistiktools, Excel) • Verwendete statistische Tests (z.B. ANOVA, t-Test, DNA-Sequenzierung, chemische Tests) • Festlegung des Signifikanzniveaus

Im ersten Schritt musst Du dich für einen methodischen Schwerpunkt entscheiden, und diese Entscheidung im Rahmen des Untersuchungsdesigns begründen. Dabei solltest Du vor allem darauf achten, dass Du einen Bezug zu Deiner Forschungsfrage und Deinen Hypothesen herstellst und klar wird, wie diese mit Deinem Vorgehen beantwortet werden können. Eine mögliche Begründung für die Wahl einer bestimmten Methode ist es zum Beispiel, dass diese Methode in vielen Studien zu der Thematik bisher verwendet wurde und Du im Literaturteil bereits belegen konntest, dass diese Methode für Deinen Forschungsbereich geeignet ist. Wichtig ist, dass Du immer einen Bezug zu deiner Forschungsfrage herstellst und klar machst, warum gerade hier die von Dir gewählte Methode die Beste ist. Es wird sicherlich vorkommen, dass es auch andere Methoden gibt, die zu Deiner Forschungsfrage passen und daher mögliche Alternativen gewesen wären. Das solltest Du auf keinen Fall verschweigen, sondern bewusst adressieren und herausstellen, welche Vorteile Deine Entscheidung mit sich bringt und warum sie für Deine Abschlussarbeit zu präferieren ist. Außerdem nennst Du in diesem Teil in der Regel schon einmal Deine unabhängigen Variablen (UVs) und Deine abhängigen Variablen (AVs), da sie Kern Deines Untersuchungsdesigns sind.

Bei der Vorbereitung ist es wichtig – ganz egal welche Methode Du wählst –, dass Du Deine geplante Stichprobe bzw. Deine Probanden definierst und diese Auswahl begründest. Hier geht es darum, nachvollziehbar darzulegen, warum Du Dich für genau diese Experten für Interviews entschieden hast, warum diese Personengruppe Deine Umfrage ausfüllen soll oder warum Du genau diese Datensätze ausgewählt hast. Hier musst Du für den Leser klarstellen, wer genau befragt, interviewt oder beobachtet werden soll und was genau in diesem Prozess gemessen werden soll.

Gerade bei der eigenen Erhebung quantitativer Daten wirst Du niemals eine Vollerhebung erreichen können (d.h. eine Erhebung bei allen Personen), sondern immer nur Teilerhebungen machen können. Beschreibe hier, nach welchem Auswahlverfahren bzw. welchen Kriterien Personen als Probanden in Frage kommen. Gibt es keine Auswahlkriterien handelt es sich um eine Zufallsauswahl, wurde eine bewusste Auswahl getroffen, dann können die geeigneten Probanden beispielsweise durch Quoten oder Cut-Off Werte definiert werden. In den Ergebnissen (also in Deinem

Kapitel 4) kannst Du dann die tatsächliche Stichprobe beschreiben und für den Leser ist nachvollziehbar, wo diese beiden Stichproben voneinander abweichen.

Bei der Beschreibung der Datengrundlage solltest Du auch immer darauf eingehen, was Deine geplante Stichprobe ist, das heißt welche Personen Du als Teilnehmer Deiner Abschlussarbeit idealerweise haben möchtest. Weiterhin beschreibst Du Deine Daten, was z.B. wie folgt unterteilt werden könnte:

Tabelle 39: Gliederung des Methodenteils.

Unternehmensinterne Daten	Unternehmensexterne Daten
Umsatzstatistiken (aus verschiedenen Abteilungen/Bereichen, aus verschiedenen Jahren)	amtliche Statistiken (z.B. statistisches Jahrbuch, destatis, internationale/nationale Organisationen (z.B: EU, WHO)
Marktdaten (Marktvolumen, Marktanteile, Wettbewerber)	Daten von Handelskammern, Gewerkschaften, Verbänden...
Kundendaten (B2B oder B2C)	Daten von Marktforschungsinstituten/ Wirtschaftsinstituten (z.B. DIW, IFO, GfK)
Eigene Datenerhebung	Weitere Quellen (z.B. statista)

EXPERTENTIPP: ANONYMISIERUNG

Wenn Du in Kooperation mit einem Unternehmen eine Abschlussarbeit schreibst, dann solltest Du mit Deinem Betreuer aus dem Unternehmen unbedingt abklären, welche Daten hier anonymisiert werden sollten, da es sich möglicherweise um sensible Kunden- oder Unternehmensdaten handelt. Im gleichen Zug solltest Du mit Deinem Betreuer der Hochschule absprechen bzw. ansprechen, dass es sich um sensible Unternehmensdaten in Deiner Datenauswertung handeln wird und es möglich ist, dass er eine gesonderte Verschwiegenheitserklärung unterzeichnen muss und möglicherweise auch ein Sperrvermerk gesetzt wird.

Bei der Beschreibung der Erhebungs- bzw. Messinstrumente geht es nicht darum, den gesamten Fragebogen einer Umfrage oder den Leitfaden für Interviews und Diskussionen komplett einzufügen, sondern darum, dem Leser zu zeigen, nach welchem Prinzip die Erhebungsinstrumente ausgewählt oder gestaltet wurden. Zur besseren Veranschaulichung kann es hilfreich sein, Auszüge aus Umfragen, Leitfäden oder Laborprozessen abzubilden. Die kompletten Erhebungsinstrumente solltest Du in den Anhang setzen und im Text darauf verweisen. Außerdem gehst Du hier im Detail auf Deine AVs und UVs ein, beschreibst sie und erklärst ihre Operationalisierung, das heißt in welchem Rahmen Du sie in Deiner Abschlussarbeit messbar gemacht hast und wie sie mit welchen Verfahren oder Methoden gemessen werden können.

EXKURS: PRETEST

Es empfiehlt sich bei einer eigenen Datenerhebung immer, ein Pilotprojekt zum Testen der Instrumente und Methoden durchzuführen, die Du zur Datenerhebung ausgewählt hast (z.B. Interviewleitfaden, Fragebogen). Dieser sogenannte Pretest ist dazu gedacht, Fehler oder Missverständnisse bei der richtigen Erhebung zu vermeiden oder zu minimieren (z.B. Unklarheiten bei einzelnen Fragen, technische Hindernisse). Wichtig ist hier, dass

Du Personen für den Pretest auswählst, die auch so in Deiner Zielgruppe gewesen wären, da Du so das beste Feedback bekommst. Diese Personen sollten dann jedoch nicht mehr an der eigentlichen Befragung teilnehmen. Wenn Du einen Pretest durchführst, dann musst Du ihn wie Dein eigentliche Hauptuntersuchung ebenfalls beschreiben.

Im Anschluss beschreibst Du Deine konkrete Datenerhebung und Dein methodisches Vorgehen mit der ausgewählten qualitativen oder quantitativen Methode. Im Verlauf der Datenerhebung solltest Du in regelmäßigen Abständen Sicherungskopien Deiner Daten anlegen, sodass Du bei möglichen Problemen oder technischen Defekten nicht ohne Daten dastehst. Damit der Leser ein besseres Verständnis davon bekommt, wie Du bei Deiner Datenerhebung vorgegangen bist, kann es hilfreich sein, ein Schaubild einzubinden, in dem Du die verschiedenen Schritte und die zeitlichen Abläufe darstellst. Abbildungen lockern den Text auf und für Außenstehende ist mit einem Blick klar, wie einzelne Schritte aufeinander aufbauen und in welcher Reihenfolge Du vorgegangen bist. Diese Übersicht kannst Du auch im Anhang unterbringen und im Text darauf verweisen.

Im letzten Schritt geht es darum, Schritt für Schritt die einzelnen Teilpunkte Deiner Datenauswertung zu beschreiben. Selbst wenn es sich um bekannte Analyseverfahren handelt, musst Du hier zeigen, dass Du nachvollziehbar darüber berichten kannst, wie Du mit Deinen Daten umgegangen bist und wie Du sie analysiert hast. Bevor Du tatsächlich statistische Berechnungen anstellst, muss die Frage geklärt werden, welche Daten Du überhaupt bei der Auswertung heranziehst (z.B. nur vollständige Fragebögen bei einer Umfrage). Außerdem solltest Du nachvollziehbar erklären, wie Du mit fehlenden Datenpunkten bei Deinen eigenen erhobenen Daten oder bei bereits vorhandenen Datensätzen umgegangen bist (z.B. Multiple Imputation bei großen Datensätzen).

EXKURS: GRUNDLAGENWISSEN STATISTIK

Es würde den Rahmen dieses Buches übersteigen, eine detaillierte Übersicht statistischer Verfahren und Methoden abzubilden. Daher möchten wir Dir hier nur noch einmal zentrale statistische Begriffe vorstellen, die Du einordnen und definieren können solltest. Erfahrungsgemäß kann es von Deinem Betreuer aber auch in einem möglichen Kolloquium Rückfragen zur Methodik geben. Um zu zeigen, dass Du verstanden hast, wie und nach welchen Prinzipien Du Deine Daten auswertest, haben wir Dir hier eine Übersicht zentraler Themen zusammengestellt:

- Skalenniveaus
  - Kategoriale Daten (Nominalskala, Ordinalskala)
  - Metrische Daten (Intervallskala, Ratioskala)
- Signifikanzniveau (Alpha Fehler)
- Stichproben
  - Aus der Grundgesamtheit gezogen (Einfache Zufallsstichprobe, geschichtete Zufallsstichprobe, mehrstufige Zufallsstichprobe, Klumpenstichprobe)
  - Nach definierten Kriterien ausgewählt (Ad-hoc Stichprobe, Quotenstichprobe, theoretische Stichprobe, Cut-Off Verfahren)
- Lageparameter (Mittelwert, Median, Modus)
- Maß der Streuung (Streuung, Varianz, Standardabweichung, Standardfehler)
- Maße des Zusammenhangs (Korrelation, Korrelationskoeffizient, Rangkorrelationskoeffizient, Kontingenzkoeffizient, Chi-Quadrat, Kovarianz)

Für viele statistische Tests gibt es bestimmte Voraussetzungen, die von den Daten erfüllt werden müssen (z.B. Normalverteilung, Zufallsstichprobe, keine Multikollinearität oder Homoskedastizität), damit der jeweilige statistische Test verwendet werden kann und sinnvolle Ergebnisse liefert. Bei der Beschreibung der Datenauswertung solltest Du darauf eingehen, inwiefern Du diese Voraussetzungen testest und wie Du damit umgehst, wenn eine Voraussetzung nicht erfüllt wird (z.B. nichtparametrische Tests als Alternative wählen).

EXPERTENTIPP: METHODENBERATUNG DER UZH

Sicherlich hast Du einige statistische Tests im Laufe Deines Studiums kennengelernt. Solltest Du Dir dennoch unsicher sein, welcher Test der Richtige für Dein Versuchsdesign ist und welche Voraussetzungen es für diesen Test gibt, dann solltest Du auf jeden Fall einen Blick auf die Methodenberatung der Universität Zürich (UZH) werfen. Auf der Website www.methodenberatung.uzh.ch ist ein Entscheidungsbaum abgebildet, der Dir dabei hilft, anhand des eigenen Forschungsdesigns die richtige statistische Methode dafür zu finden. Zu allen Methoden sind zudem ausführliche Erklärungen, Voraussetzungen und eine Anleitung für das Statistikprogramm SPSS hinterlegt.

Solltest Du mit einem anderen Programm arbeiten oder in den Naturwissenschaften vor allem im Labor Experimente und Versuche durchführen und Rückfragen haben, dann sprich auf jeden Fall mit Deinem Betreuer und mit Kommilitonen. In der Regel gibt es an jeder Hochschule einen Ansprechpartner, der bei allen Fragen rund um richtige Anwendung und Auswertung bei Projekten und Abschlussarbeiten hilft. Dieser Service solltest Du auf jeden Fall in Anspruch, wenn Du Dir unsicher bist oder noch einmal eine zweite fachliche Meinung haben möchtest.

Typische statische Auswertungsverfahren, die in Bachelor- und Masterarbeiten verwendet werden, sind:

- t-Tests
- Regressionsanalysen (einfache lineare Regression/multiple Regression/logistische Regression
- Korrelationsanalysen
- Varianzanalysen
- Clusteranalysen
- Faktorenanalysen.

Wichtig: Im Methodenteil gehören noch keine Ergebnisse Deiner Abschlussarbeit. Du beendest das Kapitel mit der Beschreibung des Vorgehens der Datenerhebung und beginnst erst das nachfolgende Kapitel der Ergebnisse damit, die zentralen Erkenntnisse vorzustellen und sie Schritt für Schritt zu analysieren.

Folgende Fragen sollten im Methodikteil beantwortet werden:

- Wie sieht das Untersuchungsdesign aus?
- Welche Methode wurde verwendet?
- Warum wurde diese Methode ausgewählt (v.a. relevant, wenn es andere Alternativen gibt)?
- Was ist die Datengrundlage?
- Welche Erhebungs- und Messinstrumente gibt es?
- Wie wird die Methode verwendet? Wie sieht die konkrete Durchführung aus?

Zur Auswertung:

- Wie wurden die Daten ausgewertet?
- Aufbereitung/Reinigung der Rohdaten
- Statistische Tests und Methoden (Abklären, in welchem Rahmen bekannte Standardmethoden vorkommen sollen)
- Verwendung von Programmen (z.B. STATA, SPSS, R)

Zusätzlich in den Naturwissenschaften:

- Was wurde untersucht (z.b. Tier- oder Pflanzenart, Stoffgruppe etc.)?
- Bei Laborversuchen mit Tieren:
    - Haltungsbedingungen beschreiben, Herkunft und Anzahl der Tiere
- Bei Laborversuchen:
    - Welche Geräte und Chemikalien wurden verwendet? (ggf. Nennung von Firmen und genauen Zusammensetzungen)
    - Wie viele Proben und Replikate wurden erstellt?
    - Welche Parameter wurden mit welchen Geräten wann gemessen?
    - Welche Kontrollen gab es?
    - Nennen von verwendeten Klassifikationen und Nomenklaturen
- Bei Freiland-Experimenten:
    - Detaillierte Beschreibung von Untersuchungsflächen/dem Lebensraum der Untersuchungsobjekte
    - physikalische und biologische Kennzeichen und Merkmale
    - Einhaltung gesetzlicher Bestimmungen zu Tierversuchen (ggf. Klärung ethischer Grundsätze).

Besonders in den Natur- und Ingenieurwissenschaften bietet es sich an, im Methodenteil mit Fotos, Bildern und Abbildungen zu arbeiten, um den untersuchten Lebensraum oder Versuchsabläufe nachvollziehbar darzustellen. Dies ist ebenso in den veröffentlichten Artikeln in Fachjournals üblich. Hier hat jedoch jeder Betreuer persönliche Vorlieben, wie viele unterstützende Elemente zu dem reinen Text er gerne möchte – Frage ihn deshalb dazu.

10.5 DIE ERGEBNISSE

Endlich ist es soweit: Du kannst in diesem Kapitel deiner Abschlussarbeit darüber schreiben, was jetzt genau bei deiner ganzen Arbeit herausgekommen ist. Dies geschieht natürlich im Ergebnisteil. Der Ergebnisteil und die anschließende Diskussion der Ergebnisse im fünften Kapitel sind die beiden zentralen Kapitel Deiner Abschlussarbeit, die Du nutzen kannst, um bei Deinem Betreuer zu punkten und bei der Benotung gut abzuschneiden. Hier geht es nämlich darum, die Ergebnisse, die Du gesammelt hast, vorzustellen, in den Kontext des Forschungsfeldes einzuordnen und Deine Forschungsfrage und Deine Hypothesen zu beantworten.

Im Ergebnisteil:

- beschreibst Du Deine Ergebnisse neutral und objektiv
- nimmst Bezug zu Deiner Forschungsfrage und Deinen Hypothesen
- beginnst mit einer Übersicht der zentralen Ergebnisse und berichtest Deine Ergebnisse der Relevanz nach (innerhalb einer verwendeten Methode)
- baust Grafiken, Tabellen und sonstige Visualisierungen ein, damit der Leser bereits beim ersten Blick auf den Ergebnisteil einen Überblick bekommen kann
- steht keine Tabelle und keine Grafik für sich, sondern es wird im Text immer Bezug darauf genommen
- entwirfst Du eigene Tabellen und Grafiken mit den zentralen statistischen Daten (komplexe und vollständige Ergebnistabellen finden im Anhang Platz)
- bringst Du keine neue Literatur oder andere Studien hinein, da es hier ausschließlich um Deine Daten bzw. Deine Datenauswertung geht.

DIE STRUKTUR DES ERGEBNISTEILS

Im Ergebnisteil beginnst Du auf keinen Fall mit einer Interpretation der Daten und Ergebnisse, sondern „listest" diese lediglich auf. Eine Diskussion folgt erst im nächsten Kapitel! Der Ergebnisteil ist frei von Wertungen, Adjektiven (sofern nicht statistisch oder neutral verwendet), Meinungen und Vermutungen. Stattdessen ist er von einem hoch objektiven und nüchtern-analytischen Schreibstil geprägt. Grundsätzlich gliedert er sich wie folgt:

Tabelle 40: Struktur des Ergebnisteils.

Unterkapitel	Inhalt
Tatsächliche Stichprobe	Beschreibung der tatsächlichen Stichprobe, ggf. Abweichungen zur geplanten Stichprobe
Deskriptive Statistik	Darstellung der beschreibenden Daten in Tabellen und Grafiken (Mittelwerte, prozentuale Verteilungen etc., absolute Werte etc.)
Inferenzstatistische Ergebnisse	Hypothesentesten und Schließen von einer Teilgesamtheit auf die Gesamtpopulation

Der Ergebnisteil beginnt mit der Nennung der tatsächlichen Stichprobe. Wenn Du also beispielsweise eine Umfrage durchgeführt hast oder verschiedene Interviews geführt hast, dann stellst Du hier vor wie viele Personen mit welchen demografischen Daten (u.a. Alter, Geschlecht, Bildungshintergrund etc.) an Deiner Untersuchung teilgenommen haben. Hier bieten sich in der Regel Tabellen oder Grafiken an, da dieser Teil nicht besonders ausführlich sein muss und dem Leser nur ein Verständnis davon geben soll, woher die Daten stammen. Zusatzinformationen oder weitere Hinweise und Auswertungen kannst Du im Anhang unterbringen und im Textteil darauf verweisen. Eine Übersicht für den Ergebnisteil könnte z.B. wie folgt aussehen:

Tabelle 7: Geschlechterverteilung der Hauptuntersuchung

	Tatsächliche Verteilung[a]	Verteilung der vorliegenden Studie[b]		
	Gesamt	Gesamt	Männer	Frauen
< 18 Jahre	16,3 %	-	-	-
18 – 21 Jahre	3,2 %	17,05 %	14	37
22 – 25 Jahre	4,5 %	40,80 %	52	70
26 – 40 Jahre	18,9 %	29,09 %	32	55
40 – 60 Jahre	29,8 %	10,70 %	8	24
60 – 65 Jahre	6,3 %	1,34 %	3	1
> 65 Jahre	21,1 %	1,00 %	3	-
GESAMT	-	-	112	187
	100 %	100 %	37,46 %	62,54 %

Anmerkung. Drei Personen gaben als Geschlecht *Sonstiges* an mit den Spezifizierungen „trans", „undefiniert" und „k.A.".

[a] Tatsächliche Verteilung der gesamtdeutschen Bevölkerung Stand 2015 (Statistisches Jahrbuch, 2017). [b] Werte beziehen sich auf n=299, da Geschlecht *Sonstiges* nicht mit einbezogen wird (N=302).

Abbildung 4: Beispielhafte Übersicht deskriptiver Daten.

Im Anschluss folgt eine Ergebnisübersicht der deskriptiven und inferenzstatistischen Ergebnisse. Hier werden die Ergebnisse zuerst nur genannt und noch nicht interpretiert, was ein häufiger Fehler bei Abschlussarbeiten ist. Eine Interpretation der Ergebnisse erfolgt erst im Diskussionsteil, in welchem sie in Bezug zur Forschungsfrage und den Hypothesen gesetzt werden. Zur besseren Lesbarkeit und Übersicht sollten hier nur die wichtigsten statistischen Kennzahlen erwähnt und abgebildet werden, da bei weitem nicht alle Ergebnisse für den Leser und Prüfer relevant sind. Für weiterführende Ergebnisse kann auf den Anhang verwiesen werden, in welchem ausführliche Ergebnistabellen Platz haben. Im Textteil solltest Du nur ausgewählte Ergebnistabellen mit den zentralen Daten, die zur Beantwortung der Forschungsfrage bzw. mit Blick auf die Hypothesen wichtig sind, aufführen, da man sich sonst in einem Meer aus Zahlen zu schnell verlieren kann und den Fokus verliert. Abbildungen und Tabellen sollen es dem Leser erleichtern, nachzuvollziehen, was die zentralen Ergebnisse sind. Umfangreiche Textpassagen sollten daher hier daher vermieden werden, jedoch muss auf jede Tabelle und Abbildung im Text hingewiesen werden, sodass der Lesefluss nicht unerwartet unterbrochen wird. Der Text muss immer einen Bezug zu Tabellen und Abbildungen herstellen und die zentralen Ergebnisse müssen im Text genannt und beschrieben werden, wie bereits zu Beginn dieses zweiten Teils erklärt wurde.

Grundsätzlich ist es Dir freigestellt, in welcher Reihenfolge Du Deine Methoden auswertest. Es bietet sich jedoch an – auch, um einen roten Faden aufrecht zu erhalten –, dass Du die Ergebnisse in der Reihenfolge präsentierst, in welcher Du auch die Methoden bzw. das methodische Vorgehen beschrieben hast. Wenn Du also in Deiner Abschlussarbeit zuerst eine Regressionsanalyse durchgeführt hast, dann kannst Du die Ergebnisse dieser Analyse hier auch zuerst nennen. Wie bereits im Methodenteil erwähnt, gibt es für verschiedene Verfahren verschiedene Voraussetzungen. Im Ergebnisteil solltest Du daher unbedingt auch darauf eingehen, inwiefern Du die verschiedenen Voraussetzungen geprüft hast, zu welchen Ergebnissen Du gekommen bist und wie diese Ergebnisse Dein weiteres Vorgehen beeinflusst haben. Alle Ergebnisse müssen genannt werden (auch vermeintlich negative bzw. solche, die den eigenen Hypothesen widersprechen). Eine gute Abschlussarbeit zeichnet sich nicht dadurch aus, dass alle Hypothesen bestätigt werden können, sondern dass ersichtlich wird, dass Du wissenschaftliches Arbeiten verstanden hast und in einem bestimmten Bereich die geeigneten Methoden zu einer spezifischen Forschungsfrage anwenden kannst.

Beim Berichten der Ergebnisse hat sich für fast alle statistischen Verfahren ein einheitlicher Standard entwickelt, sodass Du nicht lange nachdenken musst, welche Werte Du berichtest und wie Du Deinen Ergebnisteil schreibst. Klassische Ergebnisberichte wirst Du vermutlich schon aus den Literaturrecherchen und durch das Lesen von verschiedenen Studien kennengelernt haben, daher hilft es, immer nochmal einen Blick in bereits veröffentlichte Quellen zu werfen und von ihnen zu lernen. Wir empfehlen außerdem, dass Du hier einmal exemplarisch eine Methode auswertest, Deinen Ergebnisbericht Deinem Prüfer vorlegst und nachfragst, ob er noch Anmerkungen oder Verbesserungsvorschläge hat. Die oben genannte Methodendatenbank der Universität Zürich bietet zu einer Vielzahl statistischer Tests typische Aussagen an.

Welche Werte Deiner statistischen Analysen Du im Text berichtest, hängt ganz von der Methode ab und sollte immer auch noch einmal mit Deinem Betreuer besprochen werden. Ganz grundsätzlich werden jedoch folgende Kennzahlen genannt und auf die folgende Weise berichtet:

Tabelle 41: Berichten von statistischen Kennzahlen.

Statistische Methode	Bericht
Korrelationen	Korrelationskoeffizient (r); Signifikanz (p)
Varianzanalysen	F-Wert inkl. Freiheitsgrade in Klammern (z.B. $F(1,39) = 8.756$)
t-Tests	t-Wert inkl. Freiheitsgrade in Klammern, Signifikanz (p) (z.B. $t(19) = 5{,}71$, $p < 0.05$)
Regressionen	Regressionskoeffizient (ß), t-Wert inkl. Freiheitsgrade in Klammern, Signifikanz (p), R-Quadrat (z.B. ß = 0.198, $t(14) = -3.16$, $p < 0.01$, R2 = 0.765)

Zwei Beispiele, wie Du komplette Ergebnisse berichten kannst, findest Du hier aufgeführt (Quelle: UZH Methodenberatung, abgerufen am 23.08.2020):

- Einfaktorielle Varianzanalyse (ANOVA) mit Messwiederholung:
  - Eine Varianzanalyse mit Messwiederholung (Sphärizität angenommen: Mauchly-W(2) = .750, *p* = .154) zeigt, dass die Konzentrationsfähigkeit mit der Tageszeit zusammenhängt (*F*(2,28) = 35.397, *p* = .00, partielles $\eta 2$ = .717, n = 15). Bonferroni-korrigierte paarweise Vergleiche zeigen, dass die Konzentrationsfähigkeit abends (*M* = 55.6, *SD* = 1.84) signifikant höher ist als morgens (*M* = 50.33, *SD* = 2.09) und mittags (*M* = 48.9, *SD* = 2.12). Zwischen diesen beiden Messzeitpunkten unterscheidet sich die Konzentrationsfähigkeit hingegen nicht. Die Effektstärke f nach Cohen (1988) liegt bei 1.59 und entspricht einem starken Effekt.
  - Angegebene statistische Kennzahlen: Ergebnis der Prüfung der Voraussetzung (Mauchly-Test), F-Wert inkl. Freiheitsgraden (F(X) = X,X), Signifikanz (p), (partielles η2), Stichprobengröße (n), Mittelwert (M), Standardabweichung (SD), Effektstärke (Cohens f).

- Einfache lineare Regression:
  - Die Anzahl schneereicher Tage (schnee) hat einen Einfluss darauf, wie viel Weihnachtsdekoration (deko) verkauft wird (*F*(1, 210) = 35.451, *p* = .000). Mit einem Tag mehr Schnee steigt der Umsatz an Weihnachtsdekoration um 1,067 Schweizer Franken. 14.0% der Streuung des Umsatzes an Weihnachtsdekoration wird durch die Anzahl schneereicher Tage erklärt, was nach Cohen (1992) einem starken Effekt entspricht.

- Angegebene statistische Kennzahlen: F-Wert inkl. Freiheitsgraden (F(X) = X,X), Signifikanz (p-Wert).

EXKURS: STATISTISCHES BERICHTEN

Beim Berichten statistischer Werte schreibt man alle Variablen oder Abkürzungen, die die Stichprobe beschreiben kursiv (u.a. Mittelwert *M*, Standardabweichung *SD*, Signifikanzniveau *p*). Im Fließtext schreibst Du Wörter wie Mittelwert oder Standardabweichung jedoch aus. Wenn Du in einer Tabelle die Signifikanz angibst, dann verwendest Du ein kursives *p*. Durch die Verwendung der Asteriske (d.h.Sternchen (*)) verweist Du unterhalb der Tabelle auf das Signifikanzniveau, also beispielsweise auf $p < 0.05$*, $p < 0.01$**.

Bei der Beschreibung der Ergebnisse kannst Du Dich immer an den recht standardisierten Rahmen halten, um keine wichtigen Kennzahlen zu vergessen, aber auch nicht zu viele (ggf. nicht relevante) Daten anzugeben. Wichtig ist, dass man Deinen Ergebnisteil trotz vieler Zahlen und Abkürzungen immer noch flüssig und verständlich lesen kann. Daher reicht es hier nicht aus, nur die einzelnen Daten und Fakten der Tests zu berichten, sondern es bedarf immer eines angemessenen Rahmens.

Folgende Fragen sollten im Ergebnisteil beantwortet werden:

- Wie setzt sich die tatsächliche Stichprobe zusammen?
- Welche deskriptiven und inferenzstatistischen Ergebnisse gibt es? (bei empirischen/qualitativen Arbeiten)
- Wo weichen meine Ergebnisse möglicherweise von den Erwartungen oder der bisherigen Literatur ab?
- Kann eine begründete Vermutung zu den Ursachen angestellt werden?

- Welche zentralen Ergebnisse kann ich in Tabellenform oder in Grafiken und Abbildungen darstellen?
- Wie schaffe ich ein ausgewogenes Verhältnis aus Text und Tabellen bzw. Abbildungen?

EXKURS: QUALITATIVE FORSCHUNG

Bei qualitativen Abschlussarbeiten oder reinen Literaturarbeiten hast Du im Ergebnisteil wesentlich weniger Zahlen – wenn überhaupt. Bei dieser Art von Abschlussarbeit geht es vor allem darum, Zitate und Kernsätze aus Interviews oder Fokusgruppen zu präsentieren. Du kannst Dich im qualitativen Ergebnisteil an den groben Themen und der Struktur Deiner Fragebögen orientieren, um so die Ergebnisse logisch aufeinander aufbauend zu berichten.

10.6 DIE DISKUSSION UND DAS FAZIT

Die ersten vier Kapitel Deiner Arbeit hast Du schon hinter Dich gebracht – Jetzt folgen nur noch die Diskussion und das Fazit. Für alle Außenstehenden sind diese beiden Kapitel vermutlich die spannendsten Deiner Abschlussarbeit, da Du hier Deine Ergebnisse interpretierst und einen Blick darauf wirfst, welchen Mehrwert Deine Erkenntnisse bieten können.

Nachdem Du bereits Deine Ergebnisse vorgestellt hast, kannst Du sie hier nun interpretieren, in Bezug zu Deiner theoretischen Grundlage aus dem Literaturteil setzen und die Hypothesen und Fragen beantworten. Der Diskussionsteil bildet den Abschluss Deiner Arbeit und dient sowohl der Deutung der Ergebnisse als auch einer eigenen Reflexion der Studie. Dabei wird die fachliche Relevanz für Deinen Fachbereich aufgegriffen sowie Stärken und

Schwächen der Untersuchung herausgearbeitet. Im letzten Abschnitt folgt ein Ausblick, welchen zukünftigen Fragestellungen – aufbauend auf den von Dir erarbeiteten Ergebnissen – nachgegangen werden kann und wie eine mögliche weiterführende Forschung aussehen könnte. Als grobe Struktur eignet sich die folgende Übersicht:

Tabelle 42: Struktur des Diskussionsteils.

Unterkapitel	Inhalt
Zusammenfassung	Überblick, welche zentralen Erkenntnisse gewonnen wurden ohne Nennung von statistischen Kennzahlen, in Bezug zu den eigenen Hypothesen (diese Zusammenfassung ist das eigentliche Fazit der Arbeit).
Diskussion der Hypothesen	Detaillierte Diskussion aller Hypothesen. Hier findet die Verbindung zwischen den literaturbasierten Hypothesen und den eigenen Forschungsergebnissen statt.
Methodenkritik / Stärken und Schwächen der Untersuchung	Grenzen und Limitationen der eigenen Methoden (z.B. statistische Verzerrung, fehlende Repräsentativität etc.).
Relevanz für den Fachbereich	Einordnung der Ergebnisse in aktuelle Debatten oder den aktuellen Status Quo der Forschung im eigenen Fachbereich.
Implikationen / Empfehlungen für die Praxis	Bietet sich v.a. bei Praxisarbeiten an, wo konkrete praktische Verbesserungen und Optimierungen erarbeitet wurden bzw. sich ableiten lassen.
Weitere Fragestellungen	Weiterer Forschungsbedarf, der sich aus den Erkenntnissen dieser Abschlussarbeit ergibt.

Du beginnst den Diskussionsteil mit einer Zusammenfassung der zentralen Ergebnisse. Damit Du Dich hier nicht noch einmal wiederholst, bietet es sich an, die relevantesten Ergebnisse anhand der zentralen Fragen zu beantworten. Du kannst noch einmal kurz einleiten, was das zentrale Ziel der Abschlussarbeit war, bevor Du in eigenen Worten und ohne statistische Kennzahlen wiedergibst, zu welchen Ergebnissen Du gekommen bist. Hier bietet sich auch eine erste Bezugnahme zu den Forschungshypothesen an, die beispielsweise wie folgt aussehen kann:

> „Die statistische Auswertung zeigt, dass die Faktoren Attraktivität, Expertise und Prominenz einen signifikanten Einfluss auf die wahrgenommene Glaubwürdigkeit einer Person haben. Jedoch ist lediglich der Einfluss der Expertise positiv, was bedeutet: Je mehr Expertise ein Mensch dem Sender attestiert, desto glaubwürdiger schätzt er diese ein (Annahme H2). Bei den Faktoren Prominenz und Attraktivität liegt eine negative Beziehung vor, sodass eine Person demnach umso unglaubwürdiger eingeschätzt wird, je prominenter und attraktiver ein Mensch den Sender findet (Verwerfung H1 und H3). Wie erwartet hat das Geschlecht einer Person keinen Einfluss auf ihre wahrgenommene Glaubwürdigkeit, wenn die Faktoren Expertise, Attraktivität und Prominenz konstant gehalten werden (Annahme H4)".

Wenn es möglich ist, dann solltest Du immer versuchen, eine zentrale Abbildung oder Ergebnistabelle zu erstellen, die Du hier einfügen kannst, damit man als Leser alle wichtigen Erkenntnisse und Ergebnisse auf einen Blick identifizieren kann. Im Diskussionsteil solltest Du neben der reinen Berichterstattung der Ergebnisse auch eine Verbindung zu zentralen Thesen und Modellen aus der Literatur schaffen, da sich Deine Forschungshypothesen auf Grund vorheriger Erkenntnisse gebildet haben. Hier solltest

Du Dich noch einmal mit Deinem Betreuer absprechen, in welchem Rahmen Du auf konkrete Studien oder Ergebnisse eingehen solltest, denn nichtsdestotrotz sollen hier in erster Linie Deine Ergebnisse im Vordergrund stehen. Eine Möglichkeit, kurz und prägnant auf Thesen der Literatur zu verweisen ist es, zentrale Punkte zu finden, in denen Deine Ergebnisse mit der Literatur übereinstimmen oder zentrale Abweichungen zu finden, z.B. so:

> „Es konnten mehrere signifikante Interaktionseffekte festgestellt werden, was zeigt, dass sich die gewählten unabhängigen Variablen gegenseitig beeinflussen und damit den Forschungen von Horai, Naccari und Fatoullah (1974) widerspricht, die keine Interaktionen zwischen den unabhängigen Variablen gefunden haben".

Tabelle 12: Übersicht der Hypothesen und Ergebnisse

	Hypothese	Bestätigt?	Testverfahren
H1	Es besteht ein positiver Zusammenhang zwischen der Attraktivität eines Sprechers und seiner wahrgenommenen Glaubwürdigkeit. Je attraktiver ein Mensch eine andere Person findet, desto glaubwürdiger schätzt er diese ein.	NEIN	Korrelation ANOVA mit Messwiederholung
H2	Es besteht ein positiver Zusammenhang zwischen der Expertise eines Sprechers und seiner wahrgenommenen Glaubwürdigkeit. Je mehr Expertise ein Mensch einer anderen Person attestiert, desto glaubwürdiger schätzt er diese ein.	JA	Korrelation ANOVA mit Messwiederholung

Abbildung 5: Beispielhafte Hypothesen und Ergebnisse.

Im Anschluss kannst Du in dem nächsten Unterkapitel auf jede Hypothese einzeln eingehen und sie der Reihe nach diskutieren. Gerade bei mehreren Hypothesen bietet es sich an, mit einer Tabelle in dieses Unterkapitel einzuleiten und so noch einmal alle Hypothesen zu nennen, zu berichten, ob sie bestätigt oder verworfen wurden und ggf. die jeweilige Methode zu nennen, mit welcher gearbeitet wurde. Bei der Beschreibung und Interpretation aller Ergebnisse mit Blick auf die einzelnen Hypothesen ist es wichtig, dass Du versuchst Erklärungen zu finden, warum Deine Hypothesen bestätigt oder widerlegt wurden.

Mögliche Erklärungen (neben eigenen Überlegungen) kannst Du in der Regel in der bereits vorhandenen Literatur finden, sodass Du hier bei der Besprechung der einzelnen Hypothesen immer wieder auf geeignete Literatur zurückgreifen und auf diese verweisen solltest. Im Diskussionsteil geht es vor allem darum, Deiner Abschlussarbeit noch einmal einen inhaltlichen und praktischen Rahmen zu geben und den roten Faden klar zu machen. Daher ist dieses Kapitel der richtige Ort, um nachvollziehbar zu argumentieren, wie Deine eigenen Ergebnisse in den Kontext der bisherigen Literatur passen.

Nachdem Du alle Hypothesen einzeln besprochen hast und die Ergebnisse in einen größeren Kontext aus Forschungsfrage und Literatur eingebettet hast, kommst Du nun zum Teil der eigenen Methodenkritik bzw. zu den Stärken und Schwächen Deiner Arbeit. Hier geht es darum, ehrlich zu reflektieren, was positiv hervorzuheben ist und was noch verbesserungswürdig ist. Positive Aspekte können beispielsweise bekannte Experten sein, die Du für Interviews gewinnen konntest, eine große Anzahl an Studien, die Du in Dein Literaturreview einarbeiten konntest oder eine große Anzahl an Teilnehmern, die Deinen Fragebogen ausgefüllt haben. Auch eine gute und gewinnbringende Kooperation mit einem Unternehmen und die Möglichkeit, mit sensiblen Daten zu arbeiten kann als Stärke hervorgehoben werden. Auf der Seite der Verbesserungsvorschläge kannst Du u.a. das Thema der Störvariablen benennen oder darauf eingehen, in welchem Rahmen man Deine Ergebnisse verallgemeinern kann. Ein weiterer Bereich, der sich häufig nennen lässt, sind statistische Herausforderungen oder Probleme bei der Datenanalyse (z.B. der Umgang mit fehlenden Daten, eine hohe Abbruchquote oder menschliche Verzerrungen und Tendenzen in der Fragebogenbeantwortung). Zum Abschluss kannst Du noch einen kurzen Verweis zu den Gütekriterien herstellen und Deine Arbeit dahingehend einordnen und bewerten, um noch einmal zu zeigen, dass Du weißt, welche Ansprüche an eine hochwertige wissenschaftliche Arbeit gestellt werden. Es geht hier nicht darum zu sagen, dass alles perfekt war und super gut gelaufen ist, sondern viel eher darum, dass Du Deinem Prüfer zeigst, dass Du in der Lage bist, Deine eigene Arbeit kritisch zu betrachten und Dir auch möglicher Schwächen bewusst bist. Achte auf ein ausgewogenes Verhältnis zwischen negativer und positiver Kritik und lass gerne noch einmal einen Kommilitonen oder Bekannten die kritische Würdigung lesen, da Außenstehende meist einen neutraleren Blick auf das Ganze haben.

Im Anschluss an Deine eigene kritische Würdigung kannst Du noch einen Blick auf die Relevanz für Deinen Fachbereich werfen bzw. auf mögliche Implikationen für die Praxis. Dieser Abschnitt ist vor allem in praxisnahen Studiengängen und bei praxisnahen Abschlussarbeiten (z.B. in einem Unternehmen) wichtig. Hier hast Du die Chance, zu zeigen, wie Deine Ergebnisse und Deine Arbeit sich in die bisherige Forschung einreihen, welche neuen Ideen und Erkenntnisse Du generieren konntest und wie Deine Analysen möglicherweise sogar direkt in der Praxis etwas bewirken können. Vor allem bei Abschlussarbeiten, die in Kooperation mit Unternehmen geschrieben werden, geht es den Unternehmen explizit darum, dass sie durch eine Abschlussarbeit und die dort vorgenommene Analyse einen Mehrwert generieren – das kann eine ganz praktische Veränderung in Betriebsabläufen sein oder auch eine Arbeit, die als Datengrundlage für zukünftige strategische Entscheidungen des Managements dient.

Den Abschluss des Diskussionsteils bildet die Diskussion weiterer Fragestellungen, auch Future Research genannt. Die Diskussion wird noch einmal kurz mit Blick darauf zusammengefasst, welche Fragen genau beantwortet wurden, woraufhin ein Ausblick auf zukünftige Forschung folgt. Es geht hier nicht darum, konkrete neue Forschungsfragen zu formulieren, sondern mit dem Wissen um den eigenen Erkenntnisgewinn und die eigenen Limitationen einzuschätzen, in welchen Bereichen aufbauend auf Deiner Abschlussarbeit weitere Forschung sinnvoll und relevant wäre. Hier kannst Du beispielsweise Punkte aufgreifen, die in Deiner Abschlussarbeit auf Grund eines anderen Schwerpunktes oder auf Grund mangelnder Zeit/Daten nicht genauer beleuchtet werden konnten. Außerdem bietet sich auch hier noch einmal ein Bezug zum derzeitigen Status Quo Deines Forschungsbereichs an, da Du Deine Empfehlungen für zukünftige Forschung in die Trends im Fachbereich einreihen kannst. Hier kannst Du Deinem Prüfer zeigen, dass Du Dich kritisch mit den Erkenntnissen anderer Forscher und ihrer Literatur auseinandergesetzt hast und Du Deine Ergebnisse jetzt im Bezug zu bereits vorhandenem Wissen interpretieren und kommentieren kannst.

Das Fazit bildet in unserer Unterteilung kein eigenes Kapitel und ist daher schon in den einzelnen Punkten der Diskussion untergebracht. Ganz zu Beginn dieses Kapitels ziehst Du bereits mit der Zusammenfassung der zentralen Ergebnisse ein Fazit. Du kannst – damit Deine Arbeit einen schönen Rahmen hat und auch einen klaren roten Faden – ganz zum Schluss noch einmal einen kleinen Absatz einem separaten Fazit widmen. Hier kannst Du versuchen, aus einer Meta-Ebene auf Deine Abschlussarbeit und den

Forschungsbereich zu blicken, um das Wichtigste hervorzuheben. Du fasst die zentralen Ergebnisse und die Kernaussagen der Abschlussarbeit noch einmal kurz und übersichtlich zusammen und formulierst einen prägnanten Schlusssatz, bevor Du die Leser zu Deinem Literaturverzeichnis streifen lässt. Sieh das Fazit als eine Art „Antwort" auf Deine Einleitung, denn diese beiden Kapitel bilden nicht nur Anfang und Ende Deiner Arbeit (und damit auch den strukturellen Rahmen), sondern auch den Ein- und Ausstieg in und aus einem hochspezifischen Thema. Wenn Du Dir im Fazit bzw. bei den letzten Sätzen Deiner Arbeit unsicher bist, dann empfehlen wir Dir, noch einmal die Einleitung zu lesen und zu schauen, welche Elemente Du am Schluss wieder aufgreifen kannst, damit der Leser den Zusammenhang zwischen beiden Teilen sieht. Du kannst hier auch noch einem mit Deinem Betreuer klären, in welchem Rahmen eine Abgrenzung zwischen Diskussion und Fazit stattfinden soll und ob er konkrete Anforderung an die letzten Abschnitte stellt. Auch beim letzten Teil gilt wie immer: Frag nach und sprich offene Fragen an, denn eine gute Kommunikation zwischen Dir und Deinem Betreuer ist die halbe Miete, wenn es darum geht, die hier beschriebenen fünf Kapitel hochwertig und mit einer guten Abschlussnote zu schreiben.

Folgende Fragen sollten im Diskussionsteil und im Fazit beantwortet werden:

- Was sind meine zentralen Ergebnisse?
- Wie stehen meine Ergebnisse zu den bereits bekannten Daten und Theorien?
- Wie lässt sich meine Forschungsfrage mit den Ergebnissen beantworten?
- Wie lauten die Antworten auf meine Forschungshypothesen?
- Wie lässt sich meine eigene Forschungsarbeit kritisch würdigen (Diskussion von Fehlern)?

- Welche Limitationen gibt es mit Blick auf das Forschungsdesign bzw. die Methodik?
- Welche Limitationen gibt es mit Blick auf die Ergebnisse?
- Welche Relevanz haben meine Ergebnisse; für wen?
- Welche weiteren Forschungsfragen und Hypothesen ergeben sich für zukünftige Forschung in diesem Bereich?

KAPITEL 11

LEKTORAT UND ABGABE

In diesem Kapitel lernst Du u.a.:

- Was es für verschiedene Formen des Lektorats gibt
- Worauf Du beim Druck achten solltest
- Was es bei der Abgabe zu beachten gibt

11.1 LEKTORAT

Herzlichen Glückwunsch! Du hast die zentralen und komplexen Teile dieses Buches – und damit Deiner Abschlussarbeit – erfolgreich bearbeitet und hinter Dich gebracht. Beschäftige Dich mit diesem Teil des Buches, wenn Du Deine Abschlussarbeit fertig geschrieben hast und auch keine substantiellen Änderungen mehr vornehmen möchtest. Wenn alle Texte stehen und Du bereits alle relevanten Verzeichnisse eingefügt hast, geht es jetzt darum, die letzten Prozentpunkte zur Perfektion aus Deiner Arbeit rauszuholen. Das geht mit einem guten Lektorat.

EXPERTENTIPP: ERST LEKTORAT, DANN FORMAT

Es mag reizvoll erscheinen, schon jetzt alles perfekt zu formatieren, damit Du vor dem finalen Korrekturgang eine schöne und einheitliche grafische Darstellung hast. Dennoch macht es in dieser Reihenfolge nicht wirklich Sinn, da sich bei Lektorat sicherlich noch Dinge ändern werden – denn dafür ist es gedacht – und Du so möglicherweise am Ende des Lektorierens noch einmal komplett von vorne formatieren musst. Du solltest also erst zum finalen Format-Feinschliff übergehen, wenn Du auch tatsächlich gar nichts mehr am Text änderst.

Beim Lektorat geht es darum, noch einmal mit einem unvoreingenommenen Blick auf Deine Abschlussarbeit zu schauen und sprachliche Verbesserungen vorzunehmen. Grundsätzlich hast Du die Möglichkeit, eine Art „internes" Lektorat zu wählen, das heißt Du gibst Deine Abschlussarbeit Freunden oder Bekannten, und lässt sie Kommentare machen. Oder Du gibst sie in ein externes Lektorat, das heißt zu einem Experten, der es sich zum Beruf gemacht hat, Texte zu korrigieren und zu verbessern. Die Vor- und Nachteile beider Varianten findest Du in der nachfolgenden Tabelle.

Tabelle 43: Internes vs. externes Lektorat

Art	Vorteile	Nachteile
Internes Lektorat	• Kostengünstig (i.d.R. kostenfrei oder als Freundschaftsdienst) • Schnell verfügbar	• Hohe fachliche Expertise • Erfahrung mit akademischen Texten und Lektoraten • Anmerkungen können auch zur gesamten Textstruktur (und nicht nur zu Grammatik und Rechtschreibung gegeben werden)
Externes Lektorat	• Möglicherweise keine Fachexpertise • Keine Ausbildung und/oder Routine im Lektorieren • Möglicherweise keine Detailtreue für neue Rechtschreibregeln	• Kostet Geld • Muss im Zeitplan mit eingeplant sein

EXKURS: ABSCHLUSSARBEIT IN EINER FREMDSPRACHE

Wenn Du deine Abschlussarbeit in einer Fremdsprache schreibst – und besonders wenn es nicht auch eine Deiner Muttersprachen ist – dann solltest Du in jedem Fall ein Lektorat in Anspruch nehmen. Deine Abschlussarbeit kann inhaltlich und fachlich brillant sein, wenn Du jedoch zu viele sprachliche Fehler einbaust, dann werden Dir hierfür Punkte abgezogen. Diese Punkte solltest Du selbstverständlich nicht einfach so verschenken, sodass hier ein professioneller und muttersprachlicher Lektor ein großer Vorteil für Dich und Deine Arbeit ist.

Während Deine Abschlussarbeit bei Freunden oder einem professionellen Lektor liegt, kannst Du die gewonnene Zeit nutzen, um Dich schon einmal über Druckereien zu informieren für den Fall, dass Du Deine Arbeit in gedruckter Form abgeben musst. Nichts ist schlimmer, als am Tag der Abgabe noch von einer Druckerei zur nächsten fahren zu müssen, daher hilft es ungemein, wenn Du bereits jetzt weißt, wo und in welchem Rahmen Du deine Abschlussarbeit drucken lassen möchtest. Auch hier solltest Du Dich zuerst bei Deiner Hochschule informieren, in welchem Rahmen es Vorgaben zum Druck gibt (z.B. ausschließlich schwarzweiß Druck oder ausschließlich Ringbindungen). Diese Vorgaben solltest Du unbedingt beachten, da Du hier einfach punkten kannst, wenn Du die Dinge regelkonform machst.

Solltest Du an einigen Stellen länger gebraucht haben als erwartet, und jetzt keine Zeit mehr für ein Lektorat haben, dann solltest Du in jedem Fall Deine Abschlussarbeit noch einmal selber von vorne bis hinten lesen. Hier kann es helfen, sich die Texte selbst laut vorzulesen, da so vor allem grammatikalische Fehler beim Satzbau auffallen. Wenn Du Dir bei einem bestimmten Thema unsicher bist – zum Beispiel bei der Kommasetzung – dann kannst Du Dir vor dem eigenen Lektorat noch einmal die wichtigsten Regeln anlesen und sie Dir notieren. So kannst du während des Leseprozesses immer wieder auf Deine Notizen schauen und wirst daran erinnert, welche Regeln es gibt oder auf welche Punkte Du besonders achten wolltest.

Als letztes solltest Du auf jeden Fall noch einmal einen Blick auf das Deckblatt, das Inhaltsverzeichnis und das Abstract werfen, da diese Dinge von Betreuern und Bewertern in der Regel zuerst gelesen werden. Hier sollten sich keine Fehler eingeschlichen haben, weder inhaltlich, noch formal.

10.2 DIE ABGABE

Wenn Deine Abschlussarbeit lektoriert wurde und Du sie formatiert hast, dann steht der Abgabe nichts mehr im Weg. Auch wenn Du jetzt vermutlich einfach nur noch so schnell wie möglich fertig werden möchtest, gibt es hier einige wenige Dinge, auf Die Du achten solltest. Die beiden nachfolgenden Checklisten geben Dir einen Überblick. Möglicherweise musst Du Deine Abschlussarbeit an Deiner Hochschule oder an Deinem Lehrstuhl gar nicht in gedruckter Form abgeben, sondern ausschließlich digital. Die zweite Checkliste ist damit für Dich weniger relevant.

Checkliste vor dem Druck:

- Alle Formatvorgaben bedacht?
- Das Deckblatt vollständig ausgefüllt?
- Abstract in Deutsch und Englisch geschrieben?
- Eidesstattliche Erklärung beigefügt?
- Klären, wie viele Druckversionen gefordert sind
- Öffnungszeiten des Prüfungsamtes oder der Bibliothek checken.

Für den Druck und die Druckvorbereitung solltest Du auf jeden Fall immer etwas Puffer einplanen, da Du es sicherlich vermeiden möchtest, Deine Arbeit nur ein paar Stunden vor oder im schlimmsten Fall nach offiziellem Abgabeschluss einzureichen.

Checkliste nach dem Druck:

- Eidesstattliche Erklärung unterzeichnet – auf allen Exemplaren?
- Eingang der Abschlussarbeit bestätigen lassen (z.B. durch einen Stempel vom Prüfungsamt oder eine digitale Eingangsbestätigung)

10.3 DU HAST ES GESCHAFFT!

Herzlichen Glückwunsch zur erfolgreichen Abgabe Deiner Abschlussarbeit! Jetzt kannst Du durchatmen, mit Freunden feiern und Dich freuen, dass Du ein großes eigenständiges wissenschaftliches Projekt durchgezogen hast. Du hast sicherlich viel auf diesem Weg gelernt, geflucht, geweint und gelacht.

Ganz sicher wirst Du in den kommenden Tagen noch einige Male überlegen, ob Du auch wirklich alles richtig gemacht hast, ob auch wirklich alle Quellen korrekt angegeben waren und ob auch wirklich jeder Dein Fazit versteht. Keine Sorge – das ist völlig normal. Ein letzter Expertentipp an dieser Stelle: Plane Dir konkrete Termine ein, in denen Du Dich noch einmal geistig mit Deiner Abschlussarbeit auseinandersetzt (wenn Du das denn möchtest) und versuch auch wirklich nur dann aktiv daran zu denken. So kannst Du den Kopf frei bekommen für die Auszeit, die Du Dir verdient hast, aber gleichzeitig auch kein schlechtes Gewissen bekommen, weil Du gar nicht mehr an Deine Abschlussarbeit denkst. Hier solltest Du also ein gesundes Mittelmaß finden.

AUSBLICK

Dieses Buch ist hier nun offiziell zu Ende. Dennoch haben wir es uns nicht nehmen lassen und noch ein Bonuskapitel geschrieben. Auf den folgenden Seiten findest Du Informationen und Hintergrundwissen zu all den Dingen, die nach der Abgabe auf Dich zukommen können, wie beispielsweise ein Kolloquium (d.h. eine mündliche Prüfung), aber auch mögliche Veröffentlichungen oder Preise für Deine Abschlussarbeit.

KAPITEL 12

ALLES NACH DER ABGABE

In diesem Kapitel lernst Du u.a.:

- was ein Kolloquium ist und wie es aufgebaut ist
- wie Du Dich auf eine mündliche Präsentation Deiner Arbeit vorbereitest
- mit welchen Materialien Du Deine Prüfer bei der Verteidigung überzeugen kannst
- wie und wo Du Deine Abschlussarbeit publizieren kannst
- welche Vorteile eine Veröffentlichung mit sich bringt
- fünf vermeidbare Fehler für das Durchfallen bei der Abschlussarbeit

12.1 KOLLOQUIUM

Wenn Du an diesem Punkt im Buch angekommen bist, hast Du bereits den großen Teil der Arbeit hinter Dir. Du hast Dich über mehrere Wochen und Monate intensiv mit einem Thema auseinandergesetzt, hattest vermutlich eine Vielzahl an Besprechungen mit Deinem Betreuer und mit Freunden und Kommilitonen und hast zuletzt Deine Arbeit in gebundener Form oder digital abgegeben. Wir hoffen, dass Du Dir im Anschluss ausreichend Zeit zum Feiern und Durchatmen genommen hast!

In manchen Fällen ist Dein „Projekt Abschlussarbeit" mit der Abgabe jedoch noch nicht vorbei, daher möchten wir in diesem Bonuskapitel noch kurz und bündig einige Themen aufgreifen, die Dir nach der Abgabe der Bachelor- oder Masterarbeit begegnen können. Allen voran steht die mündliche Verteidigung, auch Kolloqium genannt. An manchen Hochschulen und in manchen Studienfächern ist es üblich, dass Du nach der Abgabe Deiner Abschlussarbeit einige Wochen später noch einmal zu einer mündlichen Prüfung gebeten wirst. Konkrete zeitliche Vorgaben gibt es zum Kolloquium meist nicht, in den meisten Fällen dauert es aber zwischen 30 und 60 Minuten. in Zu diesem Zeitpunkt haben Deine Betreuer Deine Abschlussarbeit bereits komplett gelesen und in der Regel auch schon eine vorläufige Bewertung abgegeben. Dieser mündliche Teil ist mit den mündlichen Prüfungen im Abitur zu vergleichen – solltest Du ein Abitur als Abschlussprüfung gemacht haben. Hier bekommst Du noch einmal die Möglichkeit, Deine Arbeit und die wichtigsten Schritte und Erkenntnisse zu präsentieren, um im Anschluss auf einige Nachfragen Deiner Betreuer einzugehen. Je nachdem, wie mündliche Prüfungen bzw. Bewertungen von Abschlussarbeiten im Allgemeinen geregelt sind, kann es sowohl sein, dass Du in dieser Situation Deinem Betreuer gegenüber sitzt (sollte er Deine Arbeit auch bewerten), oder aber anderen Professoren und Lehrenden aus Deinem Lehrstuhl, die sich fachlich im Themenfeld auskennen und Deine Arbeit als Außenstehende bewertet haben, um nochmal einen neutralen Blick auf die Arbeitsweise und die Thematik zu haben.

Vorbereiten kannst Du Dich hinsichtlich der folgenden Punkte:

- Inhalt
- Präsentation & Material
- Kommunikation & Gesprächsführung.

Beim inhaltlichen Teil der Vorbereitung geht es darum, dass Du noch einmal Deine Abschlussarbeit durchgehst und sie bestenfalls auch noch einmal komplett liest, damit Du in der Vorbereitung auf das Kolloquium alle wichtigen Punkte wieder im Kopf hast. Wichtig ist, zu verstehen, dass es beim Kolloquium explizit nicht darum geht, dass Du einfach noch einmal die einzelnen Teile Deiner Arbeit wiederholst. Viel eher hast Du hier die Chance, eigene Schwerpunkte zu setzen und besonders interessante Inhalte oder Stellen, die Du als Stärke Deiner Arbeit bezeichnen würdest, hervorzuheben.

Das Gespräch im Anschluss an Deine Präsentation und die Rückfragen beziehen sich in der Regel maßgeblich auf das, was Du zu Beginn vorgestellt hast. Mit einer guten und durchdachten Vorstellung kannst Du so bereits wichtige Punkte sammeln, souverän auftreten und die Gespräche und Fragen in Deine Richtung lenken. Es bietet sich an, die Präsentation inhaltlich anhand der fünf Kapitel zu strukturieren, die Du auch in Deiner Abschlussarbeit beschreibst, das heißt Du beginnst mit einer kurzen Einführung in das Thema, nennst die zentralen Autoren und Theorien, beschreibst Deine Hypothesen und den methodischen Kern und gehst dann dazu über, Deine zentralen Erkenntnisse und Ergebnisse anhand der Hypothesen zu erklären, zu interpretieren und in den Forschungskontext einzubetten. Es ist zu empfehlen, dass

Du hier einen klaren Fokus auf den Ergebnis- und Diskussionsteil sowie auf das Fazit legst, da die Theorien und der Inhalt der bereits vorhandenen Literatur Deinen Prüfern normalerweise bekannt sein sollten.

TEIL 1: DER EINSTIEG

Auch wenn Deine Prüfer Deine Arbeit gelesen haben – bzw. gerade weil sie Deine Arbeit schon kennen – solltest Du Dir überlegen, wie Du eine Präsentation gestalten kannst, die noch weiteres Interesse an Deinem Thema und Deiner Forschungsfrage weckt. Hier lohnt es sich, die Zuhörer als Einstieg Deiner Präsentation noch einmal abzuholen und zu umreißen, warum Dein Thema für die Forschungslandschaft in Deinem Bereich relevant ist und welchen Mehrwert Du mit Deinen Ergebnissen schaffen kannst. Außerdem solltest Du zu Beginn auch noch einmal zentral das eigentliche Ziel der Arbeit nennen. Je nach Länge Deiner Präsentation und je nach Präsentationsform kannst Du im Einstieg einen kurzen Ausblick geben, was Du in den nachfolgenden Minuten thematisieren möchtest und ggf. ein Handout (z.B. ausgedruckte PowerPoint Slides) ausgeben.

TEIL 2: DIE ZENTRALEN ERGEBNISSEN

Nachdem Du die Zuhörer in das Thema eingeführt hast und Deine Forschungsfrage umrissen ist, solltest Du den Schwerpunkt Deiner Präsentation darauf legen, zu zeigen, zu welchen Erkenntnissen und Lösungen Du gekommen bist, mit welchen Methoden Du gearbeitet hast (und warum) und wie Deine Ergebnisse mögliche Forschungshypothesen bestätigen oder ablehnen können. Hier kannst Du i.d.R. dem roten Faden Deiner Arbeit folgen.

TEIL 3: DER AUSBLICK

Im letzten Teil Deiner Präsentation solltest Du noch einmal die wichtigsten Punkte Deines Fazits bzw. Deiner Diskussion nennen. Überlege hier vorab, welche Inhalte sich für eine anschließende Diskussion anbieten, beispielsweise die Relevanz und Einordnung Deiner Ergebnisse im Forschungsfeld, weitere offene Fragen oder konkrete Empfehlungen zur Anwendbarkeit der Ergebnisse (z.B. in der Praxis in einem Unternehmen).

Überlege Dir am besten bereits zuhause während der Vorbereitung, mit welchem Satz Du Deine Präsentation beenden möchtest, damit Du nicht spontan improvisieren musst und das Ende nicht eindeutig klar wird. Nachdem Du Deine Arbeit noch einmal präsentiert hast, kannst Du nun zur Diskussion überleiten bzw. das Wort zurück an Deine Betreuer und Prüfer geben, die im Anschluss Fragen stellen können.

Mit Blick auf Präsentation und Material solltest Du unbedingt die Richtlinien und Vorgaben Deiner Hochschule beachten, damit Du weder zu viel noch zu wenig vorbereitest. An manchen Hochschulen gibt es eigene Präsentationsvorlagen für PowerPoint und Leitfragen, die im ersten Teil des Kolloquiums beantwortet werden sollten. An anderen Hochschulen hingegen gibt es keine Vorgaben und es bleibt Dir alleine bzw. Deinem Betreuer und Prüfer überlassen, in welchem Rahmen das Kolloquium gestaltet wird.

Sollte es gar keine Vorgaben geben, so empfehlen wir, in jedem Fall eine kleine Präsentation vorzubereiten. Wenn Du zu den Studenten gehörst, die im Studium immer sehr gerne Präsentationen und Vorträge gehalten haben, dann kannst Du eine Präsentation nutzen, um mit einer tollen Vorbereitung zu punkten. Wenn Du eigentlich gar nicht gerne vor anderen Menschen redest und eher schüchtern bist, dann kann Dir eine Präsentation dabei helfen, einen roten Faden zu haben, sie kann Dir Orientierung bieten und Du kannst bei Rückfragen immer wieder auf sie verweisen. Eine vorbereitete Präsentation minimiert die Ungewissheit, da Du so einen großen Teil selbst in der Hand hast und gestalten kannst.

Eine gute Präsentation im Kolloquium hat:

- ein einheitliches und simples Design, das nicht vom Inhalt ablenkt (z.B. das Corporate Design Deiner Hochschule)
- eine kurze Einführung, die einen Überblick der geplanten Inhalte gibt
- nur wenige Slides und nur zentrale Informationen
- eine gut lesbare Schriftgröße – auch auf Distanz
- weniger Text und mehr Grafiken/Tabellen/Visualisierungen
- Quellenangaben in den Notizen oder in Fußnoten.

Präsentationen oder Handouts sollen Deinen Vortrag nicht ersetzen und auch nicht davon ablenken, sondern sie sollten Dich unterstützen, wenn es beispielsweise um die Darstellung komplexer Ergebnisse geht, um Fotos eines Versuchsaufbaus oder um Tabellen, die Deine Hypothesen auflisten.

Bring auf jeden Fall in Erfahrung, in welcher Form Du Deine Präsentation halten kannst und ob Du dafür technische Geräte brauchst (z.B. einen USB-Stick, einen eigenen Laptop, einen Beamer etc.). Verlass Dich niemals alleine auf die Technik und sei auch auf einen Plan B vorbereitet, sollte es technische Störungen geben. Bei einer Präsentation solltest Du daher immer auch eine ausgedruckte Kopie dabeihaben bzw. eine Version für Dich und ausreichend Versionen für Deine Prüfer. Wenn es eine vorgegebene Zeit für Deine Präsentation gibt, dann solltest Du diese unbedingt einhalten und vorab zuhause ein paar Testdurchläufe starten, um zu sehen, welche Teile zeitintensiv sind, wie Du zeitlich dastehst und ob Du ggf. an einigen Stellen noch Inhalte streichen oder hinzufügen solltest. Wie bei allen Präsentationen gilt: Versuche möglichst frei zu sprechen und halte Blickkontakt zu Deinen Zuhörern. Selbstverständlich musst Du nicht alle Details, Jahreszahlen und Daten auswendig wissen – dafür hast Du schließlich eine Präsentation als Unterstützung – Du solltest aber auch nicht jedes Wort ablesen müssen. Gerade wenn Du eher ungern Dinge vorstellst oder Dich unsicher fühlst, solltest Du Zuhause vor dem Spiegel und dann gerne auch vor Freunden oder der Familie üben, damit Du selbstsicherer wirst und die Struktur Deiner Präsentation verinnerlichen kannst, bevor Du ins eigentliche Kolloquium gehst.

Bereits während Deiner Präsentation geht es um Kommunikation und Gesprächsführung, vor allem jedoch im anschließenden Diskussionsteil. Hier geht es darum, dass Deine Betreuer und Prüfer die Möglichkeit haben, Nachfragen zu stellen oder sich bestimmte Teilaspekte noch einmal erklären zu lassen. Häufig drehen sich Nachfragen um Begründungen, warum Du Dich für eine Hypothese, eine Methode oder ein Auswertungsverfahren entschieden hast.

Du solltest hier Dein Vorgehen erklären und verteidigen können, jedoch auch selbstkritisch und reflektiert auf die Fragen eingehen. Wenn Du selber einen Arbeitsschritt als Kritik oder Schwäche Deiner eigenen Abschlussarbeit beschrieben hast, dann solltest Du auch im Kolloquium dazu stehen und zeigen, dass Du Dir Deiner Limitationen bewusst bist. Wie schon bei der geschriebenen Arbeit an sich, geht es auch hier im mündlichen Teil nicht darum, dass alles perfekt ist oder alle Ergebnisse hochrelevant und statistisch signifikant sind, sondern dass Du Nachfragen und Kritik aufnehmen kannst, sowie nachvollziehbare Argumentationsweisen und Begründungen findest.

Wenn Du Dich auf Dein Kolloquium vorbereitest, kann es helfen, dass Du Dir Gedanken machst, welche Rückfragen wohl auf Dich zukommen könnten, um Dir schon vorab Antwortmöglichkeiten zu überlegen. Weiter kannst Du darüber nachdenken, in welchen Bereichen Du Dich besonders sicher fühlst (z.B. bei der Beschreibung Deiner Forschungsmethode oder bei dem Ausblick auf die Anwendung in der Praxis), denn wie bei jedem Gespräch ist auch das Kolloquium kein starres Frage-Antwort-Spiel, sondern idealerweise eine Unterhaltung, die sich mit jeder Antwort weiterentwickelt. Wenn Du also einen Bereich hast, in dem Du punkten kannst, dann versuch ihn in Deinen Antworten unterzubringen, sodass Deine Prüfer die Chance haben Anschlussfragen zu stellen, in denen Du Dein vertieftes Wissen präsentieren kannst.

Selbstverständlich kann es vorkommen, dass Du eine Frage nicht ganz verstehst oder Dir nicht ganz sicher bist, auf was genau Dein Prüfer hinaus möchte. Hier solltest Du nicht anfangen zu raten oder schwammige Antworten zu geben, sondern ganz klar nachfragen. Dein Prüfer kann die Frage dann noch einmal umformulieren oder spezifizieren und so zum Beispiel Bereiche nennen, auf die Du besonders eingehen sollst. Ebenso kann es vorkommen, dass Du Dir nicht sicher bist, wie umfangreich Deine Antwort ausfallen soll. Bevor Du viel zu sehr ins Detail gehst oder aber nur einen kurzen Überblick gibst und Deine Prüfer es fälschlicherweise als mangelndes Wissen auffassen, solltest Du auch hier nachfragen. Eine Möglichkeit, um nicht direkt jeder Frage mit einer Gegenfrage zu begegnen, ist es, eine Frage zuerst in einer groben Zusammenfassung zu beantworten und dann an geeigneten Stellen einzuhaken und zu fragen, ob Du beispielsweise eine bestimmte Theorie, ein genaues methodisches Vorgehen oder einen Ergebnisteil noch genauer beleuchten sollst. Auch Du kannst also Fragen stellen – und solltest diese Chance auch unbedingt nutzen, da es sich im Kolloqium um ein beiderseitiges Gespräch handeln soll.

Neben Unklarheiten bei der Fragestellung kann es auch vorkommen, dass Du eine Antwort auf eine Frage schlichtweg nicht weißt oder sie gerade nicht im Kopf hast. Hier solltest Du vor allem Ruhe bewahren, denn das kann nun einmal vorkommen. Wenn Du glaubst nach kurzem Nachdenken noch auf eine Antwort zu kommen, dann kannst Du um ein bisschen Bedenkzeit bitten oder darum, die Frage noch einmal aus einer anderen Perspektive zu stellen bzw. sie neu zu formulieren, um so Zeit zu gewinnen. Solltest Du nun immer noch keine (für Dich zufriedenstellende) Antwort haben, dann kannst Du dies ruhig offen kommunizieren und Deine Prüfer an Deinem Denkprozess und an Deiner Lösungsfindung teilhaben lassen. Du kannst nun zeigen, dass Du Dich im Bereich der Frage (z.B. mit Blick auf eine bestimmte Theorie oder ein statistisches Analyseverfahren) schon auskennst, nur die ganz spezifische Antwort auf diese eine gestellte Frage leider nicht hast. Dein Prüfer weiß nun, dass Du ein gutes und fundiertes Verständnis mitbringst und kann Dir weitere Hinweise geben oder die Frage noch einmal eingrenzen, oder er erkennt Deinen Wissensstand an und geht einfach zu einer anderen Frage über. Lass Dich hier also auf keinen Fall verunsichern, denn solange Du nicht einfach nur schweigst, kannst Du in Antworten immer bestehendes Wissen einbauen und unter Beweis stellen, dass Du Dich in Deiner Abschlussarbeit auskennst.

EXPERTENTIPP: EINE KLEINE AUFMERKSAMKEIT

Sollten Dir beim Kolloquium Dein Betreuer oder mehrere Betreuer gegenübersitzen und solltest Du mit der Art und Weise der gesamten Betreuung zufrieden gewesen sein, dann kannst Du überlegen, ob Du eine kleine Aufmerksamkeit mit zum Kolloquium bringen möchtest. Hier geht es nicht darum, viel

Geld auszugeben oder etwas ganz Besonderes zu kaufen, sondern einfach nur darum, zu zeigen, dass Du die Arbeit der Betreuer wertschätzt und dankbar bist, dass sie Dich bei Deinem Prozess der Abschlussarbeit begleitet haben. Das Überreichen einer kleinen Tafel Schokolade kann zum Beispiel eine nette Geste sein, um Dich nach dem erfolgreichen Kolloquium zu verabschieden.

12.2 VERÖFFENTLICHUNG

Deine Abschlussarbeit ist erfolgreich abgegeben und Du hast sogar noch eine mündliche Prüfung in Form eines Kolloquiums bestanden – aber Du hast immer noch nicht genug von der wissenschaftlichen Welt? Sollte das der Fall sein, dann kannst Du Dich nach vollendeter Arbeit noch ein paar abschließende Gedanken rund um das Thema Veröffentlichung machen. Denn wie bei jeder anderen wissenschaftlichen Arbeit auch, gibt es auch bei Abschlussarbeiten verschiedene Möglichkeiten, diese außerhalb des Hochschulrahmens professionell zu veröffentlichen.

Solltest Du eine Masterarbeit geschrieben haben und planen, eine Promotion anzuschließen, so kann eine erste Veröffentlichung der eigenen Abschlussarbeit ein erster Schritt auf dem Weg zu einer wissenschaftlichen Karriere sein. Solltest Du also eine Veröffentlichung im akademischen Umfeld (z.B. in Fachzeitschriften und Journals) anstreben, dann solltest Du auf jeden Fall noch einmal mit Deinem Betreuer sprechen. Lehrende und Professoren an Hochschulen haben in der Regel zumindest grundlegende Einblicke in die Welt der akademischen Publikationen, da sie entweder selber aktiv forschen und regelmäßig publizieren oder aber als Reviewer für Journals tätig sind und Promovenden (die ihre Dissertationen veröffentlichen müssen) begleiten und betreuen. Einen ersten Einblick in diese Welt bekommst Du daher auf jeden Fall bei Deinem Betreuer, der Dich außerdem bei tiefgreifenden Detailfragen immer auch an qualifizierte Kollegen verweisen kann, sollte er selber keine Antworten wissen.

Neben national und international renommierten Fachzeitschriften gibt es seit einigen Jahren auch ein eigenes Journal namens JUMS (Junior Management Science), was sich explizit darauf fokussiert, Abschlussarbeiten im Bereich der BWL bzw. im Bereich Wirtschaftswissenschaften zu veröffentlichen. Über 50 Professoren von mehr als 30 Hochschulen aus der DACH-Region begleiten die Initiative mittlerweile. Die akademische Qualität der eingereichten Abschlussarbeiten wird durch zwei anerkannte Wissenschaftler in einem double-blind Review-Verfahren auf Journal-Niveau bewertet, sodass sichergestellt ist, dass die Arbeiten zu den Besten in ihren Fachbereichen gehören.

Wenn Du das Wissen und die Daten aus Deiner Abschlussarbeit einfach so der wissenschaftlichen Community zur Verfügung stellen möchtest, dann kannst Du Deine Arbeit auch ohne weitere Bewertung oder Kontrolle als „open access" veröffentlichen. Neben Deinem Betreuer und dem Bibliotheksteam Deiner Hochschule ist das Directory of Open Access Journals (DOAJ) ein guter erster Anlaufpunkt.

12.3 AUSZEICHNUNGEN UND PREISE

Neben einer Veröffentlichung können für besonders gute Abschlussarbeiten auch Auszeichnungen und Preise eine spannende Möglichkeit sein, die eigene Forschung bekannt zu machen und breiter zu streuen. Viele Hochschulen haben mittlerweile eigene

Förderpreise für die besten eigene Abschlussarbeiten, aber auch externe Unternehmen oder Verbände schreiben Preise aus. Je nach Fachbereich Deiner Arbeit kannst Du bei Interesse einen Blick auf die üblichen Fachverbände werfen oder einfach Deinen Themenbereich + Abschlussarbeit + Preis bei Google suchen, um fündig zu werden. Manche Preise und Auszeichnungen werden für sehr spezielle Themen und Fragestellungen vergeben und sind daher für Dich im Nachgang einer bereits vollendeten Abschlussarbeit nicht mehr spannend. Es gibt jedoch auch einige Preise, die allgemeinere Themenfelder abdecken, sodass sich eine Bewerbung in jedem Fall lohnen kann. Ein Beispiel hierfür ist der DZ Bank Karrierepreis für Abschlussarbeiten im Schwerpunktbereich Banking/Finance/Controlling, bei dem sich alle Personen mit Abschlussarbeiten bewerben können, die mit mindestens 2,5 bewertet wurden. Die besten sechs Abschlussarbeiten werden mit insgesamt 24.000 Euro ausgezeichnet.

Das Ende dieses Buches bildet ein Thema, das leider immer wieder vorkommt, auch wenn es jeder selbstverständlich vermeiden möchte: Das Durchfallen.

12.4 DURCHGEFALLEN: KLASSISCHE FEHLER

Wenn Du dieses Buch bis hierher nicht nur gelesen, sondern auch aktiv durchgearbeitet hast, dann sollte das Thema „Durchgefallen oder nicht“ auf keinen Fall für Dich relevant sein. Daher möchten wir Dir hier auch nicht erklären, wie Du vorgehen solltest, wenn Du tatsächlich durchgefallen bist – denn in diesem Fall wirst Du in der Regel noch einmal eine komplett neue Abschlussarbeit schreiben müssen. Wir möchten hier zum Abschluss noch einmal die Chance nutzen, klassische Fehler zu besprechen, die dafür sorgen können, dass jemand am Ende durch seine Abschlussarbeit fällt – damit Du sie schon bei der Bearbeitung und auf jeden Fall vor der Abgabe vermeiden kannst.

FEHLER 1: ZU WENIG VORBEREITUNG

Ein klassischer Fehler, der dazu führt, dass eine Abschlussarbeit nicht bestanden wird, ist eine mangelnde Vorbereitung oder einfacher zusammengefasst die Vorstellung, dass man eine hochwertige wissenschaftliche Arbeit mit einem eigenen Erkenntnisgewinn auch in ein paar Tagen und Nächten zusammenschreiben kann. Bei diesem Fehler fallen Menschen durch ihre Abschlussarbeiten, weil sie eine sehr schlechte und unrealistische Zeitplanung hatten – oder gar keine. Meist werden diese Abschlussarbeiten dann auch gar nicht vollständig abgegeben, sondern mit einem nur oberflächlich recherchierten Literaturteil (bei Literaturarbeiten) oder einem nur sparsam durchgeführten Methodenteil (bei empirischen Arbeiten).

Du willst mehr darüber erfahren, wie Du Deine Zeit richtig einplanen kannst? Schau in Kapitel 2.3 vorbei und lerne mehr über richtiges Zeitmanagement und Methoden, wie Du Deine Arbeitszeit effektiv einplanen kannst.

FEHLER 2: KEIN KLARER FOKUS/THEMA VERFEHLT

Ein weiterer klassischer Fehler ist die Kategorie „Kein klarer Fokus“ oder auch einfach „Thema verfehlt“. Hier ist es meist der Fall, dass es von Anfang an keine genaue Forschungsfrage gab, bzw. diese Forschungsfrage im Zuge der Arbeit mit den verwendeten Methoden gar nicht oder nicht ausreichend beantwortet wird. Dieser Fehler passiert meistens, wenn Du Deine Abschlussarbeit nicht als Gesamtwerk planst und so eine Forschungsfrage entwickelst und Dir Gedanken über wissenschaftliche Methoden machst, diese beiden Punkte aber nicht aufeinander abstimmst. So kann es vorkommen, dass die Forschungsfrage an sich passend ist und Du auch eine Methode richtig anwendest, diese jedoch nicht geeignet ist, um Deine Frage zu beantworten. Einfach formuliert ist das Problem hier, dass Du versuchst, die Talente eines Weitspringers mit einer Küchenwaage zu ermitteln – grundsätzlich kann es spannend sein herauszufinden, wie weit ein Mensch springt und auch eine Küchenwaage ist ein sehr genaues Instrument, wenn Du beispielsweise Zucker abmessen möchtest. In genau diesem Kontext passen aber Thema und Messinstrument nicht zusammen, was dazu führt, dass Du Deine Frage nicht beantworten kannst. Unter diesen Fehler fallen außerdem alle Abschlussarbeiten, die keinen klaren Fokus und keinen roten Faden haben, da Du beispielsweise keine ausreichend eingrenzende Frage formuliert hast oder Deine Literaturrecherche so breit ist, dass sich kein relevanter Mehrwert erarbeiten lässt, da Du zu wenig ins Detail gehst.

Wissen und Methoden zum Finden passender Themen und zum Formulieren geeigneter Forschungsfragen findest Du in Kapitel 5.

FEHLER 3: UNWISSENSCHAFTLICH

Ein dritter Fehler, der zum Durchfallen führen kann, ist eine Abschlussarbeit, die schlicht zu unwissenschaftlich ist. Dieser Fehler kommt vor allem im Literaturteil zum Vorschein, wenn Du hier zu wenig Quellen nennst, Quellen auswählst, die wissenschaftlich nicht hochwertig sind (z.B. Wikipedia), oder Dein Thema zu oberflächlich beschreibst. Im Zuge Deiner Abschlussarbeit sollst Du unter Beweis stellen, dass Du Dich auf einem hohen akademischen Niveau mit einem ausgewählten Themenbereich kritisch auseinandersetzen kannst. Diese kritische Auseinandersetzung kann jedoch nur dann erfolgen, wenn Du zeigst, dass Du die bisherige Forschung im Themenbereich kennst und miteinander verbinden kannst, damit Du aufbauend darauf eine eigene Forschungsfrage entwickelst. Unwissenschaftlich ist eine Arbeit auch dann, wenn Du keine wissenschaftliche Methode zur Beantwortung der Forschungsfrage heranziehst oder Dein Methodenteil schlecht bearbeitet wurde, z.B. ohne eigene kritische Reflexion der Limitationen. Letzteres ist zum Beispiel der Fall, wenn Du eine Umfrage durchführst, an der nur zehn Personen teilnehmen, Du aber im Anschluss in der Diskussion behauptest, Deine Ergebnisse seien repräsentativ und ließen sich auf die allgemeine Bevölkerung übertragen. Eine weitere unwissenschaftliche Vorgehensweise kann das sogenannte p-hacking sein, das heißt die bewusste Korrektur und Anpassung von quantitativen Daten, um statistisch signifikante Ergebnisse zu erhalten. Auch hier verfälschst Du in der Regel Deine Rohdaten und das eigentliche Ergebnis zu Deinem Nutzen, was ein grobes Vergehen ist.

Damit es gar nicht erst zu diesem Fehler kommt, zeigen wir Dir in Kapitel 6, wie Du hochwertige Quellen findest und in den Kapiteln 8-10, wie Du die Inhalte in Deiner Abschlussarbeit richtig formulierst und was nicht fehlen darf.

FEHLER 4: FORMFEHLER

Nicht zuletzt ist ein letzter großer Grund, warum Studierende durch ihre Abschlussarbeiten fallen, das Plagiat. Hier werden mangelhafte Noten vergeben, wenn mehrmals nicht korrekt zitiert wurde bzw. fremde Inhalte nicht entsprechend gekennzeichnet wurden. Dieser Fehler fällt in der Regel bereits direkt nach einer digitalen Abgabe auf, sobald ein Plagiatsprogramm durchlaufen wurde. Sollte eine Hochschule begründete Annahmen treffen können, dass es sich hierbei nicht um ein einmaliges und unbewusstes Versehen handelt, sondern bewusst fremdes geistiges Eigentum nicht als solches gekennzeichnet wurde, dann können Plagiatsvorwürfe und Beweise nicht nur zu einer Wiederholung der Abschlussarbeit führen, sondern schlimmstenfalls auch zu einer Aberkennung des wissenschaftlichen Titels. Diesen Fehler solltest Du also in jedem Fall vermeiden.

Wie Du es besser machst und Quellen richtig angibst, erklären wir Dir in Kapitel 7.

Wir hoffen, Du hast in diesem Buch nicht nur neue Inhalte erlernt und neue Perspektiven kennengelernt, sondern hattest auch ein bisschen Spaß bei der Reise durch die Welt der akademischen Abschlussarbeiten. Wir wünschen Dir bei Deinen weiteren Plänen – im wissenschaftlichen Bereich aber selbstverständlich auch im privaten – alles Gute und würden uns freuen, wenn Du dieses Buch und die dazugehörigen digitalen Wissensquellen Freunden und Bekannten weiterempfehlen kannst, damit noch mehr Menschen ihre Abschlussarbeiten nicht als Qual der Wahl ansehen, sondern Schritt für Schritt einen Arbeitsprozess kennenlernen, in dem sie nicht ihr Wissen unter Beweis stellen können und auch fürs Leben dazulernen können.

LITERATURVERZEICHNIS

Bänsch, A. (1995). Wissenschaftliches Arbeiten. Seminar-und Diplomarbeiten. 4., verbesserte Auflage.

Hoyningen-Huene, P. (2009). Zur Rationalität der Wissenschaftsethik. In G. Mager & H. Schmidinger (Hrsg.): *Ethos und Integrität der Wissenschaft.* Wien: Böhlau 2009, S. 11-29.

Karmasin, M., & Ribing, R. (2012). *Die Gestaltung wissenschaftlicher Arbeiten: ein Leitfaden für Seminararbeiten, Bachelor-, Master-und Magisterarbeiten sowie Dissertationen* (Vol. 2774). UTB.

Samac, K., Prenner, M., & Schwetz, H. (2011). *Die Bachelorarbeit an Universität und Fachhochschule: ein Lehr-und Lernbuch zur Gestaltung wissenschaftlicher Arbeiten* (Vol. 3241). UTB.

Universität Heidelberg (o.J.). *Kriterien für die Bewertung von Seminararbeiten / Abschlussarbeiten (Orientierungshilfe).* Abgerufen 5. September 2020, von https://www.uni-heidelberg.de/md/zaw/ufg/orientierungshilfe_bewertungskriterien.pdf

Universität Zürich (2020). *Methodenberatung – Datenanalyse mit SPSS.* Abgerufen 5. September 2020, von https://www.methodenberatung.uzh.ch/de/datenanalyse_spss.html.

QUELLENÜBERSICHT

Die folgenden Werke wurden im Recherche- und Schreibprozess dieses Buches herangezogen und werden all denen empfohlen, die sich in bestimmten Bereichen noch tiefer einlesen möchten oder die sich noch für weitere Werke rund um das Thema Wissenschaftliches Arbeiten und das Schreiben von Abschlussarbeiten interessieren.

Empfehlungen: Wissenschaftliches Arbeiten und Schreiben

Andermann, U., Drees, M., & Grätz, F. (2006). *Wie verfasst man wissenschaftliche Arbeiten? Ein Leitfaden für das Studium und die Promotion.* Mannheim: Dudenverlag.

Bänsch, A. & Alewell, D. (2013). *Wissenschaftliches Arbeiten.* Stuttgart: UTB

Boeglin, M. (2007). *Wissenschaftlich arbeiten Schritt für Schritt: gelassen und effektiv studieren.* Stuttgart: UTB

Brauner, D. J., & Vollmer, H. U. (2008). *Erfolgreiches wissenschaftliches Arbeiten: Seminararbeit, Bachelor-/Masterarbeit (Diplomarbeit), Doktorarbeit.* Sternenfels: Verlag Wissenschaft & Praxis.

Corsten, H., & Deppe, J. (2008). *Technik des wissenschaftlichen Arbeitens.* München: Oldenbourg Verlag.

Eco, U. (2020). *Wie man eine wissenschaftliche Abschlussarbeit schreibt: Doktor-, Diplom-und Magisterarbeit in den Geistes- und Sozialwissenschaften.* Stuttgart: UTB.

Esselborn-Krumbiegel, H. (2017). *Von der Idee zum Text: eine Anleitung zum wissenschaftlichen Schreiben.* Stuttgart: UTB.

Franck, N. (2004). *Handbuch Wissenschaftliches Arbeiten.* Frankfurt am Main: Fischer Taschenbuch Verlag.

Franck, N., & Stary, J. (2003). *Die Technik wissenschaftlichen Arbeitens.* Stuttgart: UTB.

Gruber, H., Huemer, B., & Rheindorf, M. (2009). *Wissenschaftliches Schreiben. Ein Praxisbuch für Studierende der Geistes-und Sozialwissenschaften*. Stuttgart: UTB.

Karmasin, M., & Ribing, R. (2006). *Die Gestaltung wissenschaftlicher Arbeiten*. Stuttgart: UTB.

Klein, A. (2019). *Wissenschaftliche Arbeiten schreiben: Praktischer Leitfaden mit über 100 Software-Tipps*. Frechen: MIT-P-Verlags GmbH & Co. KG.

Kruse, O. (2000). *Keine Angst vor dem leeren Blatt: ohne Schreibblockaden durchs Studium*. Frankfurt: Campus Verlag.

Kruse, O. (2018). *Lesen und Schreiben*. Stuttgart: UTB.

Kühtz, S. (2016). *Wissenschaftlich formulieren: Tipps und Textbausteine für Studium und Schule*. Stuttgart: UTB.

Nitsch, J. R. (1994). *Der rote Faden: eine Einführung in die Technik wissenschaftlichen Arbeitens*. Köln: bps-Verlag.

Oertner, M., St. John, I., & Thelen, G. (2014). W*issenschaftlich Schreiben – Ein Praxisbuch für Schreibtrainer und Studierende*. Stuttgart: UTB.

Samac, K., Prenner, M., & Schwetz, H. (2011). *Die Bachelorarbeit an Universität und Fachhochschule: ein Lehr-und Lernbuch zur Gestaltung wissenschaftlicher Arbeiten*. Stuttgart: UTB.

Stickel-Wolf, C., & Wolf, J. (2009). *Wissenschaftliches Arbeiten und Lerntechniken*. Wiesbaden: Gabler.

Theisen, Ma.R. (2013). *Wissenschaftliches Arbeiten – Erfolgreich bei Bachelor- und Masterarbeit*. München: Franz Vahlen.

Theisen, M. R. (2013). *Wissenschaftliches Arbeiten: Erfolgreich bei Bachelor-und Masterarbeit* (16. Auflage). München: Franz Vahlen.

Wagner, L. (2012). *Die wissenschaftliche Abschlussarbeit: Ratgeber für effektive Arbeitsweise und inhaltliches Gestalten*. Saarbrücken: Südwestdeutscher Verlag für Hochschulschriften.

Winter, W. (2005). *Wissenschaftliche Arbeiten schreiben* (2. aktualisierte Auflage). Frankfurt am Main: Redline.

Empfehlungen: Methodik

Bacher, J., & Horwath, I. (2011). Einführung in die qualitative Sozialforschung. Linz. *Verfügbar unter http://www. jku. at/soz/content/e94921/e95830/e202629/e202930/Skript-Teil1ws11_12_ger.pdf Zugriff am 18.*07.2020

Baur, N., & Fromm, S. (2008). *Datenanalyse mit SPSS für Fortgeschrittene: ein Arbeitsbuch.* Wiesbaden: Springer VS.

Beller, S. (2016). *Empirisch forschen lernen. Konzepte, Methoden, Fallbeispiele, Tipps* (3. Auflage). Bern: Hogrefe Verlag.

Bortz, J., & Döring, N. (2006). Forschungsmethoden und Evaluation für Human-und Sozialwissenschaftler. 4. Aufl. Berlin: Springer-Verlag.

Diekmann, A. (2016). *Empirische Sozialforschung: Grundlagen, Methoden, Anwendungen.* Reinbek: Rowohlt Taschenbuch Verlag.

Echterhoff, G., Schreier, M., & Hussy, W. (2013). *Forschungsmethoden in Psychologie und Sozialwissenschaften für Bachelor* (2. überarbeitete Auflage). Wiesbaden: VS Verlag für Sozialwissenschaften.

Engel, U., Bartsch, S., Schnabel, C., & Vehre, H. (2012). *Wissenschaftliche Umfragen: Methoden und Fehlerquellen.* Frankfurt/New York: Campus Verlag.

Flick, U. (1995). *Handbuch Qualitative Sozialforschung.* Weinheim: Beltz.

Flick, U. (2010). *Qualitative Sozialforschung. Eine Einführung.* Reinbek bei Hamburg: Rowohlt.

Flick, U. (2014). *Sozialforschung – Methoden und Anwendungen: Ein Überblick für die BA-Studiengänge* (2. Auflage). Reinbek bei Hamburg: Rowohlt.

Girtler, R. (2001). *Methoden der Feldforschung.* Stuttgart: UTB.
Gläser, J., & Laudel, G. (2010). *Experteninterviews und qualitative Inhaltsanalyse.* Wiesbaden: VS Verlag für Sozialwissenschaften.
Helfferich, C. (2011). *Die Qualität qualitativer Daten. Manual für die Durchführung qualitativer Interviews.* Wiesbaden: VS Verlag für Sozialwissenschaften.
Hussy, W.; Schreier, M.; Echterhoff, G. (2013). F*orschungsmethoden in Psychologie und Sozialwissenschaften* (2. Auflage). Berlin/Heidelberg: Springer.
Kaya, M. (2006). Verfahren der Datenerhebung. In: Albers, S., Klapper, D., Konradt, U., Walter, A., & Wolf, J. (Hrsg.). *Methodik der empirischen Forschung, Wiesbaden*, 55-72. Wiesbaden: VS Verlag für Sozialwissenschaften.
Kirchhoff, S., Kuhnt, S., Lipp, P., & Schlawin, S. (2003). *Der Fragebogen–Datenbasis, Konstruktion und Auswertung* (3. Auflage). Wiesbaden: VS Verlag für Sozialwissenschaften.
Kuckartz, U. (2016). *Qualitative Inhaltsanalyse. Methoden, Praxis, Computerunterstützung.* Weinheim: Beltz.
Lamnek, S., & Krell, C. (2016). *Qualitative Sozialforschung.* Weinheim: Beltz.
Mayring, P. (2016). *Einführung in die qualitative Sozialforschung. Eine Anleitung zu qualitativem Denken.* Weinheim: Beltz.
Porst, R. (2014). *Fragebogen. Ein Arbeitsbuc*h. Wiesbaden: VS Verlag für Sozialwissenschaften.
Rasch, B., Friese, M., Hofmann, W. J., & Naumann, E. (2009). *Quantitative Methoden 1. Einführung in die Statistik für Psychologen und Sozialwissenschaftler.* Wiesbaden: VS Verlag für Sozialwissenschaften.
Schirmer, D. (2009). E*mpirische Methoden der Sozialforschung: Grundlagen und Techniken.* Stuttgart: UTB.
Schnell, R., Hill, P.B., & Esser, E. (2013). *Methoden der empirischen Sozialforschung.* München: Oldenbourg Verlag.

Stickel-Wolf, C., & Wolf, J. (2009). *Wissenschaftliches Arbeiten und Lerntechniken.* Wiesbaden: Gabler.

Raab-Steiner, E. (2015). *Der Fragebogen: Von der Forschungsidee zur SPSS-Auswertung.* Stuttgart: UTB.

Thelen, G., John, I. S., & Oertner, M. (2014). *Wissenschaftlich Schreiben: Ein Praxisbuch für Schreibtrainer und Studierende.* Stuttgart: UTB.

